Marketing Management 7

Herausgegeben von Günther Haedrich
in Zusammenarbeit mit
Alfred Kuß und Gerhard Thies

Peter M. Cristofolini · Gerhard Thies

Verkaufsförderung

Strategie und Taktik

Walter de Gruyter · Berlin · New York 1979

Peter M. Cristofolini,
geb. 1939 in Prag, Ausbildung in Hannover als Werbefotograf, danach Werbefachschule und Verkaufsfachschule, 1959 bis 1967 Werbe- und Verkaufsförderungsberater in Agenturen. Seit 1967 geschäftsführender Gesellschafter der Verkaufsförderungs-Agentur anbiet-technik in Essen.
10jährige Tätigkeit als Dozent an der Werbefach-Abendschule Ruhr, Vorsitzender des Arbeitskreises Verkaufsförderung im BDVT Bund Deutscher Verkaufsförderer und Verkaufstrainer.

Dr. rer. pol. *Gerhard Thies,*
geb. 1947 in Goslar, 1966 bis 1971 Studium der Volkswirtschaftslehre an der Freien Universität Berlin. Von 1971 bis 1974 wiss. Assistent für Werbung und Verkaufsförderung am Institut für Markt- und Verbrauchsforschung der Freien Universität Berlin.
Nach der Promotion seit 1975 Assistenz-Professor mit den Arbeitsschwerpunkten Marketingplanung, Marktforschung und Verkaufsförderung.

Das Buch enthält 55 Illustrationen, Abbildungen und Tabellen (Illustrationen: Ilse Straeter).

CIP-Kurztitelaufnahme der Deutschen Bibliothek

Cristofolini, Peter M.:
Verkaufsförderung : Strategie u. Taktik / Peter M. Cristofolini ; Gerhard Thies.
[Ill.: Ilse Straeter]. – Berlin, New York : de Gruyter, 1979.
(Marketing-Management ; 7)
ISBN 3-11-007411-7
NE: Thies, Gerhard:

Einbandentwurf: Dirk Ullrich. Satz und Druck: Georg Wagner, Nördlingen.
Bindearbeiten: Lüderitz & Bauer Buchgewerbe GmbH, Berlin.

Geleitwort

Dieses Buch in der Schriftenreihe „Marketing Management" bringt die Auffassung über die Bedeutung und Funktionsweise der Verkaufsförderung klar zum Ausdruck: Verkaufsförderung ist ein kommunikatives Marketing-Instrument, das eigenständig neben anderen absatzpolitischen Instrumenten im Angebots-, Distributions- und Kommunikationsbereich geplant werden muß. Nur auf diese Weise gelingt der Schritt zu einem Marketing-Mix, das günstige Voraussetzungen für die Realisierung des angesteuerten Marketing-Zieles schafft.

Es ist deshalb zu begrüßen, daß mit dem vorliegenden Buch ein neuer und grundlegender Beitrag zur effektiven Berücksichtigung dieses wichtigen Marketing-Bereiches geboten wird. Empirische Forschungsarbeiten sind angereichert durch praktische Beispiele aus Planung und Durchführung der Verkaufsförderung. Die strategische Sichtweite kommt voll zum Tragen: Es handelt sich hier nicht um eine deskriptive Analyse, sondern um einen instrumentellen Ansatz der Verkaufsförderung, der die Erfahrungen jahrzehntelanger Tätigkeit mit einbezieht.

Gerade die durch beide Autoren gewährleistete Kombination von Theorie und Praxis verleiht dem Buch besonderen Wert. Man muß ihm im Rahmen der Betriebswirtschaftslehre und für deren entsprechende Anwendungen weiteste Verbreitung wünschen.

Prof. Dr. *Günther Haedrich*

Vorwort

Unternehmen stehen zur Bewältigung ihrer absatzpolitischen Aufgaben drei unterschiedliche Instrumental-Gruppen zur Verfügung:

- Leistungs- und Angebots-Politik
- Distributions-Politik
- Kommunikations-Politik

Die langfristig gesicherte Durchsetzung eines Angebotes (Produkt, Sortiment oder Dienstleistung) ist dabei abhängig von der optimalen Gewichtung *aller* relevanten Absatzmaßnahmen innerhalb des Marketing-Mix.

Während des vergangenen Jahrzehnts hat der dritte Bereich – die Kommunikations-Politik – in der Wirtschaftspraxis eminent an Bedeutung gewonnen. Die Vielfalt der entwickelten Formen ist heute kaum noch überschaubar. Eines dieser kommunikativen Marketing-Instrumente ist die Verkaufsförderung.

Es gibt wohl kaum ein anderes absatzwirtschaftliches Thema, das in Theorie und Praxis ähnlich intensiv diskutiert wurde wie dieses Marketing-Element. Dabei ist zum Teil eine erhebliche Widersprüchlichkeit der im Verlaufe der Diskussion entwickelten Definitionen, inhaltlichen Interpretationen und Wertungen von Verkaufsförderung festzustellen. So herrschte lange Zeit – teilweise durchaus berechtigt – die Meinung vor, Produkt-, Sortiments- und Dienstleistungs-Angebote, die durch eine optimale sog. klassische Kommunikation „vorverkauft" sind, benötigen letztendlich nur noch ausreichende Distribution, um erfolgreich zu sein. Verkaufsförderung ist unter solcher Konstellation nur sporadisch und flankierend einzusetzen. Andererseits kann in Literatur und Praxis auch eine Überschätzung von Funktion und Leistungsvermögen der Verkaufsförderung angetroffen werden.

Angesichts solcher weitreichenden Divergenzen erscheint es nur allzu erklärlich, daß dieses Marketing-Instrument in weiten Kreisen der Praxis, wie aber auch der Theorie, als ein diffuses Thema angesehen und oftmals abgetan wird.

Wie die Verfasser jedoch meinen, ist ein solches Urteil nicht berechtigt. Dies zu verdeutlichen, ist Aufgabe und Anliegen des vorliegenden Buches. Auf theoretisch abgesicherter Grundlage soll das Wesen der Verkaufsförde-

rung dargestellt, die Vielfalt der Einzel-Instrumente aufgezeigt und – unter Hinzuziehung eines umfangreichen Fall-Beispieles (Kap. 5) – eine praktische Anleitung für die Verkaufsförderungs-Planung gegeben werden.
Das Buch ist dabei sowohl für Führungskräfte und den Führungsnachwuchs aus allen Bereichen der Wirtschaft gedacht, die ihr Wissen auf dem Gebiet der Verkaufsförderung überprüfen und vervollständigen wollen, als auch für die fachbezogene Ausbildung – vor allem an Universitäten, Hoch- und Fachschulen.

Essen und Berlin, im Oktober 1978

Peter M. Cristofolini
Gerhard Thies

Inhalt

Verzeichnis der Abbildungen und Tabellen

Abkürzungsverzeichnis

Abb.	Abbildung
AgV	Arbeitsgemeinschaft der Verbraucher
AMA	American Marketing Association
A.N.A.	Association of National Advertisers
asw	absatzwirtschaft (Zeitschrift)
Aufl.	Auflage
BAnz	Bundesanzeiger
BDVT	Bund Deutscher Verkaufsförderer und Verkaufstrainer
BDW	Bund Deutscher Werbeberater
BGB	Bürgerliches Gesetzbuch
BGBl	Bundesgesetzblatt
BGH	Bundesgerichtshof
BKartA	Bundeskartellamt
ed.	Edition (Auflage)
FfH	Forschungsstelle für den Handel (Berlin)
GewerbeO	Gewerbeordnüng
GfK	Gesellschaft für Konsum-, Markt- und Verbrauchsforschung (Nürnberg)
GRUR	Gewerblicher Rechtsschutz und Urheberrecht (Zeitschrift)
GWB	Gesetz gegen Wettbewerbsbeschränkungen
HBR	Harvard Business Review
Hrsg. (hrsg.)	Herausgeber (herausgegeben)
ICC	Internationale Handelskammer (Paris)
Ifo	Institut für Wirtschaftsforschung (München)
IHK	Industrie- und Handelskammer
LZ	Lebensmittel-Zeitung
NJW	Neue Juristische Wochenschrift
OLG	Oberlandesgericht
PoP	Point of Purchase
RabattG	Gesetz über Preisnachlässe (Rabattgesetz)
RAnz	Reichsanzeiger
RennwLottG	Rennwett- und Lotteriegesetz
RGBl	Reichsgesetzblatt
RGH	Rationalisierungs-Gesellschaft des Handels (Köln)

RWI	Rheinisch-westfälisches Institut für Wirtschaftsforschung (Essen)
SB	Selbstbedienung
SLO	Self-Liquidating-Offer
UWG	Gesetz gegen den unlauteren Wettbewerb
Verf.	Verfasser
VKF	Verkaufsförderung
Vol.	Volumen
WRP	Wettbewerb in Recht und Praxis (Zeitschrift)
w+v	werben und verkaufen (Zeitschrift)
ZAW	Zentralausschuß der Werbewirtschaft (Bonn)
ZPO	Zivilprozeßordnung
ZugabeVO	Zugabeverordnung

1. Verkaufsförderung im Kreuzfeuer

1.1 Vorteile der Verkaufsförderung und Gründe für ihre Bedeutungszunahme

In den letzten Jahren sind die Aufwendungen für Verkaufsförderung stark gestiegen, sie wuchsen überproportional im Vergleich zur Werbung und liegen seit 1974/75 – Schätzungen zufolge – nur noch geringfügig unter den Ausgaben für dieses klassische Kommunikationselement.

Während jedoch zum Beleg dieser These beispielsweise für die USA recht verläßliche Berechnungen vorliegen, die ein durchaus repräsentatives Bild des Verkaufsförderungsaufwandes in der Gesamtwirtschaft zeichnen, stehen in Deutschland nur Einzelstatistiken und gelegentliche Ausschnittsbetrachtungen ausgewählter Branchen zur Verfügung, die nicht aggregierbar sind.

So haben nach einer Untersuchung der Association of National Advertisers (A.N.A.)[1] die Ausgaben für Verkaufsförderung in den USA bereits 1969 die Aufwendungen für klassische Werbung übertroffen und sich seitdem im Durchschnitt doppelt so schnell weiter gesteigert (Tab. 1). Der Anteil der Verkaufsförderung an den Gesamtaufwendungen (für Werbung und Ver-

Tab. 1. Entwicklung der Ausgaben für Werbung und Verkaufsförderung in den USA von 1969 bis 1976

Jahr	Ausgaben für klass. Werbung in Mrd. Dollar	Zuwachs in %	Ausg. für VKF in Mrd. Dollar	Zuwachs in %	Gesamtaufwand in Mrd. Dollar	Anteil der VKF am Gesamtaufwand in %
1969	14,6	–	16,4	–	31,0	52,9
1970	14,7	2	18,1	10	32,8	55,2
1971	15,1	3	19,3	7	34,4	56,1
1972	16,6	10	21,4	11	38,0	56,3
1973	17,7	7	23,5	10	41,2	57,0
1974	18,5	5	25,6	9	44,1	58,1
1975	19,4	5	27,9	9	47,3	59,0
1976*	20,5	6	30,5	10	51,0	59,9

* – geschätzt

Quelle: Eigene Berechnungen und Anmerkung 1, Seite 38.

kaufsförderung) ist von 52,9% im Jahre 1969 auf 59% für 1975 gestiegen (geschätzter Anteil 1976 ca. 60%). Andere Studien belegen, daß dieser generelle Trend sich in einzelnen Branchen sogar noch markanter zeigt[2].
Für das Fehlen repräsentativer Untersuchungen und Statistiken in Deutschland sind nach unserer Meinung eine Reihe von Faktoren verantwortlich:

- In vielen Unternehmen werden Ausgaben für Verkaufsförderung noch immer unter „Werbeaufwand“ verbucht und geführt;
- in anderen Firmen wird Verkaufsförderung den generellen Vertriebs- und/oder Außendienstkosten zugerechnet;
- Sonderkonditionen, die z. B. für die Plazierung von Displays gezahlt werden, oder Aktionspreise auf Handelsebene bezeichnet man gelegentlich als „Sondereinzelkosten des Vertriebs“ oder „Erlösschmälerungen“ und verrechnet sie über die Vertriebsetats;
- selbst bei einer Vielzahl von Firmen, die bereits mit speziellen und durchaus differenzierten Verkaufsförderungsbudgets arbeiten, werden häufig nicht *alle* Verkaufsförderungsausgaben registriert und berücksichtigt. Z. B.: Zusätzlicher Aufwand für Produktproben-Herstellung wird den Produktions-Kosten zugerechnet, Aktions-Etikettierungen und Verpackungen werden als Verpackungskosten verbucht, Erlösschmälerungen aus Sonderpreisaktionen fließen häufig in die Verkaufsförderungs-Kosten überhaupt nicht ein.

Solche Versäumnisse und Mißstände beeinträchtigen nicht nur die Arbeit des wissenschaftlichen Beobachters, sie schädigen und erschweren auch ein effektives Management dieses Marketing-Instrumentes im Unternehmen. Obwohl nämlich kaum klare und unzweifelhafte Angaben über die tatsächlichen Verkaufsförderungs-Etatmittel in Deutschland vorliegen, gibt es keinen Zweifel, daß Verkaufsförderung auch in Zukunft ein bedeutendes Element in den Marketing-Strategien und -Taktiken bleiben wird.
Diese These stützt sich auf die Ursachen für die Bedeutungszunahme der Verkaufsförderung in der Vergangenheit, die größtenteils auch in der Zukunft wirken werden, da es entweder generelle Vorteile dieses Marketinginstrumentes gegenüber klassischer Werbung oder Ursachen sind, die auf noch nicht abgeschlossene strukturelle Wandlungen zurückgeführt werden können. Sie seien im folgenden kurz beleuchtet, wobei zweckmäßigerweise zwischen unternehmensinternen und -externen Faktoren unterschieden wird.
Zuerst sind fundamentale Entwicklungen innerhalb der Industrie zu nennen, die die Bedeutung von Verkaufsförderung gesteigert haben:

- *die Bereitschaft des Management hat sich erhöht, Verkaufsförderung als vollwertiges Marketing-Instrument zu akzeptieren*
  Im Verlauf der letzten Jahre kann eine deutlich erhöhte Bereitschaft bei verantwortlichen Marketing-Managern beobachtet werden, Verkaufsförderung nicht mehr als lediglich klassische Werbung flankierende und unterstützende Maßnahme, sondern als eigenständiges Element des Marketing-Mix zu sehen, das zusätzliche und andere Marketing-Ziele anstrebt. Hierauf wird noch in Abschnitt 2.3 (Ziele der Verkaufsförderung) einzugehen sein.
  Diese Bereitschaft ist auch zurückzuführen auf die Besetzung von Verkaufsförderungs-Positionen in Unternehmen mit besser, d. h. stärker marketing-orientiert ausgebildeten Mitarbeitern, die für die Vorteile dieses Marketing-Instrumentes gewandter zu argumentieren in der Lage sind[3].
- *das Produkt-Manager-System fördert den Einsatz von Verkaufsförderung*
  Der Produkt-Manager benötigt für seinen persönlichen Aufstieg in der Hierarchie eines Unternehmens gewöhnlich schnelle Markterfolge. Verkaufsförderungs-Aktionen werden kurzfristiger konzipiert als etwa klassische Werbekampagnen und können daher zur schnellen Demonstration persönlicher Qualifikation besser genutzt werden. Verkaufsförderung ist nach allgemeiner Erfahrung das einfachste Mittel, kurzfristig den Umsatz zu steigern und ihn in der Rezession (z. B. der 70er Jahre) einigermaßen konstant zu halten. Welche Probleme sich aus dieser Handhabung der Verkaufsförderung langfristig ergeben, wird im nächsten Abschnitt zu diskutieren sein. Des weiteren ist in vielen Unternehmen das Genehmigungsverfahren für Verkaufsförderung einfacher und auf einer niedrigeren hierarchischen Ebene implementiert als für andere Kommunikations-Maßnahmen, so daß der Produkt-Manager häufig ohne Rückfragen bei Vorgesetzten Entscheidungen treffen kann. Schließlich hat er mit Verkaufsförderung ein Instrument an der Hand, das gezielte Unterstützung für sein Produkt bei der gewöhnlich überlasteten Außendienstorganisation eliziiert.
- *Verkaufsförderung kann gezielter als klassische Werbung eingesetzt werden*
  So sind z. B. Streuverluste bei Verkaufsförderungs-Aktionen durch präzise Zielgruppen-Definition und damit direkte Ansprache gering. Der Nutzen aus einer Aktion ist für Verbraucher und Handel konkret und folglich leicht erkennbar. Dieses Marketing-Instrument ist daher auch für

kleine Budgets einsetzbar. Es ist räumlich und zeitlich exakt abzugrenzen und somit zur Abwehr von spezifischen Wettbewerbsaktivitäten geeignet.

- *Verkaufsförderung kann die in vielen Branchen zu beobachtende Erstarrung der Markenartikel-Werbung überwinden*
  Die durch die wenigen klassischen Medien sozusagen natürlich vorgegebene Ideenbegrenzung in der Werbung kann bei Einsatz von in Form, Idee, Umsetzung und Realisation wirklich kreativen, neuartigen und damit ausgefallenen Verkaufsförderungs-Maßnahmen umgangen werden.
- *der Wandel im Vertriebsbereich zwingt zu neuen Ansätzen bei der Außendienstführung*
  Mehr und mehr muß sich der Verkäufer der Industrie zum – auch menschlich – akzeptierten Partner und Berater des Handels entwickeln, um erfolgreich zu sein. Hierzu ist eine Spezialausbildung notwendig, die durch das – besonders auch auf Handelsfragen und Handelsprobleme eingehende – nach innen, also auf die eigene Außenorganisation zielende Verkaufsförderungs-Instrument „Schulung und Training" geleistet werden kann.

Neben diesen eher unternehmensintern zu nennenden Faktoren für die Bedeutungszunahme der Verkaufsförderung sind weitere Gründe anzuführen, die aus veränderten Umweltbedingungen abgeleitet werden können:

- *Der allgemeine Wandel der Marktverhältnisse hat zur Bedeutungszunahme der Verkaufsförderung wesentlich beigetragen*
  Die für das Entstehen des Marketing-Gedankens generell verantwortlichen Gründe sind selbstverständlich auch für das Aufkommen der Verkaufsförderung anführbar. Diese Faktoren sind in der Literatur vielfach beschrieben worden und brauchen daher an dieser Stelle nicht rekapituliert zu werden. Lediglich die sich verändernde Angebots-Nachfrage-Konstellation in den 50er und 60er Jahren (tendenzielle Wandlung von Verkäufer- zu Käufer-Märkten) sei wegen ihrer herausragenden Bedeutung erwähnt.
  Die wirtschaftlichen Rezessionstendenzen der 70er Jahre haben ebenfalls die Bedeutungszunahme vorangetrieben: Verkaufsförderungsaktionen wurden benutzt, um Läger kurzfristig abzubauen, die Liquidität der Unternehmen zu erhöhen und damit das Risiko zu senken.
  Auch die Verbraucher sind in Rezessionszeiten empfänglicher für Verkaufsförderungs-Maßnahmen, besonders für preisbezogene Aktionen.

So benutzten in den USA im Krisenjahr 1975 2/3 aller Haushalte regelmäßig bei ihren Einkäufen Coupons, die Preisreduktionen boten[4].

- *Veränderte Beziehungen zwischen Handel und Industrie sind Ursache für das Aufkommen der Verkaufsförderung*
  Die gewandelten Verhältnisse in der Distribution haben maßgeblichen Anteil an der gewachsenen Bedeutung verkaufsfördernder Maßnahmen. Aggressives Beschaffungs-Marketing auf Wiederverkäuferebene führt zu verstärktem Druck auf die Lieferanten bezüglich weitreichender zusätzlicher Leistungen. Eine ausführliche Untersuchung von Booz, Allen, and Hamilton Inc. belegt, daß in den USA aus diesem Grunde bereits 1973 von Lebensmittelproduzenten höhere Ausgaben für Verkaufsförderung als für Werbung getätigt worden sind[5].
- *Die große Zahl jährlicher Produkt-Einführungen erhöht den Verkaufsförderungs-Aufwand*
  Neuprodukte werden im Einführungsstadium regelmäßig intensiv durch Verkaufsförderung unterstützt. Daher ist hier ein weiterer Grund für die steigenden Aufwendungen für dieses Marketing-Instrument zu sehen, denn die Zahl der jährlichen Neuprodukte liegt nach wie vor allein im Nahrungs- und Genußmittel-Sektor bei rd. 1000. Außerdem wird es immer schwieriger für den einzelnen Anbieter, einen Platz im Regal des Handels für neue Artikel zu erhalten; ein Problem, welches durch gezielten Verkaufsförderungs-Einsatz zumindest verringert werden kann, so daß der Regalplatz nicht ausschließlich über den Preis erobert werden muß. Verkaufsförderung ist ein durchaus probates Mittel, um Distribution zu schaffen und wird entsprechend eingesetzt.
- *Wachsende Homogenität konkurrierender Artikel fördert den Einsatz von Verkaufsförderung*
  Bei sich häufig nur noch geringfügig unterscheidenden und damit substituierbaren Angeboten (me-too-Produkte) lassen sich profilierbare Produkt-Vorteile kaum noch finden und durch klassische Werbung penetrieren. Verkaufsförderung bietet hier neue und zusätzliche Ansätze, um wiederum – wie im vorgenannten Punkt – reinen Preiswettbewerb zu vermeiden.
  Homogenität der konkurrierenden Produkte und die Vielzahl der Neueinführungen führen u. a. zu der allgemeinen Tendenz verkürzter Lebenszyklen. Hier versucht die Industrie durch verstärkten Verkaufsförderungs-Einsatz in der Reife- und Sättigungsphase ihrer Produkte Umsatzeinbußen und damit die sog. Degenerationsphase zu verhindern oder zumindest zu verzögern.

- *Verstärkte Verkaufsförderungs-Aktivitäten bei Wettbewerbern werden mit erhöhtem eigenen Budget beantwortet*
  Das noch immer übliche Verfahren, Etat-Bestimmungen in der Kommunikation u. a. auch von dem beobachteten Aufwand der Konkurrenz abhängig zu machen, führt nach einer Initialzündung aufgrund eines der anderen Faktoren zu generell, d. h. in der gesamten Branche erkennbaren erhöhten Verkaufsförderungs-Aufwendungen.

Auf der Grundlage dieser unternehmensinternen und -externen Faktoren erscheint es wenig erstaunlich, daß sich die Verkaufsförderung zu ihrer heutigen Bedeutung entwickelt hat, mag der mit diesem Marketing-Instrument verbundene finanzielle Aufwand in Deutschland gegenwärtig exakt meßbar sein oder nicht.
Ein Indiz für das Gewicht, das deutsche Unternehmen heute der Verkaufsförderung beimessen, kann in der Zahl der Mitarbeiter in den verschiedenen zentralen Marketing-Bereichen gesehen werden. Eine Analyse der Deutschen Marketing-Vereinigung e. V. bei 211 Industrie-, Dienstleistungs- und Handelsunternehmen unterschiedlicher Branchen nennt u. a. folgende Zahlen[6]:

Mitarbeiter im Marketing-Bereich Werbung	504
Mitarbeiter im Marketing-Bereich Verkaufsförderung	610

Es werden also bereits rund 25% mehr Personen in den Verkaufsförderungs- als in den Werbe-Abteilungen beschäftigt. Selbst unter Berücksichtigung der größeren Personalintensität dieses Marketing-Instrumentes ist der Schluß zulässig, daß Verkaufsförderung zumindest gleichberechtigt neben Werbung getreten ist. Diese These stützt sich auch auf eine auf Initiative der Verfasser vom Bund Deutscher Verkaufsförderer und Verkaufstrainer e. V., Arbeitskreis Verkaufsförderung, im Februar 1978 durchgeführte schriftliche Primär-Erhebung bei 110 Industrie-, Handels- und Dienstleistungsunternehmen. Trotz deutlicher branchenbezogener Unterschiede war festzustellen, daß Verkaufsförderung inzwischen im Durchschnitt etwa 40% des Kommunikations-Etats beansprucht.
Überraschend ist nun – in Kenntnis des Vorhergesagten – die in jüngster Zeit zu beobachtende Tendenz *bei allen Marktbeteiligten*, dieses Element des Marketing mit wachsender Skepsis zu betrachten und sogar mitunter hart zu kritisieren. Die großen Erwartungen, die die Wirtschaft der Verkaufsförderung entgegengebracht hatte, scheinen von einer deutlichen Ernüchterung verdrängt worden zu sein. Es mehren sich die Anzeichen dafür,

daß Industrie, Handel und Verbraucher in der Beurteilung der Möglichkeiten und Vorteile dieses Marketing-Instrumentes zurückhaltender geworden sind. So spricht man beispielsweise davon, für die nächsten Jahre der klassischen Werbung wieder den Vorzug zu geben, oder es wird konstatiert, Verkaufsförderung verderbe die Rendite des Herstellers und des Handels und ruiniere den Markenartikel.
Solche Tendenzen sind sicher nicht grundsätzlich negativ zu werten. Wir glauben, daß vielmehr das Gegenteil der Fall ist:

> Setzen sich alle Marktteilnehmer rational mit der Verkaufsförderung auseinander, so kann eine Klärung, Verdeutlichung und Versachlichung dessen, was dieses Marketing-Instrument zu bieten hat, das Ergebnis sein. In einem solchen Prozeß wird es zweifellos notwendig werden, gewisse Auffassungen richtig zu stellen, die beinahe den Charakter von Mythen angenommen haben. Tatsächlich haben sich nämlich in der Vergangenheit teilweise logisch nicht länger vertretbare Vorstellungen von Verkaufsförderung entwickelt, die zumindest zu Mißverständnissen Anlaß geben.

Bevor wir daher den „wirklichen" Stellenwert der Verkaufsförderung im Marketing darlegen, sollen zunächst die Gründe für die genannten negativen Einschätzungen aufgezeigt werden. Dies geschieht, indem zwischen den drei am Marktgeschehen beteiligten Gruppen differenziert wird. Den folgenden Ausführungen liegt dabei die Absicht zugrunde, auf Fehlentwicklungen in der Interpretation dessen, was die Verkaufsförderung für die am Wirtschaftsprozeß Beteiligten bedeutet, hinzuweisen und die wachsende Unsicherheit bei Marketing-Fachleuten zu begründen.
Zunächst daher zu den Problemen, die die Hersteller als die Verkaufsförderungs-Treibenden sehen (oder zu sehen glauben).

1.2 Verkaufsförderung aus der Sicht der Hersteller

Zu einem gegebenen Zeitpunkt haben in einem Unternehmen endgültige Zielsetzungen und getroffene Entscheidungen sowohl kurz- wie langfristige Auswirkungen und Folgen. Diese Bemerkung scheint selbstverständlich und daher überflüssig. Gerade beim Management der Verkaufsförderung ist jedoch eine allgemeine Tendenz zu beobachten, die dieser grundsätzlichen Erkenntnis zuwider läuft: Man plant auf kurz- bis maximal mittelfristige Sicht, denkt in Ein-Jahres-Budgets und erwartet z. B., daß wiederholte

Kurzzeit-Aktionen in ihrer Wirkung kontinuierlich sind und sich zu einem Langfrist-Erfolg addieren lassen.

Unter solcher Konstellation ist es wenig überraschend, wenn viele Produkte, die ehemals „echte" Markenartikel mit eigenständigem Profil waren, in den Augen des Verbrauchers zu jederzeit leicht austauschbaren me-too-Produkten degenerieren. Manager, die eine so geartete Entwicklung bei ihren Artikeln beklagen, erkennen häufig nicht, daß ihr eigener Anteil an dieser Tendenz groß ist, vor allem bedingt durch ständige (Preis-)Aktionen, die als besonders wirtschaftliche Sonderangebote, Ersparnis-Chancen, Gelegenheitskäufe usw. propagiert werden. Eine solche Strategie steigert wahrscheinlich kurzfristig die Verkäufe, allerdings regelmäßig auf Kosten zukünftiger Umsatzmöglichkeiten und unter Schädigung des Produkt-Images.

Viele Aktionen werden auch als zu individuelle Einheiten konzipiert. Das positive Erscheinungsbild eines Artikels wird aber durch den langfristigen und kontinuierlichen Einsatz des *gesamten* Marketing-Mixes gezeichnet, in das daher auch die Verkaufsförderung voll integriert sein muß. Es mag erforderlich sein, taktische Verkaufsförderungs-Maßnahmen bei unmittelbaren Notwendigkeiten am Markt einzusetzen, z. B. zur Umsatzerhaltung bei attraktiven Neuprodukten der Konkurrenz, zur Kompensation erfolgversprechender Wettbewerber-Aktionen, zum Ausgleich saisonal bedingter Stagnation, zur Rückgewinnung verlorengegangener Distribution im Handel usw. Werden jedoch alle Verkaufsförderungsaktivitäten lediglich als Reaktion auf Anstöße von außen geplant, ist es zumindest fraglich, ob langfristige Ziele adäquate Berücksichtigung finden können.

Insbesondere der Versuch, Verkaufsförderungs-Maßnahmen der Konkurrenz durch eigene Aktionen zu kompensieren, hat sich in vielen Fällen als schädlich für Images und Deckungsbeiträge aller beteiligten Produkte erwiesen. Ein Beispiel für die dramatischen Folgen eines solchen „Verkaufsförderungs-Krieges" sei hier in Anlehnung an Weber aufgezeichnet[7]: Im Jahre 1969 wuchs der US-amerikanische Markt für industriell gefertigte Fleischpasteten doppelt so schnell wie die Bevölkerung, und die drei größten nationalen Anbieter hielten einen Marktanteil von 55,5%. Im nächsten Jahr versuchte ein Produkt-Manager des kleinsten dieser drei Hersteller, den eigenen Marktanteil über eine Senkung des Werbeetats und Steigerung der Verkaufsförderungsausgaben zu erhöhen. Diese Taktik führte tatsächlich zu einer spürbaren Umsatzbelebung, aber auch zu Reaktionen der Wettbewerber: Während der folgenden Jahre (1971 und 1972) war in einem Zyklus von ständigen Aktionen und Reaktionen eine positive

Etatmittelveränderung bei der Verkaufsförderung der drei Konkurrenten von 450% und eine Budgetsenkung bei der Werbung von 38% zu beobachten. An endgültigen Ergebnissen wurden 1973 festgehalten:

durchschnittliche Umsatzveränderung aller drei Anbieter (1969 bis 1972) + 3%
aggregierte Marktanteile (1972) ./. 1,4%
durchschnittliche Deckungsbeitragsveränderung: ./. 35%

Abb. 1 zeigt, daß alle drei Wettbewerber von dieser Entwicklung betroffen waren, obwohl diejenigen Anbieter (Produkt A und B), die sich nach wie vor relativ stärker auf klassische Werbung gestützt hatten, scheinbar weniger in Mitleidenschaft gezogen worden waren. Solche negativen Entwicklungen lassen sich auch in vielen Branchen in Deutschland beobachten.
Es gibt jedoch noch weitere Gründe, die in der Industrie zu einer skeptischen Haltung und zu Unmut gegenüber der Verkaufsförderung geführt haben:

- Selbst nur geringfügige Preisreduktionen (die ohnehin auf Verbraucherebene kaum wirken) benötigen, um rentabel zu sein, eine deutliche Steigerung der Aktionsumsätze. So bedarf eine Sonderaktion mit lediglich DM 0,10 Preissenkung auf den Abgabepreis von DM 1,— bei einem Deckungsbeitrag von DM 0,30 pro Artikel bereits einer 50%igen Umsatzsteigerung, um das Deckungsbeitrags-Niveau zu halten. Dies wird selten erreicht.
- Da Verkaufsförderungs-Aktionen kurzfristig einsetzbar sind, werden sie auch ebenso schnell vom Wettbewerb „gekontert".
- Verkaufsförderung wirkt oft nur kurzzeitig, Umsatzsteigerungen im Aktionszeitraum werden von Umsatzeinbußen danach abgelöst. Es tritt häufig nur eine Nachfrageverlagerung ein. Da höhere Kosten angefallen sind, ist der Erlös insgesamt geringer als ohne Verkaufsförderung.
- Verkaufsförderungs-Materialien bleiben häufig bereits im eigenen Außendienst hängen und kommen daher weder im Handel noch beim Verbraucher zum Einsatz.
- Verkaufsförderung am Point of Purchase ist von der Zustimmung des Handels abhängig. Ein großer Teil der den Wiederverkäufern zur Unterstützung zur Verfügung gestellten Materialien (Displays usw.) findet dort keine Verwendung und verursacht lediglich Kosten.
- Display-Material wird selten über den gesamten vom Hersteller geplanten Aktionszeitraum am PoP zu finden sein.

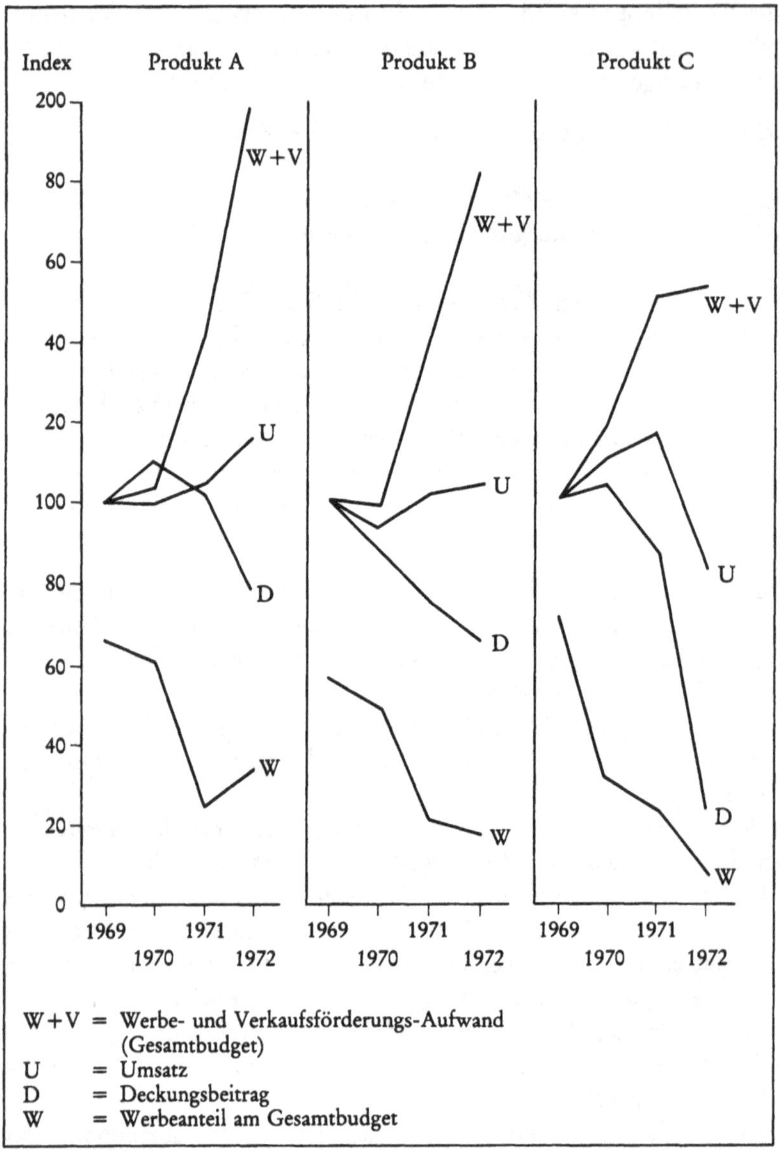

Abb. 1. Resultate eines „Verkaufsförderungs-Krieges“

- Eingeräumte Handelsrabatte werden nicht immer dem Verbraucher weitergegeben, und die Aktion bleibt wirkungslos.
- Verkaufsförderung hat häufig nicht die gleiche Breitenwirkung wie klassische Werbung.
- Am PoP laufen täglich Aktionen mehrerer Anbieter. Keine hat daher die *ungeteilte* Aufmerksamkeit des Handels oder der Verbraucher.
- Regelmäßige Verkaufsförderungs-Maßnahmen können Handel und Verbraucher rasch abstumpfen, diese werden dann unempfindlich gegenüber wiederholten Anreizen.
- Ein Produkt kann andererseits durch ständige Aktionen „verkaufsförderungssüchtig" werden. Es wird „kaputt promotet".
- Die Industrie ist auch desillusioniert, weil Verkaufsförderung entgegen aller Erwartung vorhandene grundsätzliche Produkt-Nachteile oder -Schwächen nicht überwindet.
- Von wenigen Ausnahmen abgesehen können Verkaufsförderungsmaßnahmen *allein* einen neuen Artikel am Markt nicht profilieren.

Bedeutet diese Aufstellung zu beobachtender Nachteile der Verkaufsförderung in der Praxis, daß dieses Marketing-Instrument in Anwendung und Theorie in der Vergangenheit überbewertet worden ist? Ist der Unmut berechtigt? Wir glauben: ja und nein! Ja, weil der Wirkungseinfluß der Verkaufsförderung in früheren Jahren vielfach tatsächlich überschätzt wurde. Nein, weil bei der Vorbereitung, Planung und Durchführung zu viele Fehler gemacht werden.
Die augenfälligsten Mängel zeigen sich in

- fehlenden oder nur qualitativen Zielsetzungen für Verkaufsförderungsmaßnahmen
- nicht ziel-orientierter Budget-Bestimmung
- unzureichender Kenntnis und Berücksichtigung der Wirkmechanismen des gesamten Kommunikations-Mix
- mangelnder Motivation des Außendienstes
- Unkenntnis der Handels- und Verbraucherprobleme und damit unvollständige informative Absicherung
- zu schablonenhaftem Einsatz einzelner Mittel der Verkaufsförderung, mangelnder Kreativität, me-too-Aktionen, zu später Information des Handels
- zu einseitiger Orientierung auf den PoP
- Fehler in Details, wie zu spätes Eintreffen einzelner Verkaufsförderungs-Mittel am Einsatzort

- ungenügender Erfolgskontrolle (allein schon die Tatsache, daß keine genauen Zahlenangaben über den Verkaufsförderungsaufwand in Deutschland vorliegen, ist für diese These ein wichtiger Indikator)
- zu kurzen Planungshorizonten
- der hierarchischen Ansiedlung der Verkaufsförderung auf noch immer zu niedrigen Organisationsebenen
- häufiger Personalfluktuation und damit mangelnder Kontinuität.

Schon einer der hier angeführten von uns in der Praxis beobachteten Mängel kann eine Verkaufsförderungs-Aktion zum Scheitern führen. Negative Ergebnisse dürfen aber unter solcher Konstellation nicht dem betrachteten Marketing-Instrument angelastet werden. Die Industrie sollte eher für ihre zukünftige Arbeit nach effektiven Ansätzen in der Verkaufsförderungs-Planung und -Durchführung suchen.

1.3 Verkaufsförderung aus der Sicht des Handels

Neben den Produzenten steht auch der Handel neuerdings der Verkaufsförderung abwartender gegenüber. Noch 1971 äußerten lt. einer von der Lebensmittel-Zeitung und der Maggi GmbH durchgeführten Handelsuntersuchung 43% aller Befragten (Basis = 433), daß Verkaufsförderung das eigene Bestehen im Wettbewerb sichere, und 76% waren der Meinung, Verkaufsförderung werde im Handel in Zukunft zunehmende Verwendung finden[8]. Insbesondere Sonderplazierungen im Laden, Kostproben-Veranstaltungen, kurzfristig reduzierte Preise, Mehrstück-Packungen mit Preisvorteilen, Aktionsangebote und Musterverteilungen an Haushalte wurden in diesem Zusammenhang genannt.
Tatsächlich tätigte in folgenden Jahren der Einzelhandel einen immer größeren Anteil seines Umsatzes über Verkaufsförderungs-Aktionen: So hat sich allein in den Jahren 1973 bis 1975 die Zahl der Aktionen pro Geschäft und Woche verdoppelt. Der sog. „Aktions-Anteil" am gesamten Einzelhandelsumsatz lag nach Berechnungen des IfO-Instituts 1970 noch bei 6%, 1974 bei 12% und 1976 bei 15%[9]. Die kontinuierlich gestiegene Bedeutung von Verkaufsförderung zeigt sich auch im Anteil der Personen, die Sonderangebote im Einzelhandel wahrnehmen: Nach Erhebungen des Instituts für Demoskopie in Allensbach waren dies 1968 rd. 30% aller Käufer und im Jahre 1974 bereits 41%.
Nach einer Untersuchung der GfK, die 1500 repräsentativ ausgewählte Geschäfte umfaßte, sind Zweitplazierungen zum wichtigsten Instrument

der Geschäftspolitik im Lebensmittelhandel geworden. Den Ergebnissen zufolge entfielen bereits 1974 durchschnittlich 7% der Verkaufsfläche und 12% Umsatzanteile auf Zweit- oder Sonderplazierungen. Insgesamt veranstaltet der deutsche Lebensmittelhandel monatlich eine Million Aktionen dieser Art[10].

Einen Überblick darüber, welche konkreten Vorstellungen Wiederverkäufer von einzelnen Verkaufsförderungs-Maßnahmen haben und wie sie sie bewerten, zeigt eine 1975 im Einzelhandel durchgeführte Untersuchung[11]. Danach wurden eigene Zeitungsinserate, Handzettel, Sonderplazierungen mit Hersteller-Displays, Verteilung von Warenproben, Preis- und Probierangebote als sehr wirkungsvoll bezeichnet. Weniger akzeptiert sind Regalstopper, Preisausschreiben, Mehrfachgebinde, Zugaben, Gewinnspiele, Sammelaktionen und Fensterstreifen.

Die generell positive Einstellung der Verkaufsförderung gegenüber scheint also zumindest einer differenzierteren Stellungnahme gewichen zu sein. Dies bestätigte sich in einer Vielzahl von Gesprächen, die wir mit großen Handelsunternehmen ganz unterschiedlicher Branchen geführt haben. Danach glauben Lebensmittel- und Fachhandels-Unternehmen gleichermaßen, daß die Erfolge mit Verkaufsförderung rückläufig sind. Folgende Gründe werden genannt bzw. sind auch aus unseren Beobachtungen im Handel ableitbar:

- *Umsatzverlagerung statt Mehrumsatz*
  Hersteller versuchen (berechtigtermaßen) in Verkaufsförderungs-Aktionen ihre Marktanteile zu erhöhen, während dem Handel daran gelegen ist, letztlich zu einem Wachstum der Umsätze in der *gesamten* Produktgruppe zu gelangen. Eine anhaltende Abverkaufssteigerung ist jedoch nur in den seltensten Fällen Folge von Verkaufsförderung, so daß der Handel einem Großteil der ihm angebotenen Aktionen ablehnend gegenübersteht.

- *Unkenntnis der Hersteller über die tatsächlichen Verhältnisse in der Distribution*
  Die Industrie hat strukturelle Wandlungen auf der Handelsebene scheinbar noch immer nicht voll erkannt. So ist sie vielfach nach wie vor bestrebt, Verkaufsförderungs-Aktionen nach dem Motto „divide et impera“ unter Umgehung von Zentralen mit den einzelnen Betrieben abzusprechen und durchzuführen. Dies schafft nicht nur *keine* Kostenvorteile, da die Zentralleistungen oft ein Mehrfaches dessen bringen, was an Zentralboni gezahlt werden muß, es führt auch zu Ärger und Konflik-

ten mit den Zentralen als den wohl heute wichtigsten Nahtstellen zwischen Industrie und Handel.
Des weiteren konzentrieren sich viele Hersteller in ihren Aktionen aus Rationalisierungsgründen auf umsatzstarke Geschäfte und Geschäftstypen. Solches Vorgehen senkt zwar tatsächlich die effektiven Vertriebskosten, es ist jedoch zumindest fraglich, ob es auf Dauer den gewünschten Erfolg bringt.
Betrachten wir zur Begründung dieser These kurz die Umsatzstruktur des deutschen Einzelhandels. Klein- und Mittel-Betriebe vereinigten 1969 noch 49,8% und 1975 46,6% auf sich; einer Prognose von Beckermann und Rau zufolge wird ihr Anteil bis 1985 auf 41,6% schrumpfen (Tab. 2). Berücksichtigt man, daß diese Unternehmen zum Teil in Einkaufsgenossenschaften und über Großhandelszentralen organisiert sind, so verbleibt dennoch ein unerwartet hoher Umsatzanteil bei kleineren und mittleren Geschäften, an welchen daher ein Industrieunternehmen nicht vorbeigehen kann.
Auch eine Analyse der Marktanteile der Betriebsformen des deutschen Einzelhandels stützt diese Argumentation (Abb. 2). Danach sinkt zwar

Tab. 2. Umsatz des deutschen Einzelhandels nach Betriebsformen

Betriebsform	absolut			Veränderung[2]		Anteil		
	1969	1975	1985	1969 bis 1975	1975 bis 1985	1969	1975	1985
	in Mrd. DM			in vH		in vH		
Warenhausunternehmen	15,4	21,8	34,5	6,0	4,7	7,3	8,8	10,7
Versandhandelsunternehmen	8,8	10,7	13,6	3,3	2,4	4,2	4,3	4,2
Konsumgenossenschaften (co op)	4,7	5,9	7,9	3,9	3,0	2,3	2,4	2,5
Filialunternehmen[3]	20,5	33,9	65,0	8,8	6,7	9,8	13,7	20,2
Klein- und Mittelbetriebe[4]	104,6	115,6	134,0	1,7	1,5	49,8	46,6	41,6
Institutioneller Einzelhandel	154,0	187,9	255,0	3,4	3,1	73,4	75,8	79,2
Einzelhandel des Großhandels	11,7	11,7	12,3	0	0,5	5,6	4,7	3,8
Einzelhandel der Industrie	4,3	5,0	6,0	2,5	1,8	2,0	2,0	1,9
Handwerkshandel	39,9	43,2	48,6	1,3	1,2	19,0	17,5	15,1
Funktionaler Einzelhandel insgesamt	209,9	247,9	321,8	2,8	2,6	100,0	100,0	100,0

[1] In Preisen von 1962.
[2] Durchschnittliche jährliche Veränderung.
[3] Unternehmen mit 5 und mehr Verkaufsstellen.
[4] Einbetriebsunternehmen und Unternehmen bis zu 4 Niederlassungen.
Quelle: Beckermann, T. / Rau, R.: Der Einzelhandel 1959-1985, hrsg. von RWI, Essen 1977, S. 92.

der Anteil des nicht-organisierten Einzelhandels kontinuierlich, er macht aber gegenwärtig noch immer ca. 20% des Gesamtumsatzes aus. Gerade diese kleineren und mittleren Geschäfte bzw. die nicht organisierten Einzelhändler stellen jedoch oft fest, daß sie ein Produkt „normal" handeln, während es zum gleichen Zeitpunkt bei anderen Absatzmittlern

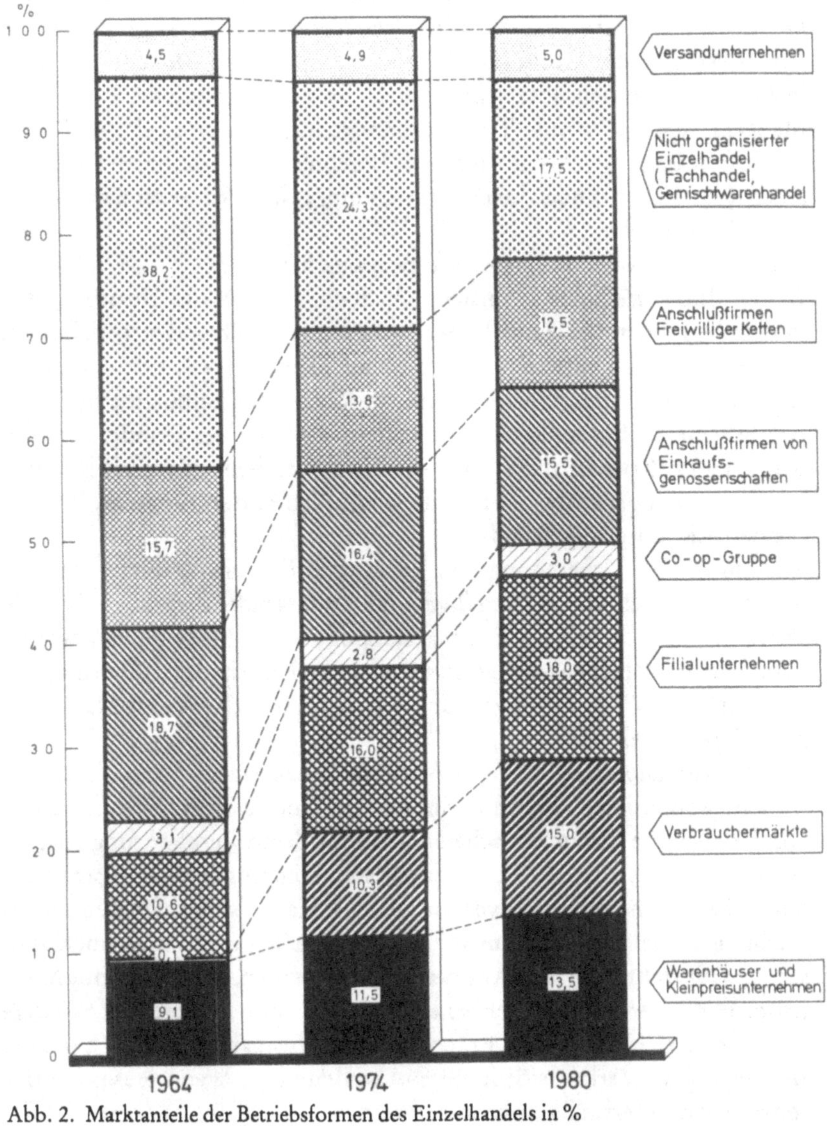

Abb. 2. Marktanteile der Betriebsformen des Einzelhandels in %

mit einer interessanten Verkaufsförderungs-Aktion unterstützt wird. Konkludent ergeben sich auch in diesen Fällen Aversionen dem Hersteller und dem Marketing-Instrument Verkaufsförderung gegenüber.
Schließlich werden Aktions-Erfolge häufig durch mangelhaftes und ungeeignetes Material beeinträchtigt. Natürlich hat die Industrie mit dem Einsatz von Displays, Plakaten, Regalstoppern usw. die Absicht, den Handel zu unterstützen. Viele solcher Verkaufshelfer sind jedoch auf Super-Märkte oder Großraumläden ab 400 qm konzipiert und tragen so in keiner Weise den unterschiedlichen Größenverhältnissen Rechnung. Mängel in der Lager- und Transportfähigkeit, Standfestigkeit und Handhabbarkeit im Laden kommen hinzu. Ergebnis: Ein Großteil der angebotenen Materialien findet keine Verwendung, die Aktion schlägt zumindest teilweise fehl.

- *Das „Timing" von Aktionen läßt zu wünschen übrig*
  In der Industrie fehlt offensichtlich noch vielfach die Kenntnis, daß inzwischen auch die Handelsebene langfristig plant und sich daher oft außerstande sieht, kurzzeitig eine Verkaufsförderungs-Aktion eines Herstellers zu akzeptieren. Schwerpunktverkäufe sind zumindest mittelfristig festgelegt, disponiert und im Laden verplant. Der Handel erwartet daher mehr Koordination und auf Herstellerebene die Einsicht, daß vertikales (kooperatives) Marketing wesentlich bessere Voraussetzungen für den Aktionserfolg schafft.[12]
  Zur optimalen Vorbereitung von Verkaufsförderungs-Maßnahmen fehlt im Handel auch die *rechtzeitige* und umfassende Beratung über die Produkte und die eingesetzten absatzpolitischen Maßnahmen, welche man dann entsprechend dem weitverbreiteten Prinzip des „Wheeling and Dealing", des „Tust Du etwas für mich, dann tue ich etwas für Dich" zu honorieren bereit ist.
- *Profilierungswünsche des Handels werden unzureichend berücksichtigt*
  Verkaufsförderung soll nach Meinung des Handels nicht nur kurzfristige Sonderangebote bekannt machen und so für deren Vermarktung sorgen, sie soll – im Zusammenwirken mit anderen kommunikativen Instrumenten – beitragen, ein positives Image des Handelsunternehmens beim Verbraucher zu schaffen. Ein spezifisches Profil kann jedoch nur durch sog. „maßgeschneiderte" Aktionen erreicht werden, keinesfalls mit Maßnahmen, die der Verbraucher bei einer Vielzahl konkurrierender Wiederverkäufer gleichfalls findet. Ergebnis: Handelsorganisationen lehnen die Beteiligung an Verkaufsförderungs-Aktivitäten ab, wenn diese undifferenziert vom Hersteller angeboten werden.

Diese Mängel von Verkaufsförderungs-Aktionen lastet der Handel – überwiegend zu Recht – dem Hersteller an. Wenn jedoch auf Wiederverkäuferebene in wachsendem Maße eine abstruse Vorstellung und sogar Abkehr von diesem Marketing-Instrument zu konstatieren ist, so nicht zuletzt auch aufgrund eigener Fehler des Handels:

- *Einseitige Ausgestaltung der Verkaufsförderung am PoP*
  Betrachtet man offenen Auges die Situation im Handel, so wird deutlich, daß Verkaufsförderung zu häufig auf reine Sonderangebote und Preisaktionen reduziert ist. Naturgemäß ist der Preis für den Absatzmittler ein elementarer Bestandteil des Leistungsbeweises, er ist jedoch fraglos kein Profilierungsinstrument, wenn alle Konkurrenten ihn in extenso einsetzen. Während z. B. 1968 noch jede zweite Hausfrau glaubte, in einem Geschäft, das Sonderangebote offeriert, auch sonst billig kaufen zu können, sieht heute nur noch jede dritte Käuferin in Sonderaktionen ein Indiz für generelle Preiswürdigkeiten[13]. Ergebnis: Bei einer Vielzahl von Produktgruppen gibt es heute kaum noch Perioden, in denen die angebotenen Artikel „normal" kalkuliert werden und daher „normale" Renditen bringen. Da aber Mehrverkäufe trotz solcher Preissenkungen nicht im erwarteten Maße eintreten, lehnt heute der Handel Verkaufsförderung generell als weitgehend erfolglos und unwirksam ab.
- *Übertriebene Forderung nach Sonderkonditionen*
  In den letzten Jahren haben Verkaufsförderungs-Aktivitäten auf Handelsebene kontinuierlich an Bedeutung gewonnen und dabei auch Praktiken Eingang gefunden, die sich – da sie von allen Großbetriebsformen auf Absatzmittlerebene gefordert werden – insgesamt nivellieren und wirkungslos bleiben. Gemeint sind zusätzliche Leistungen der Hersteller, die oft hinter verschlossenen Türen als ergänzende Rabatte, Boni, Zuschüsse und Gebühren gewährt werden, um den Hineinverkauf zu unterstützen. Wagner nennt eine Vielzahl von Ausdrücken, die statt des (ehrlicheren) Wortes „Geld" üblich geworden sind[14]. Solche Praktiken haben mit Verkaufsförderung im eigentlichen Sinne nur noch wenig gemein; sie werden jedoch als solche bezeichnet und disqualifizieren und pervertieren so dieses Marketing-Instrument. Außerdem sind Wettbewerbsverzerrungen die Folge, da nur die Großbetriebsformen des Handels in den Genuß dieser Leistungen kommen[15]. Ergebnis: Das Fordern solcher Sonderkonditionen durch den Handel führt zu Unmut bei der Industrie; ihr – z. T. auch aktives – Anbieten durch die Hersteller zur Ablehnung von Verkaufsförderung zumindest bei den marktschwächeren Absatzmittlern, die nicht davon profitieren.

- *Gegenläufigkeit von handelseigener Verkaufsförderung und klassischer Werbung der Industrie*
  PoP-Aktionen, die auf Handelsinitiativen zurückgehen und vom Wiederverkäufer selbst veranstaltet werden, profilieren die geförderten Produkte oft in gänzlich anderen Richtungen als die Werbeanstrengungen der Industrie. Unterschiede in diesen beiden Kommunikations-Instrumenten führen aber zu einem Auseinanderfallen der Produktpersönlichkeit, das Image des Artikels wird geschwächt und diffus, für Hersteller *und* Handel sinkt die Produktrentabilität. Hierzu zählt auch die sog. „Loss-Leader"-Taktik der Großbetriebsformen des Einzelhandels, der Discountwarenhäuser und Verbrauchermärkte. Bei Vollsortimenten nutzen diese Unternehmen die Chance, abwechselnd Teile des Sortiments zu Einstandspreisen oder darunter anzubieten. Untereinstandspreise verlangen zwar einen Ausgleich im Sortiment oder zwischen einzelnen Verkaufsstellen in der Zentrale, profilieren aber das Handelsunternehmen regelmäßig auf Kosten von Imageverlusten des einzelnen geförderten Produktes und seines Herstellers.
- *Unsachgemäßer Einsatz von Verkaufsförderung am PoP*
  Zum überwiegenden Teil begründet durch unzureichende Ausbildung und Schulung und damit Qualifikation des Handelspersonals kommt es zu falschen Plazierungen von Verkaufshilfen und Aktionsware am PoP. Theoretisch mögliche Mehrumsätze werden nicht voll realisiert. Ursache für dieses Ergebnis ist auch das Veranstalten zu vieler Aktionen zur gleichen Zeit, die den Verbraucher überfordern. Eine Untersuchung der Lebensmittel-Zeitung stützt diese These und nennt weitere Mängel, die auf Planungs- und Realisationsfehler auf Handelsebene zurückzuführen sind[16]:
  - Verwirrung des ohnehin schon strapazierten Konsumenten durch zu viele Komponenten bei handelseigenen Aktionen
  - Aktionsangebote korrespondieren nicht mit der im Einzugsgebiet wohnenden Kaufbevölkerung
  - Verzehrgewohnheiten werden bei Aktionsbündelung nicht immer berücksichtigt
  - Schlagworte dominieren statt konkreter Aussage und persönlicher Ansprache
  - Aktionsinhalte entsprechen nur den Eigeninteressen des Handels und nicht den Bedürfnissen des Verbrauchers
  - theoretisch gute Ideen bleiben wirkungslos aufgrund mangelnder Gestaltung.

- *Wirkliche Erfolge werden nicht wahrgenommen*
  Selbst bei erfolgreichem Verlauf von Verkaufsförderungs-Aktionen nimmt nach unseren Beobachtungen der Handel sehr oft die günstigen Ergebnisse kaum wahr. Dies ist durch die gewaltige Sortimentsbreite des Angebots und überaus ungenügende Erfolgskontrolle nicht weiter erstaunlich; insbesondere, wenn es sich um Artikel aus Produktgruppen handelt, die nur einen sehr begrenzten Anteil am Gesamtumsatz des Handels ausmachen, oder relativ wenig rentabel sind und somit ohnehin am unteren Ende der Interessenskala der Wiederverkäufer stehen.

Alle genannten Faktoren tragen als retardierende Momente dazu bei, daß auch der Handel den wirklichen Stellenwert der Verkaufsförderung noch nicht erkannt hat, ihren möglichen Nutzen nicht zu ästimieren versteht und sie – wie erwähnt – in wachsendem Maße ablehnt.

1.4 Verkaufsförderung aus der Sicht der Verbraucher

In den vergangenen Jahren haben sich die Verbraucher neu orientiert und ihre allgemeinen Verhaltensweisen, ihre Einkaufsplanung, ihr Informations- und Einkaufsverhalten teilweise umgestellt. Vor allem hat sich – durch Aufklärungsarbeit von Verbraucherverbänden, Presse, Rundfunk und Fernsehen – ein generell kritisches Bewußtsein entwickelt, das besonders durch folgende Erscheinungen gekennzeichnet ist[17]:

- Die Verbraucher kaufen sorgfältiger und geplanter ein
- Es werden mehr Preisvergleiche vor und während des Einkaufes angestellt
- Verbraucher prüfen die Qualität von Produkten kritischer
- Sie kaufen weniger sog. „nutzlose" Artikel
- Sie sind Impulskäufen weniger zugänglich
- Die wichtigste Informationsquelle ist die direkte Information im Geschäft geworden (beim Fachhandel: das Schaufenster)

Insbesondere mit der zuletzt genannten Entwicklung kommt verkaufsfördernden Maßnahmen bei der Präsentation der Ware erhebliche Bedeutung zu. Verkaufshilfen, die sachlich über das Angebot informieren, werden vom Verbraucher begrüßt und finden eine gute Resonanz. Während jedoch noch im Jahre 1974 nach einer Untersuchung des Sample-Instituts, Hamburg, die weit überwiegende Mehrzahl der Verbraucher nur eine sehr vordergründige

Kenntnis der Verkaufsförderungs-Instrumente hatte[18], rücken neuerdings die verschiedenen hoch entwickelten optischen, akustischen und psychologischen Kaufanreizmittel in den Mittelpunkt des kritischen Interesses einer immer breiteren Öffentlichkeit. So fordert z. B. die Arbeitsgemeinschaft der Verbraucher (AgV) eine intensivere Beschäftigung und Auseinandersetzung mit diesem Marketing-Instrument, mit dem Ziel einer ebensolchen Immunisierung des Verbrauchers wie gegen die verschiedenen Werbestrategien[19]. Als besondere Kritikpunkte werden genannt:

- Mit Verkaufsförderung werden oft nur scheinbare Sonderangebote offeriert (z. B. bei Lebensmitteln solche Produkte, deren Haltbarkeitsgrenze fast überschritten ist)
- Mit Hilfe verkaufsfördernder Instrumente (Verkaufsgondeln, Displays usw.) soll die Anzahl der Spontankäufe erhöht, schlecht frequentierte Verkaufsflächen attraktiver und „schwache Produkte" mitgefördert werden
- Trotz einschlägiger Gerichtsurteile wird nach wie vor psychologischer Kaufzwang beim Einsatz einiger Verkaufsförderungs-Instrumente ausgeübt
- Die freie Konsumwahl der Verbraucher ist eingeschränkt durch wettbewerbsfeindliche Methoden, die über Schmiergelder und Zuschüsse zu monopolähnlichen Angebotsstrukturen führen
- Verkaufsförderung ist „einseitige Überredungskommunikation", die – wie Werbung – den Markt manipulativ aufbereitet, Marketing unglaubwürdig macht und zur Farce degradiert.

Obwohl diese zum Teil mit Polemik und Ideologie aufgeladenen Argumente gegen Verkaufsförderung zu einer sachlichen und wissenschaftlichen Ansprüchen gerecht werdenden Diskussion dieses Marketing-Instrumentes wenig beitragen, sind sie hier erwähnt worden, weil sie sich immer breiterer Akzeptanz in der Öffentlichkeit erfreuen. Außerdem verbergen sich hinter diesen Thesen eine Reihe durchaus vorurteilsfreier und konstruktiver Kritikpunkte, mit denen sich Industrie und Handel auseinandersetzen müssen, soll nicht durch Reaktionen von Verbraucherseite Verkaufsförderung bedeutungslos werden.

Neben diesen öffentlich artikulierten Argumenten gibt es noch eine Reihe von fast imponderablen Faktoren, die nur andeutungsweise in empirischen Untersuchungen zu Tage treten, da sie überwiegend unbewußte psychologische Reaktionen der Verbraucher auf Verkaufsförderung beinhalten. Erst die Kenntnis auch dieser Faktoren gestattet einem Unternehmen, die negativen Implikationen zu minimieren, die aus dem Einsatz von Verkaufsförderung möglicherweise entstehen. So kann die Durchführung von Verkaufsförderungs-Aktionen auf Verbraucherebene zu folgenden Deutungen führen[20]:

- Es handelt sich um ein Unternehmen, das im Wettbewerb allein mit seinen Produkten nicht mehr bestehen kann und nun zusätzliche, normalerweise unnötige Anreize bieten muß, damit auch weiterhin die Artikel Akzeptanz finden. Verkaufsförderungsmaßnahmen sollen den Käufer von der rein rationalen Betrachtung des Angebots ablenken.
- Vor allem Produkte, die schon lange im Handel lagern und fast unverkäuflich sind, müssen durch Verkaufsförderung populärer gemacht werden.
- Besonders „low-interest-products" und – in den Augen des Konsumenten – sog. inferiore Substitute benötigen und erhalten Unterstützung, um sie zumindest kurzzeitig in den Mittelpunkt des Verbraucherinteresses zu rücken.
- Nur ein Produkt, das normalerweise hohe Gewinne abwirft, kann mit Gutscheinen, Preisausschreiben, Sonderpreisen, Zugaben usw. ausgestattet werden (dieses Argument findet sich vor allem bei Frauen, die stolz auf ihre Abwehrhaltung gegenüber Werbung verweisen).

Soll daher in Zukunft der Einsatz verkaufsfördernder Instrumente nicht in wachsendem Maße zu Kontroversen zwischen Industrie und Handel einerseits und Verbrauchern und ihren Organisationen andererseits führen, muß der umworbene Käufer als Marktpartner verstanden werden, der Anspruch auf echte Information und redliche, seriöse Angebote hat. Nur so kann Verkaufsförderung als legitime Funktion einer absatzorientierten Wirtschaft erhalten bleiben.
Aus dem Vorgesagten dieses ersten Kapitels wird deutlich, daß die heute mit der Verkaufsförderung verbundenen Schwierigkeiten bei allen Marktbeteiligten eine Fühlbarkeitsschwelle überstiegen haben. Für Industrie und Handel, als die aktiveren Marktpartner und damit Verantwortlichen, sind zwei Positionen denkbar:
Erstens könnten die skizzierten Probleme als einmalige und mehr zufällige Episode ohne langfristige Wirkung interpretiert und somit ignoriert werden. Das bedeutet für die Zukunft eine Beschränkung auf das bekannte Instrumentarium der Verkaufsförderung mit bestenfalls gradueller Verbesserung und Erweiterung.

Zum zweiten würden die Schwierigkeiten als Versagen der Unternehmen und Symptome fundamentaler Mißverständnisse verstanden. Diese Haltung erfordert (über eine kritische Reflexion von Theorie und Praxis) das Suchen nach neuen theoretischen Ansätzen, die als in Handlungen umsetzbares vergegenständlichtes Wissen und damit als Beiträge sowohl zur Weiterentwicklung des Marketing und der Verkaufsförderung als auch zu Erkenntnisfortschritten der Betriebswirtschaftslehre zu verstehen sind.
Mit diesen Erwägungen ist das weitere Programm dieses Buches umrissen.

Anmerkungen

[1] Vgl. hierzu Russell, D., Bowman, J. C., Young, J.a.: Improving the Payout of the Advertising/Promotion Mix. Hrsg.: Association of National Advertisers (A.N.A.), New York, 1975. Es ist jedoch darauf hinzuweisen, daß in den USA der Begriff „Sales Promotions", der der genannten Studie zugrunde liegt, erheblich mehr umfaßt, als wir in Deutschland unter „Verkaufsförderung" verstehen. Daher lassen sich diese Zahlen mit deutschen Schätzungen nur teilweise vergleichen.

[2] Vgl. u. a. Weber, R. J.: How Trade Allowances Are Making Mincemeat out of Profit Objectives. Hrsg.: A.N.A. Financial Management Workshop, New York, 1973 u. Aycrigg, A. H.: Coupon Usage and Redemption Patterns. Hrsg.: A.N.A. Couponing Workshop, New York, 1975, S. 1.

[3] Diese Entwicklung ist auch in den USA zu beobachten. Vgl. hierzu Strang, R. A.: Sales promotion – fast growth, faulty management. In: Harvard Business Review, Vol. 54, July–August 1976, S. 117 f.

[4] Aycrigg, R. H.: Coupon Usage and Redemption Patterns. A.a.O., S. 9.

[5] Vgl. „The 1973 Study of Grocery Trade Dealing". Booz, Allen, and Hamilton, New York, 1974.

[6] Vgl. hierzu: Die Marketing-Ausbildung an Hochschulen im Urteil ausgewählter Unternehmen. Eine Analyse der Deutschen Marketing-Vereinigung e. V., Düsseldorf, 1976, S. 14 ff.

[7] Vgl. Weber, R. J.: How Trade Allowances are making Mincemeat out of Profit Objectives. A.a.O.

[8] Zahlen errechnet aus Hunsinger, H.: Verkaufsförderung im Lebensmittelhandel. Untersuchung der Lebensmittel-Zeitung mit der Maggi GmbH über die Problematik von Promotions-Aktivitäten. Schäfer Marktforschung, Frankfurt/M., 1972, S. 15 und 54.

[9] Vgl. zu diesen und den folgenden Zahlenangaben o. V.: Lohnt sich Verkaufsförderung überhaupt? In: LZ, Nr. 4, 28. 1. 77, S. L.

[10] Vgl. o. V.: Eine Million Zweitplazierungen pro Monat. In: LZ, Nr. 21, 24. 5 74, S. 13.

[11] Vgl. Irrgang, W.: Handelsmarketing fehlinformiert. In: absatzwirtschaft, Nr. 10, 1976, S. 78.

[12] Zu den Möglichkeiten und Problemen des vertikalen Marketing vgl. Thies, G.: Vertikales Marketing – Marktstrategische Partnerschaft zwischen Industrie und Handel. Bd. 2 der Reihe „Marketing-Management". Hrsg. Haedrich/Kuß/Thies. Berlin–New York 1976.

[13] Vgl. o. V.: Wie gut kennen Sie die Verbraucher? In: LZ, Nr. 36, 5. 9. 75, S. IV.

[14] „Werbekostenzuschuß, Aktionszuschuß, Insertionszuschuß, Stapelzuschuß, Plazierungszuschuß, Artikelförderungszuschuß, Eröffnungszuschuß, Verkaufsförderungszuschuß, Zuschüsse für Handzettel, Investitionszuschuß; Aktionsbonus, Sonderbonus, Steigerungsbonus; Rabatt, Aktionsrabatt, Werberabatt, Treuerabatt, Umstellungsrabatt; Leistungsgeld, Festgeld, Servicegeld, Containergeld, Eintrittsgeld, Palettengeld; Regalmiete, Einführungskosten, Displayhonorierung, Druckkostenbeteiligung, Ordersatzgebühren, Computerlistungsgebühr, Platzmiete, Werbeflächenverkauf, Sonderprämien". Zitiert nach Wagner, H. (Asco Saarbrükken) in einem Vortrag anläßlich der Eröffnung von Promotions Plus, München, 1974.

[15] Auf die wettbewerbsrechtliche Unhaltbarkeit solchen Tuns kann hier nur hingewiesen werden. Das Bundeskartellamt hat bereits 1975 ein entsprechendes „Sündenregister" erarbeitet und zur Diskussion gestellt. Man wünscht, daß die Wirtschaft aus eigener Kraft Abhilfe schafft; sollte das nicht in nächster Zeit gelingen, wird eine Kartellrechtsänderung erwogen.

[16] Vgl. hierzu o. V.: Aktionen im Handel – So erreichen Sie mehr Qualität. In: LZ, Nr. 13, 1. 4. 77, S. II ff.

[17] Die folgenden Punkte wurden zusammengestellt aufgrund eigener Befragungen von Handelsunternehmen und Ausführungen von Hafter, L.: Die „neue" Kundin. In: LZ, Nr. 11, 18. 3. 77, S. 100.

[18] Vgl. hierzu „Der Hamburger Verbraucher als Wirtschaftspartner", Untersuchung des Sample Instituts Handelsforschung GmbH, Hamburg 1974. Die grundsätzlichen Erkenntnisse und Schlußfolgerungen haben zweifellos auch über den Hamburger Wirtschaftsraum hinaus Gültigkeit.

[19] Vgl. Deseive, N., Förster, W.: Verkaufsförderung als Absatzinstrument – Verbraucher sollten immun werden. In: Verbraucher Rundschau. Hrsg. AgV, Heft 1, 1977, S. 2 ff.

[20] Diese Reaktionen wurden von den Verfassern in einer Reihe von Gruppendiskussionen mit Verbrauchern beobachtet. Einige der genannten Punkte finden sich außerdem bei Luther, E.: Verkaufsförderung aus der Sicht der Hausfrau. In: Marketing Journal, Nr. 6, 1975, S. 497 ff.

2. Verkaufsförderung im Marketing-Mix

2.1 Verkaufsförderung als kommunikatives Instrument des Marketing

Verstehen wir unter Marketing eine unternehmerische Führungskonzeption mit den Kernelementen

- einer bewußten Absatzmarkt- und Kundenorientierung aller Bereiche und Funktionen,
- einer starken Betonung der schöpferisch gestaltenden Funktion im Sinne des Suchens und Erschließens neuer Märkte,
- eines ganzheitlichen und durchgängigen Denkens im Unternehmen und
- der Anwendung des Prinzips der Differenzierung bei der Marktbearbeitung,

so bedeutet dies für die Arbeit des Marketing-Planers, nachfrageorientierte Entscheidungen auf der Grundlage umfassender Markt-, Umwelt- und Unternehmens-Informationen und -Kenntnisse zu treffen[1]. Da jede Funktion im Marketing eines Unternehmens zu einem gegebenen Zeitpunkt in einem bestimmten Verhältnis mit jeder beliebigen anderen Funktion „gemischt" werden kann, wodurch insbesondere die dispositive und integrierende Tätigkeit des Managers deutlich wird, der eine quantitative und qualitative Koordination der Mittel und Instrumente herbeiführt, spricht man auch von sog. Marketing-Mix-Entscheidungen. Durch das Marketing-Mix soll also derjenige Einsatz des absatzpolitischen Instrumentariums bestimmt werden, der unter bestimmten Unternehmens-, Markt- und Umwelt-Konstellationen zu einem optimalen bzw. befriedigenden Ergebnis führt, für Unternehmen und Nachfrager gleichermaßen. Dabei sind Entscheidungen zu treffen bezüglich

Auswahl
Art
Gestaltung
Einsatzintensität
Kombination und
zeitlicher Koordinierung

der Marketing-Mittel eines Unternehmens. Ein kurzer Überblick über das zur Verfügung stehende Marketing-Instrumentarium liefert einen wertvollen Hintergrund für unsere Analyse der Verkaufsförderung. Obwohl eine Vielzahl unterschiedlicher Gliederungen des Marketing-Mix in der Literatur vorliegt, wollen wir die Instrumente drei Bereichen zuordnen, deren wichtigste Elemente in Abb. 3 dargestellt sind:

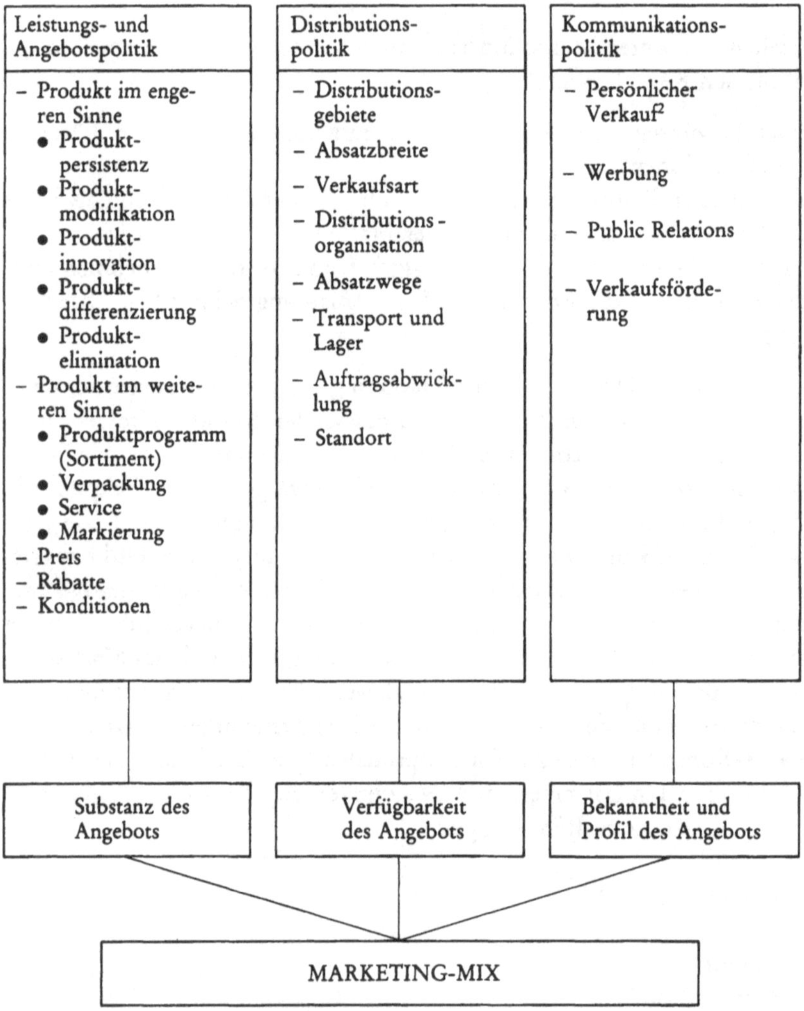

Abb. 3. Elemente des Marketing-Mix

Marketing-Mix-Entscheidungen innerhalb der Leistungs- und Angebotspolitik

Die Leistungs- und Angebotspolitik betrifft die Bestimmung der zwecks Verkauf zu produzierenden Produktarten und deren Varianten sowie ihre Preisstellung innerhalb der geplanten Distributionskanäle und beim Endabnehmer. Sie bestimmt maßgeblich Wirkungsbreite und Risiko des Unternehmens im Absatzmarkt, da ihre Hauptaufgabe in der *Erstellung von Leistungssubstanz* liegt.

Marketing-Mix-Entscheidungen innerhalb der Distributionspolitik

Die zweite wesentliche Voraussetzung für den Absatzerfolg liegt in den Arten und Wegen, auf denen die Leistungen dem Abnehmer zugänglich gemacht werden. Der distributionspolitische Gestaltungsrahmen umfaßt daher die *zur Verfügungstellung des Produktes* am geeigneten Ort, zur richtigen Zeit und in ansprechender Darbietung.

Marketing-Mix-Entscheidungen innerhalb der Kommunikationspolitik

Die Kommunikationspolitik hat die Aufgabe, über das Unternehmen, sein gesamtes Leistungsprogramm oder einzelne Teile daraus zu informieren *(Bekanntmachungsfunktion)*, sowie ein unverwechselbares Profil in der Weise aufzubauen, daß eine abgrenzende Alleinstellung im Markt erreicht wird *(Profilierungsfunktion)*.

Erst der gezielte und koordinierte Einsatz aller drei Marketing-Mix-Bereiche mit ihren einzelnen Instrumenten führt über die Integrierung von Substanz, Verfügbarkeit, Bekanntheit und Profil und damit die umfassende Berücksichtigung von komplementären und substitutiven Beziehungen zwischen den Marketing-Mix-Elementen ein konkretes Angebot am Markt herbei. Obwohl das Augenmerk dieses Buches auf die Analyse des Marketinginstrumentes Verkaufsförderung gerichtet ist, dürfen wir daher nicht übersehen, daß sich alle Einzel-Entscheidungen im Marketing-Mix gegenseitig unterstützen müssen, um ein befriedigendes Ergebnis zu erreichen. Hierauf wird besonders in Abschnitt 4 (Planung der Verkaufsförderung) zurückzukommen sein.

Wir haben die Aufgaben der Kommunikationspolitik unterteilt in die Informations- oder Bekanntmachungs-Funktion und die Profilierungsfunktion. Erstere beinhaltet die überwiegend objektive und sachliche Information über Leistung und Angebot eines Unternehmens. Besonders in den frühen Phasen des Produkt- bzw. Sortiment-Lebenszyklus hat ein Großteil der Marketing-Kommunikation informativen Charakter, da der Anbieter über die Bekanntmachung von Produkt und Produkt-Nutzen Anfangsbedarf entwickeln möchte. Die zweite Gruppe kommunikativer Botschaften versucht über die Berücksichtigung subjektiver und wertender Vorstellungen, Gedanken, Meinungen, Wünsche und Erwartungen der Botschaftsempfänger eine unverwechselbare Alleinstellung für die Angebote und Leistungen des Unternehmens aufzubauen. Ihr Schwerpunkt liegt eher in späteren Produkt- bzw. Sortiment-Lebenszyklus-Phasen. So stehen beispielsweise bei der Einführung neuer Zigaretten-Marken in Deutschland in den ersten drei bis sechs Monaten fast ausschließlich die objektiven Eigenschaften (Nikotingehalt, Teerbestandteile, kräftiger oder milder Geschmack usw.) im Vordergrund der kommunikativen Anstrengungen, während erst danach (z. B. über Testimonials) subjektive Faktoren immer größeren Raum erhalten.

Beide Botschaftsarten werden gesendet, um die Empfänger in einer vom Sender gewünschten Weise zu beeinflussen. Die hierfür zur Verfügung stehenden Instrumente sind – wie erwähnt – persönlicher Verkauf, Werbung, Public Relations und Verkaufsförderung. Sie alle unterliegen als Elemente der Kommunikationspolitik den allgemeinen Gesetzen der Marketing-Kommunikation und somit der sog. Kommunikations-Theorie, auf deren ausführliche Darstellung hier verzichtet wird, da sie in der (Marketing-)Literatur vielfach abgehandelt wurde. Speziell hingewiesen sei wegen des pragmatischen und für die Marketing-Planung besonders geeigneten Ansatzes auf die Beschreibung des Kommunikations-Prozesses bei Haedrich[3].

Einige charakteristische Aspekte, die insbesondere für Verkaufsförderung von Bedeutung sind, müssen jedoch Erwähnung finden: Marketing-Kommunikation (persönlicher Verkauf ausgenommen)

- vollzieht sich öffentlich
- ist indirekt
- verläuft einseitig
- nutzt spezielle Medien
- wendet sich an eine Vielzahl von Menschen.

Diese sog. *unpersönliche Einweg-Kommunikation*[4] stellt damit keinen Dialog sondern eine nur einseitige Ansprache dar, denn die am Kommunikations-Prozeß beteiligten Personen oder Gruppen sind *entweder* Sender *oder* Empfänger von Botschaften.

Verkaufsförderung aber kann sich aus diesem starren und nachgewiesenermaßen unvorteilhaften System[5] lösen und durch spezifische Instrumente *persönlich, direkt und zweiseitig* in Erscheinung treten und wirken. Andererseits unterliegt Verkaufsförderung ebenso wie die anderen kommunikativen Instrumente im Marketing den grundlegenden Entstehungsgesetzen der Kommunikation:
Sie kann nur dann erfolgreich sein, wenn sie den Wünschen, Zielen, Wertvorstellungen und Erwartungen der Verkaufsförderungs-Subjekte (also ihrer jeweiligen Zielgruppe) entspricht. Wie Werbung, persönlicher Verkauf und Public Relations wird dieses Instrument des Marketing nur dann zur Kommunikation, wenn es jemanden gibt (Rezipient), der die Botschaft hört und bereit ist, sie in sich aufzunehmen (Abb. 4).
Zunächst muß eine physische Wahrnehmung stattfinden, also der Rezipient die Mitteilung des Kommunikators hören oder sehen. Bewegt sich die Mitteilung sodann auf einer anderen Ebene als die Wünsche, Ziele, Wertvorstellungen und Erwartungen des Rezipienten, ist der Kommunikationsversuch gescheitert. Die Verkaufsförderungssubjekte nehmen die Botschaft nur *physisch*, nicht aber *psychisch* wahr. Ihr Wahrnehmungshorizont, bestimmt durch die genannten vier Faktoren, genügt nicht den Ansprüchen, die der Kommunikator mit einer Botschaft stellt, und die Mitteilung geht

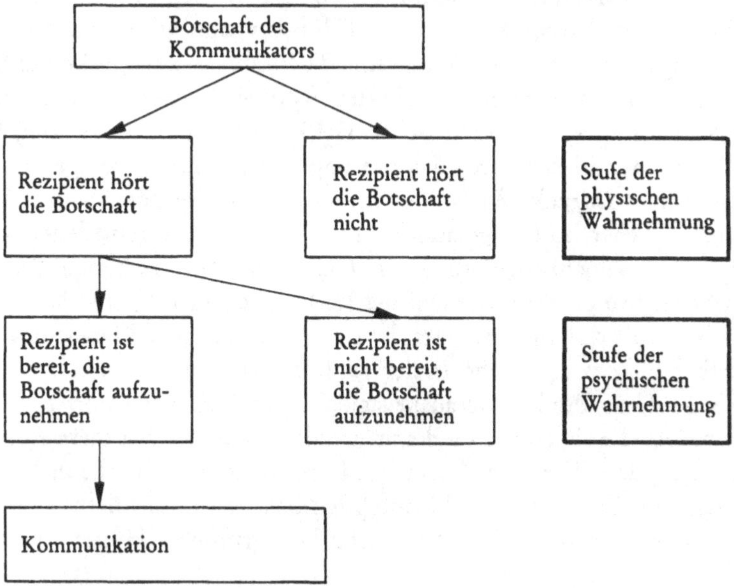

Abb. 4. Wie entsteht Kommunikation?

verloren. Sind jedoch diese Voraussetzungen erfüllt, werden die Angesprochenen im Sinne des Kommunikators reagieren, und der Appell an die Motivation der Rezipienten ist erfolgreich.
Ehe wir in Abschnitt 4 (Planung der Verkaufsförderung) die notwendigen Voraussetzungen und Planungselemente aufzeigen, um diese komplexe Aufgabe zu lösen und die Beeinflussungsmöglichkeiten der Verkaufsförderung auszuschöpfen, muß zunächst eine klare Definition der Verkaufsförderung geprägt werden, welche sowohl für die theoretische Auseinandersetzung mit diesem Marketing-Instrument als auch für die Marketing-Arbeit im Unternehmen praktikabel ist.

2.2 Definitionen im kritischen Vergleich und Versuch einer präzisen Begriffsbestimmung für Theorie und Praxis

Die Anfänge der Verkaufsförderung liegen im 19. Jahrhundert, als 1895 – wie Aspley berichtet[6] – die National Cash Register Comp. (NCR) eine Service-Abteilung einrichtete, die die Abverkaufsprobleme ihrer Handelskunden lösen helfen sollte. Obwohl also inzwischen über 80 Jahre vergangen sind, kann noch immer nicht davon gesprochen werden, daß der Begriff Verkaufsförderung heute einheitlich verwandt wird und sich definitiv durchgesetzt hat. Über kaum eine Teilfunktion des Marketing ist in den letzten Jahren so intensiv diskutiert worden wie über Verkaufsförderung. Quot homines, tot sententiae (so viel Leute, so viele Ansichten) gilt heute für den Begriff der Verkaufsförderung ebenso wie vor wenigen Jahren noch für den Ausdruck Marketing. In gewisser Weise kann natürlich in einer ausführlichen und lange anhaltenden Diskussion verschiedener Auffassungen zur Verkaufsförderung ein Glanzlicht der modernen Betriebswirtschaftslehre gesehen werden, die Ratlosigkeit nicht gelten lassen will und daher – nie resignierend – mit beharrlichem Eifer der Lösung des Problems näher zu kommen sucht. In der Tat haben sich auch inzwischen wenigstens einige feste Punkte herauskristallisiert und es sind Fortschritte erzielt worden, die allgemein anerkannt werden. Dennoch hat diese Auseinandersetzung dem Thema nicht nur genützt, sondern auch erheblichen Schaden zugefügt. Emotionell und ideologisch belastete unsachliche Ansätze haben das Durcheinander, das allein schon in begrifflicher Hinsicht besteht, zum Teil noch vergrößert.
Gegen welche Vielzahl verwandter Ausdrücke – die von manchen Autoren

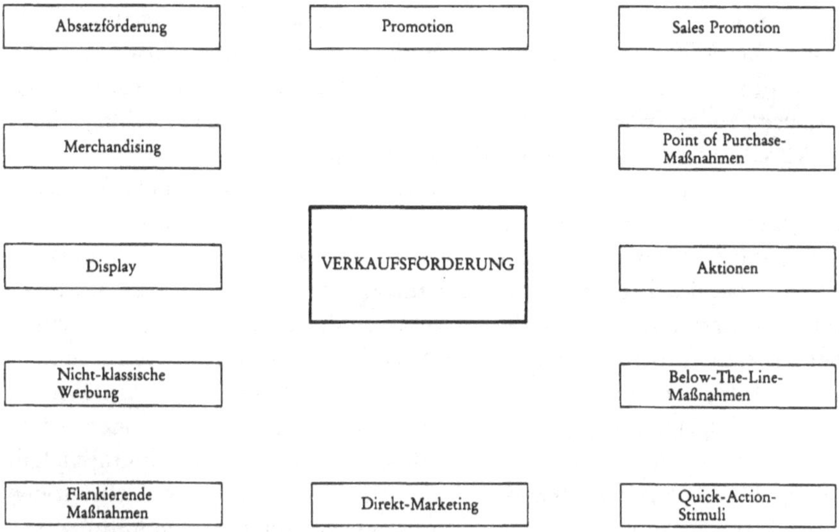

Abb. 5. Verkaufsförderung und verwandte Begriffe

sogar synonym gesehen werden – sich der Begriff Verkaufsförderung in Literatur und Praxis zur Wehr setzen muß, ist Abb. 5 zu entnehmen.

Dieses Nebeneinander diverser Begriffs-Prägungen verlangt nach einer eindeutigen Abgrenzung, die sachlich und logisch vertretbar ist und eine klare Trennung der kommunikativen Instrumente erlaubt. Daher wollen wir zunächst einige der wichtigsten Definitionen kritisch vergleichen. Darauf aufbauend soll – obwohl die Gefahr besteht, den bereits vorhandenen Ansätzen über den Begriff der Verkaufsförderung lediglich einen weiteren hinzuzufügen – der Versuch zur gedanklichen Klärung des Wesens dieses Marketinginstrumentes gewagt werden.

In der Diskussion des Verkaufsförderungs-Begriffs hat zweifellos die Definition der American Marketing Association (AMA) den größten Widerhall gefunden[7]. Danach sind verkaufsfördernde Maßnahmen solche Aktivitäten, „that supplement both personal selling and advertising and coordinate them and help to make them effective, such as displays, shows and expositions, demonstrations, and other nonrecurrent selling efforts not in the ordinary routine". Diese Begriffsbestimmung – obwohl von einer Reihe von Autoren kritiklos übernommen[8] – weist mehrere Mängel auf. Sie bezeichnet einerseits Verkaufsförderung als andere kommunikative Instrumente flankierende und unterstützende Maßnahmengruppe und nicht als eigenständiges Marketing-Mix-Element, während sie andererseits der Verkaufsförderung sogar eine Management-Funktion (Koordinierung) überträgt. Dieser Widerspruch wird noch verstärkt durch den Hinweis „not in the ordinary routine", der andeutet, daß Verkaufsförderung als sporadisch einzusetzendes Instrument zu verstehen sei[9]. Des weiteren fehlt jegliche Beschreibung der anzusprechenden Zielgruppen.

In der Definition von Alexander klingen bereits einzelne Details deutlicher an, indem er solche Marketing-Aktivitäten als Verkaufsförderung bezeichnet, die neben persönlichem Verkauf, Werbung und Public Relations die Effektivität des Handels und die Kaufbereitschaft der Kunden stimulieren[10]. Während also hier schon in Ansätzen die Zielgruppen-Gerichtetheit der Verkaufsförderung berücksichtigt wird, bleibt das „Wie" nach wie vor im dunkeln, denn die bei Alexander und der AMA-Definition angeführten Mittel (Displaymaterial, Vorführungen, Produktdemonstrationen usw.) sind nicht charakteristisch genug zur Beschreibung der Erscheinungsvielfalt dieses Marketing-Instrumentes. Außerdem erlauben beide Definitionen keine klare Trennung der Verkaufsförderung von anderen kommunikativen Maßnahme-Gruppen.

Umfassender wirkt in diesem Sinne die Auffassung von Spillard, der Verkaufsförderung als zusätzliche Anreizschaffung versteht[11]. Während eine solche globale Definition der Interpretation weitgehend freien Raum läßt und damit zu Mißverständnissen Anlaß gibt, kann auch eine Aufzählung einzelner Maßnahmen, wie sie sich beispielsweise bei Strang findet, nicht befriedigen[12]: „All other forms of sponsored communication apart from activities associated with personal selling, it thus includes trade shows and exhibits, couponing, sampling, premiums, trade allowances, sales and dealer incentives, cent-off-packs, consumers educations and demonstration activities, rebates, bonus packs, points-of-purchase material, and direct mail".

Besonders leichtfertig scheint eine Negativ-Abgrenzung zu sein, wie sie z. B. Tillman und Kirkpatrick vornehmen[13]: „Sales promotions, an area consisting of all sales stimulants and promotional communication *not classified as personal selling or as advertising.*" *(Kursiv durch die Verf.)*

Auch Kotler zieht sich auf eine solche formale Ebene zurück und bezeichnet Verkaufsförderung als „eine Sammelkategorie für verschiedene Absatzförderungsinstrumente, die ... nicht als Werbung, persönlicher Verkauf oder Public Relations klassifiziert werden können".[14]

Im deutschen Sprachgebrauch wird „Sales Promotion" inzwischen weitgehend einheitlich mit „Verkaufsförderung" übersetzt, wobei sich jedoch eine ebensolche Begriffsverwirrung wie in den USA oder Großbritannien zeigt.

So können einige Autoren der Versuchung nicht widerstehen, unmittelbar vom Wortinhalt ausgehend, dieses absatzpolitische Instrument mit dem gesamten Marketing-Mix gleichzusetzen[15]. Zur „Förderung des Verkaufs" gehören dann auch Produktpolitik, aktive Preisgestaltung, Wahl der Absatzwege usw. Eine solche sehr weite Begriffsfassung ist aber zweifellos nicht geeignet, die Verkaufsförderung als spezifisches Marketing-Instrument darzustellen.

Auch die Definition von Linnert kann nicht befriedigen[16]: „Verkaufsförderung ist ein Sammelbegriff. Hinter ihm verbergen sich alle absatzpolitischen Maßnahmen, die geeignet erscheinen, Absatzwege zu öffnen bzw. offen zu halten". Pflaum und Kunze ergänzen den Begriff durch die Feststellung, daß Verkaufsförderung einen temporären Marketingdruck erzeugt, „der dazu bestimmt ist, die Distribution des Produktes zu verbessern und/oder die Nachfrage zu erhöhen"[17]. Dieser nur vorübergehende Charakter der Verkaufsförderung stellt zwar tatsächlich oftmals ein wichtiges Abgrenzungskriterium vor allem gegenüber der Werbung dar, ist aber zur vollständigen begrifflichen Trennung beider Termini nicht hinreichend. Eine eindeutige Trennung von Werbung und Verkaufsförderung findet sich im Marketing-Fortbildungsprogramm des Axel Springer-Verlages[18]: „Verkaufsförderung soll zum Verkaufen veranlassen – Werbung soll zum Kaufen veranlassen. Verkaufsförderung richtet sich somit auf das Verhalten der Absatzmittler, Werbung dagegen zielt auf den Verbraucher". So klar und differenzierend, wie diese Feststellung ist, so irreführend und falsch ist sie: Während zwar Maßnahmen auf Absatzmittlerebene einen beträchtlichen Anteil an den Verkaufsförderungs-Bemühungen der Industrie ausmachen (obwohl von ihnen wenig in die Öffentlichkeit dringt), können Zugaben, Zweitnutzungspackungen, Probierangebote, Verbraucherwettbewerbe usw. wohl kaum zur Werbung gerechnet werden. Daher kann auch der Auffassung von Döppner nicht entsprochen werden, wonach die Maßnahmen der Verkaufsförderung auf Unterstützung und Beeinflussung der Verkäufer des Unternehmens und der in den Vertriebsweg eingeschalteten Händler gerichtet sind.[19] An anderer Stelle findet sich dagegen bei Döppner der Hinweis, daß Verkaufsförderung „sich auch zunehmend an die Letztverbraucher (wende), um diese zum Kaufen zu veranlassen"[20], so daß die von ihm vorgeschlagene Begriffsbestimmung widersprüchlich ist.

Entschieden operationaler erscheint die Definition des Arbeitskreises Verkaufsförderung im Bund Deutscher Verkaufsförderer und Verkaufstrainer (BDVT), nach der die Verkaufsförderung darauf gerichtet ist, „Verkaufsorganisation, Absatzmittler und potentielle Kunden am Ort des Verkaufs direkt anzusprechen und den Kauf-/Verkaufs-Entscheid auszulösen"[21]. Der Begriff erfährt hier die notwendige Erweiterung auf die verschiedenen Verkaufsförderungs-Träger (Konsumgüterfirmen, Investitionsgüterhersteller, Handelsbetriebe und Dienstleistungsunternehmen werden explizit genannt) sowie auf die drei Zielgruppen der Verkaufsförderung (Verkaufsorganisationen, Absatzmittler und Kunden) – eine Ergänzung, die z. B. auch bei Hänel oder Haedrich noch fehlt[22]. Vom BDVT wird jedoch der Einsatzrahmen zu eng gesehen: Die Ware *am Ort des Verkaufs* verkaufsaktiv zu präsentieren (häufig auch als Merchandising bezeichnet), ist zwar ein wichtiger Aktionsbereich der Verkaufsförderung, keinesfalls jedoch der einzige. Eine solche Beschränkung führt zu einem Verzicht auf z. T. wesentliche verkaufsfördende Maßnahmen.

Daß die Grenzen dieses Marketing-Instrumentes weiter abzustecken sind, geht aus der Definition von Nieschlag et al. hervor, die zwar auch von Außendienst-, Händler- und Verbraucher-Promotions sprechen, diese jedoch vor allem räumlich nicht begrenzen[23]. Allerdings kann hier der Ausdruck „Außendienst" nicht zufriedenstellen, denn der Verkauf von Produkten und Leistungen findet heute häufig (zumindest unter anderem) als Telefonverkauf durch im *Innendienst* tätige Personen statt, denen daher eine ebensolche „Verkaufsförderung" zukommen muß. Diese Kritik gilt auch der von Birkigt vorgelegten Begriffsbestimmung[24]: Verkaufsförderung umfaßt „alle Maßnahmen zur Unterstützung und positiven Beeinflussung von Außendienstmitarbeitern und Händlern, sowie eine gezielte Ansprache der Verbraucher, über den Handel". Birkigt weist zwar darauf hin, daß eine *gezielte* Ansprache der Verbraucher durch Verkaufsförderung möglich ist, allerdings nicht nur – wie er formuliert – „über den Handel", sondern häufig *direkt.* Außerdem können im Gegensatz zu Werbemaßnahmen Verkaufsförderungs-Mittel auch Händler und eigene Mitarbeiter ganz spezifisch ansprechen.

Bedingt durch unterschiedliche Untersuchungsziele und divergierende Einstellungen und Überzeugungen der einzelnen Autoren weichen die gefundenen Begriffe und Termini zum Teil stark voneinander ab. Jede betriebswirtschaftliche Begriffsbestimmung hat aber einerseits die Forderung des Theoretikers nach wissenschaftlich fundierter Erkenntnis und andererseits die des Praktikers nach einem anwendbaren Werkzeug der Kommunikation zu erfüllen. Da eine detaillierte Analyse der verschiedenen Verkaufsförderungs-Definitionen nicht Aufgabe dieses Buches ist, würde es zu weit führen und keine nennenswerten neuen Erkenntnisse bringen, auf *jede* Auffassung zur Verkaufsförderung einzugehen. Die kritische Diskussion der dargestellten Ansichten verdeutlicht zur Genüge die hauptsächlichen Versuche, das Wesen dieses Marketing-Instrumentes zu umreißen. Es erscheint nunmehr notwendig, diese unterschiedlichen Meinungen zu harmonisieren und die entstandene Begriffsverwirrung aufzulösen, die gleichermaßen die Arbeit des Theoretikers und des Praktikers erschwert. Fassen wir alle wesensimmanenten Merkmale der Verkaufsförderung zusammen, so ergibt sich diese Definition:

> Verkaufsförderung ist ein zeitlich gezielt und marktsegment-spezifisch einsetzbares Kommunikations-Instrument des Marketing-Mix von Industrie-, Handels- und Dienstleistungsunternehmen.
> Sie informiert und beeinflußt kurz- und langfristig Verkaufsorganisationen, Absatzmittler und Verbraucher/Verwender durch personen- und sachbezogene, stationäre und variable erweiterte Leistungen zum Angebot.

Im folgenden wollen wir durch Herausarbeiten der einzelnen Begriffselemente diese Definition, die durch ihre Komplexität zunächst schwer verständlich erscheint, anschaulicher werden lassen:

- Verkaufsförderung ist eines von vier kommunikativen Marketing-Instrumenten, steht also *gleichberechtigt* neben persönlichem Verkauf, Werbung und Public Relations. Der Hinweis auf das Marketing-Mix verdeutlicht die Notwendigkeit, auch die Verkaufsförderung in die Marketing-Strategie eines Unternehmens einzubetten und mit anderen Marketingmaßnahmen zu koordinieren. Das bedeutet – wie in anderen Instrumentalbereichen – zielorientiertes Arbeiten über die Stufen: Problemanalyse und Marktforschung, Planung, Steuerung der Durchführung, Ergebniskontrolle.
- Obwohl Verkaufsförderung bisher am intensivsten von der Markenartikelindustrie genutzt worden ist, kann und sollte sie stärker auch von Investitionsgüterherstellern, Handelsbetrieben und Dienstleistungsunternehmen eingesetzt werden. Hieraus ergeben sich Veränderungen bzw. Erweiterungen, insbesondere im Bereich der einzusetzenden Maßnahmen.
- Diese Maßnahmen können als erweiterte Angebotsleistungen charakterisiert werden, da sie zusätzlich zu den bestehenden Produkt- oder Leistungseigenschaften ergänzende Anreize bieten, die das Produktpotential (Marke, Qualität, Nutzen, Preis, . . .) ausbauen.

- Verkaufsförderungs-Maßnahmen haben die Aufgabe, über alle Distributionsstufen den Kauf/Verkauf zu unterstützen.
  - Sie sollen die eigene Verkaufsorganisation (Innen- und Außendienst) motivieren, trainieren und informieren, z. B. durch Verkaufshandbücher, Salesfolder, Argumentensammlungen, Organisationsmittel, Trainings- und Informationsmittel, Wettbewerbe, Prämiensysteme mit besonderem Anreiz.
  - Sie dienen der Unterstützung der Tätigkeit von Groß- und Einzelhandel über verkaufsaktives Displaymaterial, Einsatz von Hostessen, Merchandisern und Dekorateuren, handelsgerechte Packungen, Verkaufsbroschüren, Seminaren und Schulungsveranstaltungen, Partneraktionen, Wettbewerbe, Handelsmessen und Ausstellungen, Plazierungsmittel und anderes.
  - Verbraucher und Verwender werden mit Gutschein-Aktionen, Warenproben und Mustern, Kostprobenverteilungen, Zugaben, Prospekten und Informationen, Service-Einrichtungen, Vorführungen, Aussendungen, Gewinnspielen, Konsumideen und Tips, Sonderangeboten usw. angesprochen.
- Die Leistungen der Verkaufsförderung können durch Personen (Propagandisten, Demonstratoren, Hostessen, Merchandiser, Dekorateure und Berater) sowie durch Sachmittel erbracht werden. Beide Leistungsgruppen sind kurzfristig (dynamisch) und langfristig (permanent), geographisch gezielt und abnehmergruppenspezifisch einsetzbar. Dabei muß eine gemeinsame Strategie für alle Maßnahmen vorgegeben werden, damit ein harmonisches Gesamtbild der Verkaufsförderung entsteht.
- Maßnahmen und Methoden sind nicht auf den Point of Purchase als einzigen Einsatzort beschränkt. Obwohl viele Verkaufsförderungs-Leistungen die Aufgabe haben, am Ort des Angebots den Kaufentscheid direkt auszulösen (Begriffe wie „quick-action-stimuli“, „Merchandising“, „PoP-Maßnahmen“ haben hier ihren Ursprung), stehen auch andere Umfelder zur Verfügung. Verbrauchergerichtete Verkaufsförderung kennt beispielsweise neben dem PoP die Umfelder „zu Hause“ (in der Wohnung des Konsumenten) und „Außerhalb“ (auf der Straße, im Kino, auf Messen usw.)[25].
- Verkaufsförderung will über Produkt- und Leistungsangebote informieren, diese bekannt machen, aktualisieren und profilieren, und auf diesem Wege beitragen zu einer Absatz- und Gewinnsteigerung. Sie ist dabei darauf gerichtet, nicht als Einzelteil der Kommunikation zu wirken, sondern in Übereinstimmung mit der gesamten Marketing-Konzeption.

Die vorliegende Begriffsbestimmung erlaubt zwar eine klare Trennung der kommunikativen Instrumente des Marketing, läßt jedoch gewisse Überschneidungen zu, die sich in der Praxis nicht vermeiden lassen. So wird z. B. der unsinnige Streit vermieden, ob ein Display zur Werbung oder eine Vier-Farb-Anzeige zur Verkaufsförderung zu zählen ist; dies ergibt sich nämlich folgerichtig aus der jeweiligen Zielsetzung und kreativen Umsetzung der eingesetzten Maßnahme. Damit kommen wir zurück auf die Abb. 5 (S. 47), die das mißverständliche Nebeneinander von Verkaufsförderung und verwandten Begriffen darstellt. Es zeigt sich, daß die in Praxis und Literatur z. T. synonym benutzten Ausdrücke entweder nur Einzel-Elemente der Verkaufsförderung beinhalten oder so weit gefaßt sind, daß sie zu verwirrenden Überschneidungen mit anderen Marketing-Instrumenten Anlaß geben. Das tatsächliche Verhältnis dieser Begriffe zur Verkaufsförderung wollen wir im folgenden kurz deutlich machen:

Merchandising: Verkaufsförderungs-Maßnahmen zur Warenpräsentation und Plazierung am PoP und Unterstützung der Verkaufsbemühungen der Wiederverkäufer.

Quick-action-stimuli: Verkaufsförderungs-Instrumente, die ausschließlich die direkte und sofortige Umsatzsteigerung zum Ziele haben.

Direkt-Marketing: Maßnahmen dieser Art sind je nach individueller Zielsetzung und spezifischem Inhalt der Verkaufsförderung, der Werbung und sogar den Public Relations zuzurechnen.

Flankierende Maßnahmen: Verkaufsförderung stellt nur dann eine *Ergänzung* der Werbung dar, wenn durch sie eine bestimmte werbliche Botschaft bis an den PoP herangetragen werden soll, um auf diese Weise den gesamten Warenweg lückenlos zu erfassen. Andere Verkaufsförderungs-Ziele können realisiert werden, ohne daß Werbung die Basis bildet.

Point of Purchase-Maßnahmen: Hierunter fallen alle Verkaufsförderungsmaßnahmen, die – auf welcher Aktionsebene auch immer – den PoP als Einsatzort haben. Der Ausdruck umschließt also auch Merchandising-Aktivitäten.

Nicht-klassische Werbung: Kommunikations-Instrumente, die keine klassischen Medien (Zeitungen, Zeitschriften, Film, Funk, Fernsehen, Plakat) einsetzen. Damit aber deckt dieser Ausdruck einerseits auch diverse Maßnahmen der Public Relations und des persönlichen Verkaufes ab und kann andererseits nicht erklären, wieso verschiedene Verkaufsförderungs-Elemente in klassischen Werbeträgern zu finden sind.

Below-the-line-Maßnahmen: Dieser Begriff entstand aus der Problematik, Verkaufsförderungs-Instrumente bezüglich ihrer Erfolgswirksamkeit nicht exakt bewerten zu können. Sie wurden also bei Erfolgsprognosen und -kontrollen „unter dem Additionsstrich" für andere Marketing-Mix-Elemente lediglich qualitativ berücksichtigt. Dies gilt heute nicht mehr (vgl. Kapitel 4.7).

Absatzförderung: Hierzu zählen nach (inzwischen) allgemeiner Auffassung alle kommunikativen Marketing-Mix-Elemente, also nicht nur die Verkaufsförderung.

Promotion: Dieser Ausdruck charakterisiert im anglo-amerikanischen Sprachgebrauch sämtliche kommunikativen Instrumente des Marketing und ist somit zur spezifischen Kennzeichnung der Verkaufsförderung nicht geeignet.

Display: Ausstellung der Ware im Schaufenster und/oder Laden zum Zwecke des Blickfanges mit verschiedenen Display-Materialien (Plakate, Aufsteller, Regalaufstecker usw.). *Display* ist nur *eine* Maßnahmen-Gruppe der Verkaufsförderung.

Aktionen: Dieser Sammelbegriff für Verkaufsförderungs-Aktivitäten, die zeitlich abgeschlossen und kurzfristig eingesetzt werden, ist nicht geeignet, das vielfältige Maßnahmen-Spektrum, insbesondere der strategischen Verkaufsförderung, abzudecken.

Einzig der Begriff „Sales Promotion" hat sich – wie erwähnt – als gleichwertige Bezeichnung für verkaufsfördernde Maßnahmen weitgehend durchgesetzt.

Die bisherigen Ausführungen lassen deutlich werden, daß sich Verkaufsförderung im Rahmen der obigen Definition durch ihre aktuellen und vielschichtigen Marktmethoden, ihren individuellen Bezug auf Zielgruppen und die zeitliche und geographische Differenzierung ihrer Aufgaben zum wohl anpassungsfähigsten kommunikativen Marketing-Instrument entwickeln kann. Um einen solchen Anspruch zu erfüllen, müssen die funktionsspezifischen Ziele und Aufgaben klar umrissen sein.

2.3 Ziele der Verkaufsförderung

Die Unterschiedlichkeit der Anlässe zum Einsatz der Verkaufsförderung erfordert, daß das Management klare Vorstellungen darüber entwickelt, was mit der Verkaufsförderung im allgemeinen sowie mit speziellen Aktionen und Einzelmaßnahmen bewirkt werden soll. Die Bestimmung von Zielen ist die wichtigste Voraussetzung für eine effektive Verkaufsförderungs-Planung und damit für die Messung der erreichten Ergebnisse.

Gerade im Bereich der Kommunikation wird häufig versäumt, exakte Zielvorstellungen zu entwickeln, ohne die eine Planung, Lenkung, Steuerung und Kontrolle nicht möglich ist. Solches Fehlen klar definierter Wirkungskriterien der Verkaufsförderung im Rahmen des gesamten Marketing-Instrumentariums ist ein wesentlicher Hintergrund für die an anderer Stelle konstatierte Überschätzung der Wirkungsmöglichkeiten und daraus oft resultierende Ablehnung dieses Marketing-Mix-Elementes in der Praxis.

Generell soll zwar Verkaufsförderung dazu beitragen, den Umsatz gewinnbringend zu steigern; eine solche globale Zielformulierung gilt jedoch auch für andere Marketing-Instrumente; sie ist nicht trennscharf und daher keinesfalls als Grundlage für eine fundierte Maßnahmen-Planung ausreichend. Vielmehr kann nur eine differenzierende, präzise und quantitative Zielsetzung verhindern, daß die Aktivitäten der Verkaufsförderung zersplittert werden und ihre Schlagkraft verlorengeht. Daher ist z. B. die Zielsetzung „Erhöhung des Bekanntheitsgrades von Produkt A um 12% innerhalb von 6 Monaten" besser als „Marktbekanntheit aufbauen" geeignet, dem kreativen Team bei der Entwicklung einer wirksamen Verkaufsförderungs-Botschaft als Richtlinie zu dienen.

Spezielle Verkaufsförderungs-Ziele sind aus den totalen Marketingzielen abzuleiten, damit sichergestellt ist, daß die Verkaufsförderung als integrierter Bestandteil eines in sich abgestimmten Marketing-Mixes wirksam wird. Die Berücksichtigung von übergeordneten Kommunikations-Zielen erscheint bei der Ableitung verkaufsfördernder Aufgaben selbstverständlich. Diese müssen jedoch andererseits auch alle Distributions-Instanzen und die direkt produktbezogenen Aktivitäten einbeziehen. Gerade der Ausrichtung der Verkaufsförderungsmaßnahmen an den einzelnen Distributionszielen kommt hierbei große Bedeutung zu[26]. In der Literatur hat sich bisher ebenso wie beim Begriff der Verkaufsförderung keine übereinstimmende Meinung über die Aufgaben herausgebildet, so daß die Verkaufsförderungs-Ziele weit streuen. Gehen wir von der obigen Definition aus, so lassen sich zunächst zwei Zielarten unterscheiden:

Informationsziele und Beeinflussungsziele.

Verkaufsförderung kann den Versuch unternehmen, die jeweilige Zielgruppe über den Nutzen eines Produktes oder einer Leistung zu *informieren.* Diese Bekanntmachungsfunktion ist – wie erwähnt – ein übliches Ziel in den frühen Phasen des Produkt- bzw. Sortiment-Lebenszyklus, wenn über Aufmerksamkeitsweckung und Stärkung der Produkt-/Leistungskenntnis

Primär-Nachfrage gebildet werden soll. Zu späteren Zeiten rückt der Wunsch nach *Beeinflussung* stärker in den Vordergrund: Potentielle Kunden und Verkaufsorgane sollen überzeugt werden, daß das Produkt Wettbewerbsartikeln gegenüber überlegen ist. Natürlich sind auch bei Informationszielen schon Beeinflussungselemente enthalten, da regelmäßig bereits bei der Stimulierung von Primär-Nachfrage Wettbewerb herrscht. Allerdings wächst die Bedeutung der Überzeugungs- und Überredungsfunktion mit dem Fortschreiten des Produkt- oder Sortiment-Lebenszyklus. Bekanntlich ist die Beeinflussung von Einstellungen, Wünschen und Wertvorstellungen schwierig. Ein solches Ziel erfordert eine Verkaufsförderungs-Maßnahme, die Imagevorstellungen zu verändern geeignet ist. Neben der Informations- und Beeinflussungsaufgabe kann es ein Ziel der Verkaufsförderung sein, die jeweilige Zielgruppe an eine Leistung oder ein Produkt zu *erinnern*. Insbesondere Angebote im Reife- oder Sättigungsstadium sowie in der Rückgangsphase werden über Erinnerungs-Verkaufsförderung unterstützt, wobei in Wesen und Ausgestaltung oft eine Übereinstimmung dieser Maßnahmen mit jenen der ersten Lebensphase besteht, da beide das Schwergewicht auf Markenkenntnis, Leistungsbreite und Nutzen legen.

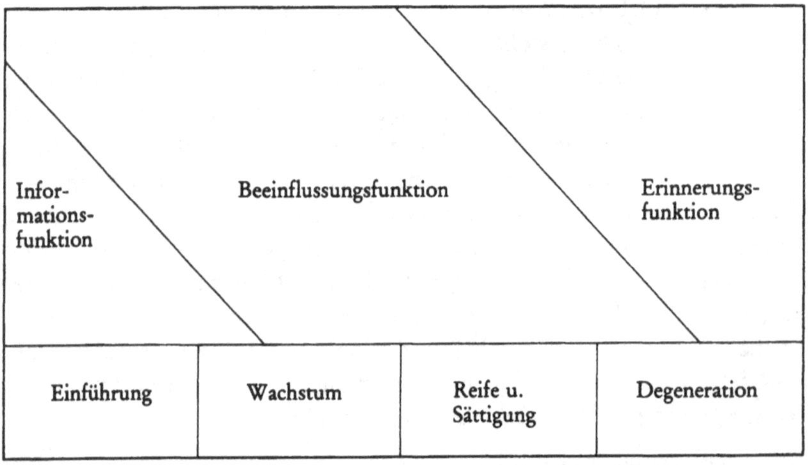

Abb. 6. Vorrangigkeit einzelner Verkaufsförderungs-Ziele in den Phasen des Produkt- bzw. Sortiment-Lebens-Zyklus

Abb. 6 zeigt den sich mit den Phasen des Produkt- bzw. Sortiment-Lebenszyklus wandelnden Charakter der Verkaufsförderungsziele.

Eine zweite Klassifizierungs-Möglichkeit für Verkaufsförderungs-Ziele ist die Unterteilung in *direkte* und *indirekte Handlungsziele*. Erstere sollen die jeweilige Zielgruppe zu einer sofortigen Aktion bewegen, z. B. zu einem ganz bestimmten Zeitpunkt zu kaufen, einen Coupon einzusenden, sich über ein Gewinnspiel mit dem Produktnutzen auseinanderzusetzen, eine Zweitplazierung vorzunehmen, ein gesetzes Verkaufs-Soll zu erreichen. Indirekte Handlungsziele beinhalten eine Hinstimmung zum Produkt oder zur Leistung, z. B. Penetrierung des Namens, Festigung der Kundenbeziehung, Verbesserung des Wissens um objektive Beschaffenheiten, Prägung positiver subjektiver Einstellungen. Solche Ziele sind durch ihren imagebildenden Charakter eher langfristiger Natur, während direkte Handlungsziele Kurzfristwirkung erreichen sollen.

Obwohl Umsatz- oder Gewinnsteigerung spezielle und wichtige Formen von direkten Handlungszielen sind und daher oft in der Praxis als Verkaufsförderungs-Aufgaben formuliert werden, ist eine solche Vorgehensweise nur dann angemessen, wenn alle anderen Marketing-Mix-Komponenten unverändert bestehen bleiben. Normalerweise eignet sich nämlich ein Umsatz- oder Gewinnziel eher als Maßstab für die Erfolgswirksamkeit des *gesamten Marketing-Mix* und nicht für einzelne Elemente daraus. Es gibt jedoch Fälle, in denen Produkt, Preis, Distribution usw. nicht abgewandelt werden, und als einzige Variable die Verkaufsförderung auftritt, so daß die Verkäufe und der daraus resultierende Gewinn als Zielgröße herangezogen werden können.

In der Definition der Verkaufsförderung ist angedeutet worden, daß bei der Zielfestlegung *nach der Kommunikations-Richtung* und damit den verschiedenen Aktionsebenen mehrere Zielgruppen zu unterscheiden sind, die die zu fördernden Personen- bzw. Unternehmenskreise charakterisieren.

Handelt es sich bei dem verkaufsförderungstreibenden Unternehmen um einen Konsum- oder Investitionsgüter-Hersteller, so sind Art und Umfang der Verkaufsförderungs-Leistungen im wesentlichen von der Struktur der gewählten Vertriebskanäle abhängig. Abb. 7 zeigt die Vielfalt der möglichen Absatzwege, zwischen denen eine Unternehmung wählen kann. Je nach Direktheit des Vertriebs müssen evtl. mehrere Wiederverkäuferstufen bearbeitet werden; bei direktem Vertrieb entfällt die Verkaufsförderung für Absatzmittler.

Die Organe der Verkaufsorganisation, deren jeweilige wirtschaftliche und rechtliche Stellung zum Hersteller stark differiert, werden in Abb. 8 transparent.

Die unternehmens-externen Organe der Verkaufsorganisation sind aus verkaufsförderungspolitischer Sicht wegen ihrer weitgehenden Selbständig-

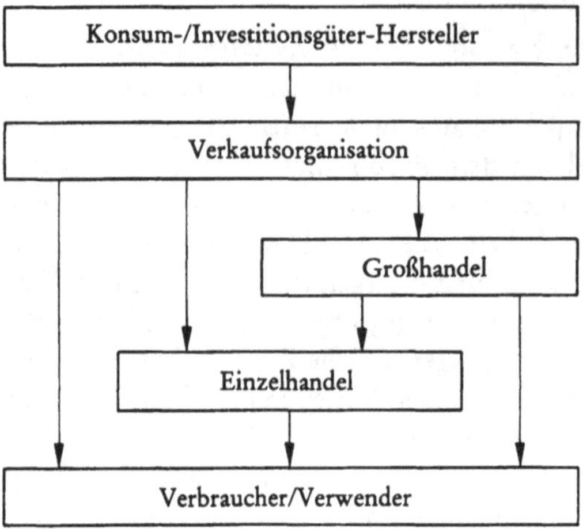

Abb. 7. Schematische Darstellung alternativer Absatzwege

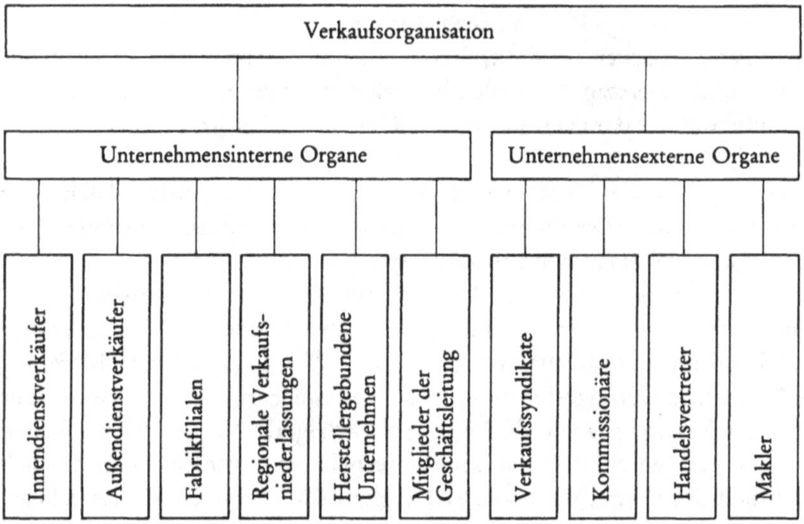

Abb. 8. Verkaufsorgane von Konsum- und Investitionsgüter-Unternehmen

keit eher zu den unabhängigen Absatzmittlern, wie Groß- und Einzelhandel, zu rechnen. Somit ergeben sich als Aktionsebene bzw. Zielgruppen der herstellerbezogenen Verkaufsförderung die eigene Verkaufsorganisation, die Absatzmittler und die Verbraucher/Verwender. Dienstleistungsunternehmen haben regelmäßig direkten Kontakt zu ihren Endabnehmern, so daß für diese Verkaufsförderungs-Treibenden nur die Aktionsebenen *Verkaufsorganisation* und *Verbraucher/Verwender* zu bearbeiten sind.
Verkaufsförderung des Handels wendet sich schließlich an nachgelagerte Absatzmittlerebenen, das eigene Verkaufspersonal und die Verwender/Verbraucher.
Damit zeigt sich, daß die drei Aktionsbereiche

eigene Verkaufsorganisation
Absatzmittler
Verbraucher/Verwender

für eine systematische Darstellung der Verkaufsförderung herangezogen werden können. Im Rahmen der Informations- und Beeinflussungsziele, ebenso wie unter den erwähnten direkten und indirekten Handlungszielen, ist es z. B. möglich, folgende Absichten zu verfolgen:

Aktionsebene Verkaufs-organisation:	Erhöhung der Warenkenntnis Verbesserung von Verkaufs- und Argumentationstechnik Erhöhung des Einsatzwillens und Stimulierung der Verkaufsanstrengungen über materielle Anreize Verbesserung der Marktkenntnis Hinlenkung auf nachdrückliche Forcierung bestimmter Artikel Weiterleitung wichtiger Produktinformationen an Abnehmer Festigung der Kundenbeziehungen und Gewinnung neuer Kunden
Aktionsebene Absatzmittler:	Neuaufnahme einzelner Angebote ins Sortiment Herausstellung bestimmter Produkte oder Leistungen durch verkaufsaktive Warenpräsentation am PoP Verkaufsbeschleunigung durch preisliche Variation Erhöhung der Lagerhaltung Erhöhung der Produkt- und Marktkenntnis Beratung in betriebswirtschaftlichen Fragen Verbesserung von Verkaufs- und Argumentationstechnik

Intensivere und überzeugendere Beratung der Kunden
Sichtbarmachung der Erfolgswahrscheinlichkeit eines Angebotes
Belebung für den PoP im ganzen

Aktionsebene Verwender/ Verbraucher:
Bekanntmachung mit einem Produkt oder einer Leistung
Überzeugung von der Leistungsfähigkeit des Angebots (Entwicklung klarerer und positiverer Vorstellungen)
(Wieder-)Erweckung des Interesses für ein Angebot oder einen Verwendungszweck
Kauf eines Produktes zu einem bestimmten Zeitpunkt, in einer bestimmten Größe, bei einem speziellen Handelsunternehmen usw.
Änderung bestehender Kaufabsichten
Gewinnung von Empfehler-Instanzen (Meinungsbildner)
Tätigung höherer und/oder regelmäßiger Einkäufe.

Naturgemäß kann diese nur beispielhafte Auflistung nicht vollständig sein, da in einzelnen Bereichen die Schwerpunkte der Verkaufsförderungsaktivitäten unterschiedlich gelagert sind. Dennoch zeigt sich die Vielzahl der Beeinflussungsmöglichkeiten dieses Marketing-Elementes. Dabei ist die *Rangfolge* der Ziele untereinander zu beachten. Das Ziel bei den Verbrauchern/Verwendern („Tätigung höherer Einkäufe“) muß als ein Hauptziel aller verkaufsfördernden Maßnahmen angesehen werden. Einzelne Aktivitäten mit den ihnen zugeordneten Zielen können – langfristig betrachtet – nur ein Schritt auf diesem Wege sein. Die Zielhierarchie (Mittel-Zweck-Beziehung) im Marketing tritt also auch hier deutlich zutage.
Verkaufsförderung auf Verkaufsorganisations- und Absatzmittlerebene soll beide Gruppen leistungsfähiger machen, sie im Hinblick auf ihre Absatzanstrengungen unterstützen und stimulieren. In die Zielplanung sind daher auch die Interessen dieser Beteiligten einzubeziehen. So darf z. B. eine Verkaufsförderungs-Aktion am PoP nicht nur eine Umsatzverlagerung herbeiführen, sondern sollte so angelegt sein, daß eine spürbare Umsatzausweitung die Folge ist. Verbraucher-/verwendergerichtete Verkaufsförderung dient der Unterstützung dieser Personen bei Anschaffung und Verwendung eines Produktes oder einer Leistung. Einzelne Verkaufsförderungs-Maßnahmen können dabei gezielt und problembezogen an spezifischen Stellen der Absatzpipeline eingesetzt werden. Ausgangsbasis der Verkaufsförderungs-Planung und damit der Zielfindung ist daher eine

genaue *Problemanalyse* im Absatzbereich eines Unternehmens (vgl. hierzu auch Kap. 4.2).
Die bisherigen Ausführungen zeigen, daß die Ziele der Verkaufsförderung oft auch Zielsetzungen anderer Marketing-Mix-Elemente sein können, insbesondere des Verkaufs und der Werbung. Daher kommt es in der praktischen Arbeit mit diesem vielschichtigen und nicht immer eindeutig, prägnant und allgemeinverbindlich zu umreißenden Marketinginstrument oft zu Kompetenzüberschneidungen. Die Forderung, Maßnahmen der Verkaufsförderung sorgfältig mit den anderen kommunikativen Aktivitäten abzustimmen, wird hierdurch erneut unterstrichen. Der Versuch, Werbung, persönlichen Verkauf und Public Relations zu verdrängen, würde nicht nur zu unrealistischen Zielvorgaben führen, sondern ebenso die Organisation der Verkaufsförderung vor unlösbare Aufgaben stellen. Daher muß das Tätigkeitsfeld des Verkaufsförderers so festgelegt werden, daß sein Aktionsbereich bereits vorhandene sowie durch die Marktdynamik neu entstehende Lücken im Marktbearbeitungssystem schließen kann. Eine solche heterogene Bedingungslage macht eine Aussage über die *wirksamste* Organisation der Verkaufsförderung äußerst schwer. Da die Ziele und Aufgaben der Abteilung Verkaufsförderung von Unternehmen zu Unternehmen verschieden sind, kann der organisatorische Status der Verkaufsförderung nicht generell festgelegt werden[27].
Die Problematik möglicher Kompetenzüberschneidungen zwingt dazu, die Unterschiede zwischen einzelnen akquisitorischen Funktionen aufzuzeigen und Verkaufsförderung von ihnen abzugrenzen. Damit soll der spezifische Charakter dieses absatzwirtschaftlichen Phänomens, der durch die Ziele der Verkaufsförderung noch nicht ausreichend transparent werden konnte, verdeutlicht werden. Dieser Aufgabe wenden wir uns im folgenden Kapitel zu.

2.4 Abgrenzung der Verkaufsförderung gegenüber den anderen Kommunikations-Instrumenten

Den Versuch, Begriffe wie Werbung, Public Relations, persönlicher Verkauf und Verkaufsförderung voneinander abzugrenzen, bezeichnen zwar einige Autoren als „ein nutzloses Unterfangen“[28], eine wissenschaftliche Analyse bedarf jedoch einer sachlogischen Trennung der verwendeten Termini. Bei der Ableitung der Definition der Verkaufsförderung haben wir davon gesprochen, daß „gewisse Überschneidungen“ zwischen den einzelnen kommunikativen Instrumenten bewußt nicht vermieden werden (auf die jetzt näher einzugehen ist). Daneben zeigen sich aber auch eine Reihe von markanten Unterschieden, die als wichtige Trennkriterien heranzuziehen sind.

2.4.1 Verkaufsförderung und Werbung

Diese kommunikativen Marketing-Instrumente weisen zunächst einige Gemeinsamkeiten auf: Beide versuchen die angebotenen Versorgungsobjekte (Produkte und/oder Leistungen) bekannt zu machen, weitergehende Informationen über sie zu vermitteln, um anschließend beim Umworbenen eine positive Imageausprägung aufzubauen. Eine solche positive Hinstimmung, oft als Bereitschaft konkretisiert, die Produkte und Leistungen als erstrebens- und besitzenswert zu akzeptieren, kann und soll unter bestimmten Voraussetzungen zu einer Handlungsauslösung führen. Verkaufsförderung und Werbung sind damit – ausgehend von ihrer globalen Zielsetzung – zunächst nicht zu trennen.

In der Vergangenheit wurde die Aufgabe der Werbung darin gesehen, ein Angebot langfristig aufzubauen, den Verbraucher zu informieren und den Handel zu stimulieren; Verkaufsförderung definierte sich oft als das Bemühen, ein Produkt kurzfristig abzuverkaufen. Die deutsche wie die amerikanische Literatur spricht andererseits vom „Pull-Effekt" der Werbung und „Push-Effekt" der Verkaufsförderung[29]; letztere soll Ware im Handel ausreichend distribuieren, während Werbung den notwendigen Nachfragesog erzeugt. Beide Abgrenzungen lassen noch deutlich das Verkäufer-Markt-Denken der fünfziger und sechziger Jahre erkennen und berücksichtigen nicht, daß Werbung und Verkaufsförderung inzwischen näher aneinandergerückt sind. Einerseits beeinflußt imagebildende Werbung auch den direkten Verkauf-/Kauf-Prozeß, während Verkaufsförderung wesentlich zur Imagebildung eines Unternehmens und seiner Angebote beitragen kann. Über die Begriffe „Aktionswerbung" und „strategische Verkaufsförderung" bemüht sich die Praxis, dieser Entwicklung gerecht zu werden.[30]

Wir wollen die geschrumpfte Distanz zwischen diesen beiden Kommunikations-Instrumenten graphisch demonstrieren und die jeweiligen Hauptaufgaben deutlich machen (Abb. 9).

Dennoch lassen sich mehrere Trennungslinien ziehen:

Zielgruppenbezug: Werbung richtet sich in erster Linie an Letztverwender/

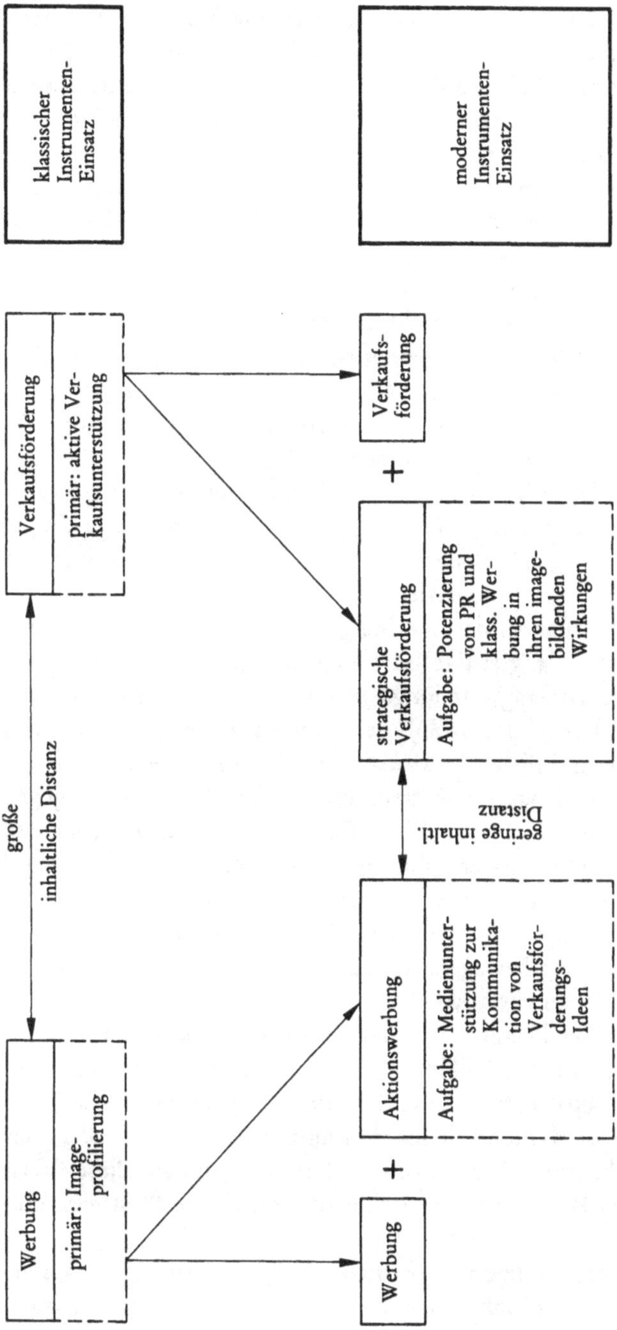

Abb. 9. Werbung und Verkaufsförderung im Wandel

-verbraucher und in der Absatzpipeline nachgelagerte Stufen (z. B. Groß- und Einzelhandel), die durch informierende und motivierende Botschaften zu einer Handlung veranlaßt werden sollen. Verkaufsförderung bezieht zusätzlich die eigenen Verkaufsorgane ein (Außen- und Innendienst-Verkäufer, Reisende, Vertreter usw.).

Mitteleinsatz: In der Werbung kommen ausschließlich Sachmittel zum Einsatz, während Verkaufsförderung darüber hinausgeht und neben Sachmitteln auch Personen tätig werden läßt. Gerade die persönliche Darbietung von Verkaufsideen begründet – wie an anderer Stelle dargelegt – die besondere kommunikative Kraft der Verkaufsförderung.

Individualität: Verkaufsförderung wendet sich häufig ganz gezielt an Einzelpersonen, während Werbung als Massenkommunikationsinstrument zwar durchaus auch individuelle Werbeeindrücke hervorrufen will, dies aber über unpersönliche Zielgruppensprache realisiert.

Medieneinsatz: Klassische Werbemedien sind nur selten örtlich begrenzt und abnehmergruppen-spezifisch einsetzbar. Verkaufsförderungs-Träger dagegen können gezielt lokal oder regional und bezogen auf z. B. nur eine Handelsorganisation konzipiert werden.

Planungszeitraum: Bei den in der Werbung vorrangig zum Einsatz kommenden Medien müssen langfristige Buchungstermine eingehalten werden (z. B. ist der späteste Auftragserteilungstermin für ARD-Werbefernsehen und -funk der 31. 8. bzw. für das ZDF der 19. 9. des jeweiligen Vorjahres, auch Plakatanschläge sind bis zu 12 Monate im voraus zu belegen). Wichtige Verkaufsförderungs-Träger, wie etwa Handzettel, benötigen dagegen eine Auftragserteilung lediglich 2 bis 5 Tage vor Erscheinungstermin, andere Maßnahmen können sogar völlig autonom eingesetzt werden.[31] Sind allerdings Industrie *und* Handelsunternehmen an einer Verkaufsförderungs-Maßnahme beteiligt, so muß der Planungszeitraum wie bei der Werbung mehrere Monate betragen, um eine ausreichende Koordinierung zwischen den Partnern zu gestatten.

Umfeld: Vor allem über Plakate und Verkehrsmittelwerbung kann klassische Werbung neben dem „Zu Hause“ mehrere Umfelder für die Botschaftsübermittlung aktivieren. Verkaufsförderung geht jedoch auch in diesem Zusammenhang darüber hinaus und nutzt zusätzlich vor allem den durch Werbung nicht erreichbaren Point of Purchase, um auf diese Weise entweder den Eindruck der Erstinformation zu verstärken oder Impulskäufe auszulösen.

Inhalte: Werbung kommuniziert *vorhandene* Produkt- oder Leistungselemente, wie Nutzen, Preis, Qualität usw.; Verkaufsförderung schafft *zusätz-*

liche Anreize, die das Preis-/Leistungs-Verhältnis eines Angebotes zumindest kurzfristig positiv verändern (z. B.: kostenlose Zugaben, Gewinnchancen, Packungen mit Zweitnutzen, Sonderpreise, Treuerabatte).

2.4.2 Verkaufsförderung und Public Relations

Die moderne Betriebswirtschaftslehre versteht die Unternehmung als soziales Interaktionsgefüge und nicht allein als rein wirtschaftliches Gebilde. Industrialisierung, Wissensvermehrung, innovativ-technologische Revolution, ökologische Erkenntnisse und die Demokratisierung breiter Bereiche haben dazu geführt, daß sich die Gesellschaft immer mehr ihrer Abhängigkeit von den Unternehmen bewußt wird, mit der Konsequenz, daß das öffentliche Interesse an Industrie und Handel stark zugenommen hat. Diesem berechtigten Informationsbedürfnis muß sich die Wirtschaft stellen, um über das unternehmenspolitische Instrument Public Relations gesellschaftspolitisch relevante Prozesse im Unternehmen zu verdeutlichen.

Der betriebswirtschaftliche Begriff der Public Relations beinhaltet daher die Gesamtheit der Grundsätze und Dispositionen, nach denen die Unternehmung die Beziehung zur Öffentlichkeit pflegt und dauernd nach Mitteln und Wegen sucht, um eine positive Geisteshaltung der gesellschaftlichen Gruppen zu schaffen, zu erhalten und zu fördern.[32] Die unternehmens- und gesellschaftspolitische Komponente tritt dabei zunehmend in den Vordergrund. Unter Public Relations verstehen wir somit die gewollte, geplante und langfristige Pflege der Beziehungen eines Unternehmens oder einer Organisation mit der Öffentlichkeit. Die Zielsetzung besteht darin, durch wahre und klare Informationen das Interesse, die positive Einstellung und das Vertrauen der Öffentlichkeit herbeizuführen. Dabei werden die Grundsätze, Instrumente und Dispositionen aus dem Zielsystem der Unternehmung abgeleitet.

Public Relations erfordern – und das ist ein erstes entscheidendes Trennungsmerkmal – stärker als Verkaufsförderung eine gesamtunternehmerische Denkhaltung, die über die produktbezogene weit hinausgeht, da sie „eine Angleichung zwischen Gesamtinteressen und Teilinteressen oder zwischen öffentlichen Interessen und privaten Interessen herbeizuführen" haben[33]. Sie bilden „nicht nur die Basis für alle kommunikationspolitischen Maßnahmen . . ., sondern darüber hinaus für sämtliche absatzpolitischen Aktivitäten"[34].

Auch bezüglich der anzusprechenden Personenkreise sind Public Relations umfassender als Verkaufsförderung. Obwohl sich der Begriff „öffentliche Meinung" bisher einer allgemein akzeptierten Beschreibung entzogen hat[35], ist davon auszugehen, daß die Zielgruppe der Public Relations (in der obigen Definition „Öffentlichkeit" genannt) regelmäßig wesentlich breiter als die für Verkaufsförderung abgesteckt ist. Sie umfaßt innerhalb eines Unternehmens neben den Verkaufsorganen auch sämtliche anderen Mitarbeiter. Nach außen informieren Public Relations – zusätzlich zu den am Absatzprozeß Beteiligten und den Verbrauchern/Verwendern – alle anderen Personen und Organisationen, die eine positive Einstellung und Vertrauen dem Unternehmen gegenüber entwickeln sollen, z. B. Verwaltungen, Meinungsführer, Verbände, Aktionäre, Lieferanten usw.
Des weiteren stellen die einzusetzenden Public Relations-Mittel und -Medien ein Abgrenzungskriterium zur Verkaufsförderung dar: Sie sind denen der Werbung weit ähnlicher.
Schließlich müssen sich Public Relations über einen längeren Zeitraum erstrecken, denn eine wirkungsvolle Kommunikation mit einer breiten Öffentlichkeit kann nicht kurzfristig initiiert werden. Verkaufsförderung ist dagegen oft zeitlich limitiert und beschränkt sich in bestimmten Situationen auf wenige Aktivitäten.
Es ist jedoch festzustellen, daß die inhaltlichen Verbindungen zwischen Public Relations und Verkaufsförderung zunehmend enger werden. Einerseits kann anhand der steigenden Aufwendungen und Aktivitäten der Unternehmen im Public Relations-Bereich festgestellt werden, daß das Bemühen größeren Raum gewinnt, über ein durch Public Relations gezeichnetes positives Gesamtbild des Unternehmens gleichsam den Boden auch für Verkaufsförderung und damit direkte Absatzerfolge vorzubereiten. Zum zweiten rücken die der Verkaufsförderung zuzurechnenden sog. Publicity-Promotions[36] das geförderte Produkt in die Aufmerksamkeit einer über die unmittelbare Zielgruppe hinausreichende Öffentlichkeit. Sie erzeugen aktualisierende Gesprächsanlässe, die den Artikel oder sogar das anbietende Unternehmen als zentrales Thema haben; sie sind weniger direkt kommerziell orientiert und zielen nicht unmittelbar auf den Abverkauf. Als Beispiel sei eine Aktion der Fa. Reemtsma für die Zigarettenmarke Ernte 23 aus dem Jahre 1976 genannt. In 10 deutschen Großstädten stiftete Ernte 23 je DM 25 000,– für die Renovierung eines wertvollen Kunst- oder Bauwerks. Es wurden je Stadt zwei Alternativen genannt, per Postkarte konnten die Einwohner die Auswahl-Entscheidung treffen. Mehr als 600 000 Einsendungen wurden registriert. In der Presse und anderen Mas-

senmedien fand die Aktion ein so großes positives Echo, daß inzwischen bereits mehrere andere Unternehmen ähnliche Veranstaltungen durchgeführt haben.

2.4.3 Verkaufsförderung und persönlicher Verkauf

Der persönliche Verkauf, als die Tätigkeit der Verkäufer, das Besuchen der Kunden, das Beraten, Verkaufen und Abwickeln der Aufträge, kann als Kernfunktion der Absatzfunktionen eines Unternehmens bezeichnet werden. Durch den Einsatz von Innen- oder Außendienstverkäufern, Vertretern, Reisenden usw. strebt der Verkauf den *unmittelbaren Umsatzakt* an, zu welchem die anderen akquisitorischen Funktionen nur hinführen sollen bzw. zu dessen Realisierung sie dienen.

Spezielle Aufgabe der Verkaufsförderung ist es, die Ausübung der Verkaufstätigkeit durch Schulung, Information, Zurverfügungstellung von Verkaufshilfen, Hilfe bei der Kontaktpflege und Schaffung zusätzlicher Anreize vorzubereiten, zu unterstützen und wirkungsvoller werden zu lassen. Daher sind trotz der inhaltlichen Trennung enge Verbindungslinien zwischen persönlichem Verkauf und Verkaufsförderung zu ziehen. So müssen beispielsweise die Argumente für das Verkaufsgespräch genau abgestimmt sein mit den Texten, die auf Verkaufsförderungsmittel gedruckt werden.

Das Zusammenwirken von Verkauf und Verkaufsförderung wird durch die Funktion des Merchandising besonders deutlich, die wir als Warenpräsentation und -plazierung sowie Unterstützung der Verkaufsbemühungen der Wiederverkäufer charakterisiert hatten. Damit bereitet Verkaufsförderung einerseits den persönlichen Verkauf vor, andererseits steigern wirkungsvolle Hinausverkaufs-Maßnahmen den Erfolg der persönlichen Verkaufstätigkeit.

Anmerkungen

[1] Vgl. zu dieser Definition Battelle-Institut: Probleme und Methoden des Marketing in der Produktions- und Investitionsgüterindustrie. Frankfurt/Main, 1966. Einleitung, S. E 9. Zu einer ausführlichen Diskussion des Begriffes vgl. Thies, G.: Marketing-Planung und Marketing-Forschung. Ziele, Grundsätze, Methoden. Berlin 1976. S. 3 ff.

[2] Durch die Aufnahme des „Persönlichen Verkaufs" in das Kommunikations-System eines Unternehmens soll die grundlegende, produktive und essentielle Bedeutung gewürdigt werden, die dieses Marketing-Instrument einnimmt. Das persönliche Gespräch zwischen Verkaufspersonal und potentiellem Kunden ist ein integraler Bestandteil einer absatzorientierten Wirtschaft, denn die persönliche Übermittlung der Verkaufsbotschaft schafft häufig erst die Voraussetzung für den Umsatzakt. Dieser akquisitorische Charakter kommt bei einer Eingliederung des persönlichen Verkaufs (allein) in die Distributionspolitik (vgl. z. B. Nieschlag, R. et al.: Marketing. A.a.O., S. 292 ff.) nicht ausreichend zur Geltung. Daher erscheint es zweckmäßig, die kommunikative Funktion des Verkaufspersonals zu verdeutlichen und den persönlichen Verkauf als eigenständiges Kommunikations-Instrument zu etablieren. Diese Vorgehensweise findet sich u. a. auch bei: Stern, M. E.: Marketing-Planung, eine System-Analyse, 2. Aufl., Berlin 1969, S. 91 ff. sowie Tillman, R. / Kirkpatrick, C. A.: Promotion – Persuasive Communication in Marketing. 2. Aufl., Homewood, 1972. S. 113 ff.

[3] Vgl. Haedrich, G.: Werbung als Marketing-Instrument. Bd. 1 der Studienreihe „Marketing-Management". Hrsg. Haedrich, G., Kuß, A., Thies, G., Berlin/New York. 1976, S. 25 ff.

[4] Zu diesem Begriff vgl.: Schramm, W.: How Communication works. In: The Process and Effects of Mass Communication. Hrsg. Schramm, W., Urbane, 1960, S. 5 f.

[5] Katz und Lazarsfeld haben nachgewiesen, daß der persönliche Einfluß siebenmal stärker als unpersönliche Kommunikation wirkte, um Frauen zum Markenwechsel zu bewegen. Vgl. Katz, E. / Lazarsfeld, P. F.: Personal Influence, Glencoe 1955. S. 176.

[6] Vgl. Aspley, J. C.: The Dartnell Sales Promotion Handbook. Fourth Edition. Chicago–London. Hrsg.: The Dartnell Corporation. 1965, S. 27.

[7] Ebenda, S. 24.

[8] Vgl. z. B. Kernan, J. B. / Dommermuth, W. P. / Sommers, M. S.: Promotion. New York–St. Louis-San Francisco–London–Sydney–Toronto–Mexico–Panama. 1970. S. 194; Stanton, W. J.: Fundamentals of Marketing. New York–Toronto–London. 1964, S. 555.

[9] Deseive und Förster meinen sogar, daß sämtliche kommunikativen Maßnahmen nur fakultativ einzusetzen sind. Als obligatorisch bezeichnen sie fälschlicherweise nur die Produkt-, Preis- und Distributionspolitik. Vgl. Deseive, N. / Förster, W.: Verkaufsförderung. A.a.O., S. 3.

[10] Alexander, R. S.: Marketing Definitions: A Glossary of Marketing Terms. Hrsg. Committee on Definitions (AMA). Chicago. 1960. S. 20.

[11] „Inducement offering an extra value or incentive". In: Spillard, P.: Sales Promotion. London. 1966. S. 34.

[12] Strang, R. A.: Sales Promotion. A.a.O., S. 120.

[13] Tillman, R. / Kirkpatrick, C. A.: Promotion: A.a.O., S. 277.

[14] Kotler, Ph.: Marketing Management. 2. Aufl. Stuttgart. 1974. S. 640.

[15] Vgl. z. B. Schade, H. C.: Planvolle Absatzförderung. München. 1964. S. 9.

[16] Linnert, P.: Verkaufsförderung im Marketing-Mix. In: Handbuch der Verkaufsförderung. Hrsg. Linnert, P. Hamburg. 1973. S. 12.

[17] Pflaum, D. / Kunze, G. F.: Moderne Verkaufsförderung. München 1973. S. 14.

[18] Sass, P.: Marketing-Fortbildungsprogramm. Hrsg. Axel Springer Verlag AG. Zentrales Anzeigen Marketing. Lehrbrief 5. Hamburg 1973. S. 44.

[19] Döppner, H. W.: Verkaufsförderung – eine Marketing-Funktion. Dargestellt am Beispiel der Konsumgüterindustrie. Bd. 17 der Betriebspolitischen Schriften, Beiträge zur Unternehmenspolitik. Hrsg. Meyer, C. W. Berlin. 1977, S. 33.

[20] Ebenda, S. 35.

[21] O. V.: „Verkaufsförderung" – Eine Definition zur Diskussion. In: Marketing Journal. April 1974. S. 329.

[22] Vgl. hierzu Hänel, G.: Verbraucher-Promotions, Taktisches Instrument der Marketing-Kommunikation. Bd. 17 der Studienreihe „Betrieb und Markt". Hrsg. Behrens, K. Chr. / Bidlingmaier, J., Wiesbaden, 1974, S. 9 und Haedrich, G.: Werbung als Marketing-Instrument. A.a.O. S. 43.

[23] Vgl. Nieschlag, R. et al.: Marketing. A.a.O., S. 374 ff.

[24] Birkigt, K.: Zurechtgerückt, ans Licht gebracht. In: absatzwirtschaft, Heft 13. 1970. S. 17. Auch eine spätere Definition dieses Autors löst dieses terminologische Problem nicht, vgl. hierzu Birkigt, K.: Verkaufsförderung – Analyse eines absatzwirtschaftlichen Phänomens. 2. Aufl. Hamburg. 1971. S. 13.

[25] Vgl. zu einer Diskussion dieser Umfelder Hänel, G.: Verbraucher-Promotions. A.a.O., S. 22 f.

[26] Vgl. zu einer ausführlichen Diskussion dieses Gedankens: Shapiro, B. P.: Improve Distribution with your Promotional Mix. In: HBR, März–April 1977. S. 115 ff.

[27] Einige alternative Möglichkeiten der organisatorischen Eingliederung der Verkaufsförderung schildert Birkigt, K.: Verkaufsförderung . . . A.a.O. S. 70 ff.

[28] Vgl. z. B. Geisthövel, M. F.: „Strategische" Verkaufsförderung – was ist das? In: Marketing Journal, Heft 3, 1975, S. 203.

[29] Vgl. Zarth, H. R.: Verkaufsförderung. In: Management Enzyklopädie, Bd. 6. München, 1972, S. 40.

[30] Vgl. z. B. Geisthövel, M. F.: „Strategische" Verkaufsförderung . . ., a.a.O., S. 203.

[31] Aus dieser Situation resultiert auch das an anderer Stelle diskutierte Mißverständnis, Verkaufsförderung vor allem als kurzzeitig konzipierbare, taktische und damit auf Marktprobleme *reagierende* Maßnahmen-Gruppe einzusetzen.

[32] In diesem Sinne auch Gutenberg, E.: Grundlagen der Betriebswirtschaftslehre, Bd. II. Der Absatz, 13. Aufl. Berlin/Heidelberg/New York, 1971, S. 414.

[33] Hundhausen, C.: Public Relations. Essen 1967. S. 40.

[34] Haedrich, G.: Werbung . . . A.a.O., S. 46.

[35] Vgl. Noelle-Neumann, E. / Schulz, W. (Hrsg.): Publizistik. Frankfurt/Main. 1971. Stichwort: Kommunikationsprozeß, S. 89.

[36] Vgl. zu diesem Begriff z. B. Hänel, G.: Verbraucher Promotions. A.a.O., S. 98.

3. Maßnahmen der Verkaufsförderung

Eine Unterteilung der Maßnahmen sollte zweckmäßigerweise nach den Aktionsebenen

eigene Verkaufsorganisation
Absatzmittler
Verbraucher/Verwender

erfolgen (vgl. dazu auch Kapitel 2.3 Ziele der Verkaufsförderung).
Die Übersicht (Abb. 10) zeigt die wichtigsten Ansatzpunkte für Verkaufsförderung. Jede Maßnahme kann in weitere Einzelthemen untergliedert werden.
Die Abbildung ist für Konsumgüter und Handel angelegt. – Sie kann für Dienstleistungen und Investitionsgüter adaptiert werden.
Es wurde bereits betont, daß Verkaufsförderung in Zukunft nicht nur ihren Platz in der Kurzfrist-Planung hat, sondern auch langfristig gesehen werden muß. Bei der Übersicht wurde versucht, die Maßnahmen entsprechend zuzuordnen. Alle Aktivitäten, die miteinander in Verbindung stehen oder gemeinsam geplant werden sollten, sind mit Verbindungslinien gekennzeichnet.
Im Anschluß an die Abbildung folgen Erklärungen zu den Maßnahmen mit kurzen Beispielen.

3.1 Aktionsebene Verkaufsorganisation

Diese Maßnahmen richten sich in erster Linie an die eigene Verkaufsorganisation von Konsumgüterfirmen, aber auch Handelsunternehmen, die einen eigenen Außendienst haben.
In der Praxis ist festzustellen, daß Verkaufsorganisationen entweder gar nicht informiert und motiviert werden oder durch zu viele Trainings-Veranstaltungen und Aktivitäten überfordert sind. Bei der Planung und Auswahl der Maßnahmen kommt es also auf das richtige Maß an.

	← Kurzfrist-Tendenz / Langfrist-Tendenz →		
Aktionsebene Verkaufsorganisation		Verkaufshilfen wie ---------- Sales Folder, Argumentensammlungen, Testergebnisse	Verkaufshandbücher
	Aktionstraining, ----------- Startveranstaltungen	Schulung und Training -----	Ausbildung zum Verkaufsberater oder Merchandiser
		Trainingsmittel wie Tonbildschauen, Toncassetten, Filme, Videobänder	
	Verkäuferbriefe, ----------- Verkaufsinformationen	Verkäufer-Zeitung ---------	Programmierte Unterweisung
	Verkaufswettbewerbe ------	Incentive-Verkaufsprogramme mit EDV-Steuerung --------	Entlohnungs- und Prämien-Systeme, gemeinsame Motivation von Außen- und Innendienst
	Einsatz von fremden Verkäufern, Hostessen und Dekorateuren -----------	-----------------------------------	Verkaufs-Kooperation mit anderen Herstellern, neue Vertriebs- und Service-Konzepte
Aktionsebene Absatzmittler	Verkaufsbriefe und --------- Aussendungen	Fachblattanzeigen ---------- und Beilagen	Info-Zentrale für den Handel
		Informationen über -------- alle Handelsstufen	Handels-Seminare, Referate
	Handels-Gadgets mit Argumenten	Einführungspreise, Sonderkonditionen, gekoppelt mit Handelsleistungen	Präsentationsmittel für Einkaufs-/Verkaufs-Gremien, Entscheidungshilfen
	Sonder- und Zweit- ------ placierungen	-----------------------------------	Mittel zur optimalen Stammplacierung
	Displaymaterial für --------- Geschäfts-Außenfront, Schaufenster und Verkaufsraum	Orientierungshilfen, ------- technische Displays	Permanente Verkaufsförderung
	Verkaufsförderungs-Aktionen der Industrie		
	Partner-Aktionen ---------- Industrie/Industrie	Partner-Aktionen ---------- Industrie/Handel	Händlerbeirat
	Handels-Aktionen	Handelsgerechte Verpackungen	
		Handelsmessen und Fach-Ausstellungen	
	Wettbewerbe und Preisausschreiben		Planung und Gestaltung neuer Verkaufsstellen

	← Kurzfrist-Tendenz / Langfrist-Tendenz →		
Aktionsebene Verbraucher/Verwender	Vorinformationen wie Handzettel und Aussendungen		Verbraucher-Zeitung
	Sonderangebote, Rabatte, Preisnachlässe	Zugaben	
	Gutscheine und Coupons	Warenproben und Muster, Geräte zur Probe	Bedienungsanleitungen, Gebrauchserleichterungen
	Einkaufstips	Lehrveranstaltungen, Verbraucher-Ausstellungen, Werksbesichtigungen	Neue Konsum- und Anwendungsideen
	Verbund-Angebote	Self-Liquidating-Angebote	Produkte mit Zusatznutzen, Packungen mit Zweitnutzen
	Verbraucher-Preisausschreiben, Gewinnspiele	Aktionen mit Prominenten und Show-Veranstaltungen	Promotion-Programme im Medienverbund
		Serviceleistungen	Verbraucherbeirat

Abb. 10. Übersicht der Verkaufsförderungs-Maßnahmen

Verkaufshilfen wie Sales Folder, Argumentensammlungen, Testergebnisse

Diese Mittel sollen dem Außendienstmitarbeiter vor und während seines Verkaufsgespräches helfen. Sie sind besonders bei beratungsintensiven und technischen Produkten einzusetzen.

Der Sales Folder ist eine Art Bildunterstützung für das Verkaufsgespräch. Auf wenigen Seiten sollen Produktfotos, Anwendungsbeispiele oder farbige Umsatzkurven mit kurzen, präzisen Texten gebracht werden. Der Text ist auf ein Minimum zu reduzieren, denn ein Sales Folder darf das persönliche Verkaufsgespräch nicht vorwegnehmen.

Argumentensammlungen werden meist nach Einzel-Produkten unterteilt. So hat die Firma Osram für jeden ihrer Artikel ein Argumentationsblatt im Spielkartenformat herausgegeben. Ein solches Blatt ist immer schnell zur Hand und kann auch übergeben werden. Auf der Vorderseite stehen die wichtigsten Verkaufs-Argumente, auf der Rückseite sind technische Details aufgeführt.

Testergebnisse sind gut geeignet, Verkaufsvorschläge zu beweisen. Es ist ratsam, nur einen Extrakt zu bringen, also kein umfangreiches Zahlen- oder

Tabellenwerk. Bei Interesse des Gesprächspartners können weitere Informationen von der Zentrale angefordert werden. Bei großen Projekten können auch Referenzlisten vorteilhaft sein. Sie sollten gute Farb- oder Schwarzweiß-Fotos bzw. Drucke enthalten.
Bei einem kleinen Außendienstmitarbeiterstab kann die Entwicklung und Produktion eines Sales Folders oder einer anderen Verkaufsunterlage einen Stückpreis von hundert oder mehr Mark erreichen. Diese hohen Stückkosten sind bedingt durch die kleine Auflage. Man sollte keinesfalls den Fehler machen, wegen des astronomisch erscheinenden Preises auf Abbildungen verzichten zu wollen oder nur Schwarzweißdruck zu wählen. Für ein gutes Verkaufsgespräch ist das beste Hilfsmittel gerade gut genug.

Verkaufshandbücher

Ein solches Nachschlagewerk für Verkäufer muß praktisch und schnell handhabbar sein. In ein Handbuch darf nicht das ganze Wissen über eine Firma vom Unternehmensgründer bis zum neuesten Patent hineingepackt werden, sondern nur kurzgefaßt das wichtigste Fachwissen für den Außendienstmitarbeiter.
Beispielsweise können die wichtigsten Kundenfragen nach Prioritäten aufgelistet und in dieser Reihenfolge das Handbuch aufgebaut werden.
TE KA DE Felten & Guilleaume Fernmeldeanlagen GmbH, Nürnberg, hat ihre Außendienstmitarbeiter, die an Firmen Telefonanlagen verkaufen, mit einem Ringbuch ausgestattet, das auch Ergänzungsblätter aufnehmen kann. Die einzelnen Kapitel haben Registernasen und erlauben so ein schnelles Auffinden der Antworten, wenn es um

- geschäftlichen Vorteil
- technischen Fortschritt
- persönliche Note
- interessante Ergänzungseinrichtungen
- praktische Arbeitserleichterungen

geht. Die Themen, Bilder und Argumente für das Handbuch wurden den Außendienstmitarbeitern auf einem Seminar als Entwurf vorgestellt. Das Buch selbst wurde an zwei Tagen durchgearbeitet und wo nötig, korrigiert bzw. ergänzt.
Bei einer solchen Vorgehensweise erhöhen sich die Chancen, daß die Außendienstmitarbeiter mit einem solchen Handbuch später auch arbeiten – und das ist sonst nicht immer der Fall.

Aktionstraining, Startveranstaltungen

Vor größeren Verkaufsförderungs-Kampagnen oder neuen Verkaufsrunden werden die Außendienstmitarbeiter oft zu einem regionalen Meeting zusammengerufen. Besonders geeignet ist der Freitagnachmittag, weil dann weder im Großhandel noch im Einzelhandel Besuchstermine vereinbart werden können.
Ein kurzes Aktionstraining soll mit den neuen Verkaufsförderungs-Maßnahmen bekanntmachen, und in der gemeinsamen Diskussion werden Probleme geklärt, die bei den einzelnen Handelsfirmen auftreten können.
Unternehmen wie die Underberg GmbH, Rheinberg, stellen für ihre Gebietsverkaufsleiter Trainingsmaterial zusammen – zum Beispiel eine Tonbildschau oder Schautafeln mit einem Leitfaden für den Gebietsverkaufsleiter, der wiederum seine Außendienstmitarbeiter auf diese Weise leichter und anschaulicher informieren und motivieren kann.
Startveranstaltungen haben meist ein größeres Programm. Sie dienen der Präsentation umfangreicherer Maßnahmen wie der Einführung eines neuen Produktes.
Zunächst werden Kurz-Referate gehalten über

- Der Markt allgemein
- Die Handelszielgruppen
- Die Verbraucherzielgruppen
- Das neue Produkt und seine Vorteile
- Die Mitbewerber-Produkte
- Die Werbung
- Die Verkaufsförderung
- Die Verkaufsvorgaben

Die Vorträge müssen aufgelockert werden durch Dia-Schauen, Video-Filme, Schautafeln und eventuell aktuelle Interviews mit Zielpersonen, also Händlern und Verbrauchern.

Schulung und Training

Aktionstraining wird zu besonderen Anlässen durchgeführt. Schulung und Training dagegen gehören zur Basis-Ausbildung und sind langfristiger zu sehen.
Firmen wie die Böhme-Chemie bereiten ihre neuen Außendienstmitarbeiter intensiv auf ihre Aufgaben vor: Neue Leute müssen zunächst im Werk

mehrere Wochen bei der Produktion der Wasch- und Reinigungsmittel mithelfen. Dann folgen 14 Tage Praktikum in einem Supermarkt, um die Probleme des Lebensmittelhandels kennenzulernen. Erst dann beginnt das Training-on-the-Job durch Begleitung eines erfahrenen Kollegen. Und nach einigen Wochen kann der Verkaufsbezirk übernommen werden.
Wenn durch die Schulung ein Grundstock an Wissen gelegt ist (das Schwergewicht liegt auf Verkaufstechniken), müssen die Kenntnisse durch regelmäßiges Training ergänzt werden. Wissenschaftler haben festgestellt, daß nicht die Dauer der Seminare, sondern vielmehr die Regelmäßigkeit, also mindestens 2 × Training pro Jahr, entscheidend für den Erfolg ist.
Wenn keine eigenen Trainer zur Verfügung stehen, bietet der Markt eine große Auswahl an Beratern und Trainings-Instituten. Aber für wen soll man sich entscheiden? Die schweizer Fachzeitschrift „Verkauf und Marketing" hat eine Prüfliste (Abb. 11 – siehe unten und rechte Seite) für die Wahl eines Verkaufstrainers herausgegeben:[1]

Ausbildung zum Verkaufsberater oder Merchandiser

Immer mehr Handelsgruppen schließen sich zu großen Einkaufsgemeinschaften zusammen. Das bleibt nicht ohne Konsequenzen für den Außendienst der Herstellerfirmen. Hatte beispielsweise Nestlé vor 10 Jahren in der Bundesrepublik Deutschland und Westberlin noch 16 regionale Verkaufsleitungen, so sind es heute nur neun (Abb. 12). Die Verkaufsgebiete mußten vergrößert werden, um sie dem Einzugsbereich starker Großhandlungen und großer einstufiger Handelsunternehmen wie Verbrauchermärkten anzupassen.[2]
Immer differenzierter werden die Aufgaben für Außendienstmitarbeiter. Sie müssen sich zu echten Verkaufsberatern profilieren, die nicht nur ihre eigenen Artikel perfekt kennen, sondern zumindest das komplette Sorti-

---

Die folgenden Kriterien sind für die Auswahl eines Verkaufstrainings wichtig. Gehen Sie wie folgt vor:

1. Gewichten Sie die 15 Fragen und bringen Sie damit zum Ausdruck, welche Merkmale für die Erreichung Ihrer Absichten besonders wichtig sind.
   G=1 muß berücksichtigt werden
   G=2 ist wichtig
   G=3 ist besonders wichtig
2. Bewerten Sie die Angebote aufgrund der 15 Kriterien. Dies bringt die Verschiedenartigkeit der Angebote zum Ausdruck. W=1 schwach bis W=5 sehr gut
3. Multiplizieren Sie die Gewichtungszahlen G mit den Wertungszahlen W.
4. Berechnen Sie für jedes Angebot die Summe der gewichteten Beurteilung.
5. Wählen Sie das Institut mit der höchsten Wertschätzung.

Auswahlkriterien	Gewichtung	Institut X		Alternativ-Institute			
	G	W	GxW	W	WxG	W	WxG
	1 2 3	1-5		1-5		1-5	
Werden die Trainingsbedürfnisse sorgfältig abgeklärt?							
1. Wie ausreichend ist der Zeitaufwand für die Problemaufnahme?							
2. Wie genau werden Verkaufsziele, Wünsche, Bedürfnisse, besondere Probleme berücksichtigt?							
3. Wie zweckmäßig werden Hilfsmittel zur genauen und rationellen Problemaufnahme eingesetzt?							
Wird das Vorgehen individuell geplant?							
4. Wie individuell ist das Konzept, das vor der Ausbildung vorgelegt wird?							
5. Wie passend und zweckmäßig sind die verschiedenen Methoden und Hilfsmittel, die eingesetzt werden?							
6. Wie individuell und klar ist der Aufbau der Unterlagen?							
Berücksichtigt das Training das Marketing der Firma und die Ziele der Mitarbeiter ausreichend?							
7. Wie sorgfältig werden momentane Verkaufsanstrengungen, wie Werbe- und Verkaufsförderungsaktionen, berücksichtigt?							
8. Wie intensiv erfolgt die Verwendung von Firmenprodukten und wie berücksichtigt das Training die Persönlichkeit und die Ziele des einzelnen?							
9. Wie stark werden die Teilnehmer aktiviert, so daß eine echte Zusammenarbeit zwischen Verkaufsberater, Verkaufsleitung und Trainingsleiter besteht?							
Wie qualifiziert ist der Trainingsleiter?							
10. Wie fundiert ist seine Aus- und Weiterbildung?							
11. Wie weitgehend ist seine Trainingserfahrung in gleichen oder ähnlichen Branchen?							
12. Wie überzeugend ist der allgemeine Eindruck, sein Auftreten und seine Präsentation?							
Ist eine praxisbezogene Erfolgskontrolle möglich?							
13. Wie objektiv ist während des Trainings eine Beurteilung möglich?							
14. Wie zuverlässig können die Resultate und Aktionen, die aus dem Training kommen, überwacht werden?							
15. Wie stark wird die effektive Verkaufstätigkeit der Teilnehmer verbessert?							
Summe							
Ausgewähltes Trainings-Institut							

Abb. 11. Prüfliste für die Wahl eines Verkaufstrainers

Unternehmen	Produkt/Marke	Umsatz Mio. DM	Abnehmer/Kunden		Verkaufs-Außendienst
Wilh. Bleyle KG, Stuttgart, mit Tochtergesellschaften – Bleyle Underwear GmbH – sprint Sportmoden GmbH	Strick- und Jerseybekleidung für Damen und Herren/ „bleyle"; Bademoden für Damen und Herren, Damenwäsche/ „bleyle" Skibekleidung, Aprés-Sport-Programm/„sprint"	180	2400	selektierter Fachhandel; Bademoden auch in vier Warenhauskonzernen	7 Gebietsverkaufsleitungen mit Spezialisten für die Produktlinien
Binding Brauerei AG, Frankfurt	Bierausstoß: 2,5 Mio. hl, diverse Sorten, davon 47% Pils u. 46% Export/ Marken: „Binding" 2,2 Mio. hl; Rest: Orts-, Handelsmarken, Handelsware und alkoholfreie Getränke	288	2000 4000	Verleger Lebensmittelgroßhändler und große Einzelhandelsunternehmen indirekte Kunden in Gastronomie und Handel	4 Verkaufsniederlassungen 16 Verkaufsdirektoren 90–100 Bezirke: gesonderte Gebietseinteilung und spezialisierte Mitarbeiter für Gastronomie und Handel
Deutsche Motobécane GmbH, Bielefeld	Sport-, Renn- und Jugendräder/„Motobécane" motorisierte Zweiräder/„Mobylette", „Velosolex"	35	2300	Zweiradfachhändler	13 Verkaufsbezirke
	Motorräder 125–1000 ccm/ „Moto Guzzi", „Benelli"		180	Motorradfachhändler	
Kodak AG, Suttgart	Foto-Amateur- und AV-Produkte/„Kodak", auf die etwa 50% des Umsatzes entfallen	631	5000	Fotofachgeschäfte und Großvertriebsformen des Handels	9 Verkaufsregionen, die in Bezirke eingeteilt sind; „Channel Marketing" für überregionale Absatzmittler; zusätzliche Gruppe von Verkaufsförderern

Lever Sunlicht, Hamburg	Seifen, Schaumbad/„Sunlicht“, „Atlantik“, „Lux“, „Sunja“ Wasch- u. Weichspülmittel/ „Sunil“, „Omo“, „F4“, „Super Luzil“, „Korall“, „Kuschelweich“ Geschirrspülmittel/„Lux“, „Sunlicht“, „Sun“ Haushaltsreiniger/„Vim“, „Viss“, „Dual“	500	950	Großhändler und große Einzelhandelsunternehmen als Direktabnehmer, Indirekte Kunden im Einzelhandel	4 regionale Verkaufsbüros 16 Bezirke mit „Betreuern“ für Direktabnehmer und „Reisenden“ als Einzelhandelsbesucher, „national account management“ für überregionale Handelspartner
Nestlé Erzeugnisse GmbH, Frankfurt	Instantgetränke und Fertigdesserts/„Nescafe“, „nesquick“, „Nestea“, „Flair“	450	o. A. 25000	Direktkunden im Lebensmittelgroßhandel und große Einzelhandelsunternehmen, indirekte Kunden im Lebensmitteleinzelhandel	9 regionale Verkaufsleitungen 35 Bezirksbevollmächtigte x Bezirksleiter, die z. T. auf bestimmte Vertriebsformen spezialisiert sind. 2 Handelsdirektoren
Seidensticker-Gruppe ohne Damenoberbekleidung und Auslandsgesellschaften, Bielefeld	Herren-Hemden und Damen-Blusen/„Jaques Britt“	13,7	500	Selektionsprinzip: für die im Genre abgestuften Marken werden spezielle, adäquate Kunden gesucht, deren Zahl eine dem Bekanntheitsgrad der Marken angepaßte Distribution sichern soll. In Frage kommen Herrenausstatter, Bekleidungsfachgeschäfte und im unteren Genre auch Warenhäuser	7 Herren-, 8 Damenbezirke
	Herren-Hemden und -Nachtwäsche/„Dornbusch“	25,9	1900		20 Bezirke
	Herren-Hemden, T-shirts, Strickwaren, Sportbekleidung; Damen-Sportbekleidung; Knaben-Hemden und Strickwaren/ „al-sportswear“	25,1	2500		20 Bezirke
	Herren-Hemden, Strickwaren/ „Seidensticker“	59,1	5000		25 Bezirke
	Herren-Nachtwäsche, Homedress/„Seidensticker“ Damen-Blusen/„Seidensticker“	23,8	2500		16 Herren- und 9 Damen-Bezirke für jede Marke eine eigne Vertriebslinie

Abb. 12. Distributionspolitik und Außendienst bei Markenartiklern

ment der ganzen Warengruppe. Weiter gehören dazu die genaue Kenntnis der unterschiedlichen Handelsorganisationen und das Wissen über alle Verkaufsförderungs-Maßnahmen, die in diesen Gruppen möglich sind. Die Ausbildung solcher Verkaufsberater geht weit über die bisher übliche Schulung und das weiterführende Training hinaus.
Für die Zusammenarbeit mit den Verkaufsberatern setzen einige Firmen Merchandiser ein. Das sind Verkäufer, die in den großen Einzelhandelsformen (Verbrauchermärkte usw.) das Sortiment ihrer Herstellerfirma betreuen und es durch geeignete Maßnahmen fördern. Das beginnt mit der Preisauszeichnung am Regal und geht bis zu Aktionen mit Verlosungen.
Ein Verkaufsberater kann mehrere dieser Merchandiser führen. Es kommt auf die gute Kooperation an. Deshalb ist es unumgänglich, daß auch die Merchandiser richtig ausgebildet werden und genau ihre Aufgaben kennen.

Trainingsmittel wie Tonbildschauen, Toncassetten, Filme, Video-Bänder

Für Seminare stehen nur wenige Stunden oder Tage zur Verfügung. Was man sieht und hört, prägt sich besser ein. Tonbildschauen oder Filme sollen helfen, den Stoff anschaulicher zu machen.
Verschiedene Tonbildschau-Hersteller bieten konfektionierte oder auch individuell hergestellte Programme an, mit Themen für die verschiedensten Gebiete. In diesen Tonbildschauen eingebaut sind Pausen für die Gruppen- oder Einzelarbeit.
Auch die Video-Kamera hat sich in den letzten Jahren immer mehr durchgesetzt. Sie eignet sich vorzüglich für Rollenspiele, das heißt, einer der Außendienstmitarbeiter spielt den Verkäufer, der andere den Händler, und beide führen nach Vorgaben des Trainers ein Verkaufsgespräch, das auf Video-Band mitgeschnitten wird. Trainer und Seminarteilnehmer haben sofort nach der Aufnahme die Möglichkeit, den Video-Film auf dem Bildschirm zu sehen. Bei Kritik sind zuerst die positiven und dann die negativen Punkte festzustellen und für das nächste Rollenspiel zu korrigieren (Abb. 13).
Zum Training, ein- oder mehrmals im Jahr, kommt die Fortbildung zu Hause, zum Beispiel mit Toncassetten. Es haben bereits einige Firmen ihren Außendienstmitarbeitern, die lange Fahrtstrecken zwischen einzelnen Kunden haben, Cassetten-Recorder in die Firmenwagen einbauen lassen. Mo-

Abb. 13. Rollenspiel vor Video-Kamera

natlich gibt es eine Trainings-Cassette mit Musik und Verkaufsargumenten. Bei der Gestaltung solcher Cassetten ist darauf zu achten, daß es eine „fröhliche Mischung" wird, bei der die Musik überwiegt.

Verkäuferbriefe, Verkaufsinformationen

Alle Außendienstmitarbeiter stöhnen: Wir bekommen viel zuviel Post von der Zentrale. Wenn zwei der Verkäufer einen Fehler machen, gibt es gleich ein Rundschreiben an alle. Wären nicht individuelle Briefe an die Betreffenden besser gewesen?

Alle Aussendungen, die an die Verkaufsorganisation geschickt werden – also auch die Mitteilungen der Buchhaltung – sollen von einem Mitarbei-

ter der Zentrale, beispielsweise einem Verkaufsförderer, geprüft und mit motivierenden Worten in Kurzform gebracht werden. Wert ist auf aktuelle Informationen über den Handel und über die Mitbewerber zu legen.
So können die Auswertungen der wichtigsten Branchen-Publikationen in Form von Stichworten am Freitag verschickt werden, damit sie am Samstag allen Außendienstmitarbeitern vorliegen.
Ein Vorschlag für die Praxis: DIN A 4 Seiten sind auf der linken Hälfte mit Marktdaten und Informationen bedruckt, rechts ist Platz für eigene Notizen wie „Wichtig für Kunde X". Auf diese Weise erhalten die Verkäufer Aufhänger für ihre Verkaufsgespräche, die bestimmt besser sind als der neueste Ostfriesenwitz.
Den wöchentlichen Rundschreiben können auch Praxis-Prüflisten beigefügt werden[3] (Abb. 14).

Verkäufer-Zeitung

Unternehmen mit einem kleinen Außendienst können überlegen, ob sie für ihre Mitarbeiter eine Verkäufer-Zeitung abonnieren, wie beispielsweise die Außendienst-Informationen, die alle 14 Tage erscheinen und je nachdem, ob als Einzelabonnement oder als Sammelabonnement, zwischen DM 9,— und DM 3,50 pro Monat kosten.[4]
Einige Firmen mit großen Verkaufsorganisationen haben eigene Verkäufer-Zeitungen. Der Vorteil ist, daß auf diese Weise Informationen mit Bildmaterial noch konkreter auf die eigenen Belange ausgerichtet werden können. Die Coca-Cola GmbH in Essen gibt für ihre rund 5000 Außendienstmitarbeiter einen Verkäufer-Expreß heraus, der in der Art der Bild-Zeitung gestaltet ist. Die wichtigsten Informationen werden mit Schlagzeilen fett gedruckt hervorgehoben. Die besten Verkaufsmannschaften sind als Gruppe abgebildet. Und alle Außendienstmitarbeiter haben die Möglichkeit, über interessante Kunden, neue Verkaufstechniken und Tips aus der Praxis zu schreiben. Wie bei einer richtigen Tageszeitung werden die Berichte mit Zeilenhonorar bezahlt.
Eine Verkäufer-Zeitung ist ein hervorragendes Mittel, um Probleme zwischen Innen- und Außendienst relativ neutral zu behandeln. So können wie in der Fernsehsendung „Pro und Contra" verschiedene Experten aus dem Innendienst und Außendienst zu wichtigen aktuellen Themen Stellung nehmen.

Die schwierigste Phase beim Verkaufen ist häufig nicht das Gespräch mit dem Kunden, sondern der Beginn dieses Dialogs. Es gilt, eine höchst risikobehaftete Kontaktschwelle zu überwinden. Ein falscher Zungenschlag, ein „schiefer Aufhänger" – und schon kann dadurch Skepsis, Desinteresse oder gar ein Nein ausgelöst werden.
Verkaufen beruht primär auf der Fähigkeit, soziale Kommunikation aufzubauen. Kennt man den Kunden, seine Firma und seinen spezifischen Bedarf einigermaßen, so läßt sich das Akquisitionsgespräch aus seiner Beziehungswelt heraus entfalten und das stößt zunächst prinzipiell auf sein Interesse.
Sicher ist nicht nur entscheidend zu wissen, welche Informationen man für den Erstkontakt benötigt. Ebenso wesentlich ist es, die ergiebigsten Informationsquellen aufzutun. Natürlich müssen Sie dabei keine Generalstabsarbeit leisten – ein wenig Mühe aber sollten Sie sich schon machen. Je mehr Vorarbeit Sie leisten, desto größer werden Ihre Chancen auf ein erfolgreiches Verkaufsgespräch – und um so stärker sinkt der auf Sie zukommende Streß!
Stellen Sie bitte die zehn wichtigsten Informationen über den neuen Kunden zusammen, den Sie zum erstenmal besuchen werden (Schema 1). Bewerten Sie die Informationen anschließend nach ihrer Wichtigkeit ganz unter dem Aspekt, sie für den Erstkontakt möglichst wirkungsvoll zu nutzen.

Schema 1: Informationen vor Kundenbesuchen

Nr.	Notwendige Information	Bewertung 1 2 3 4 5 6 7 8 9
	Beispiel: Wer ist der zuständige Gesprächspartner?	
1		
2		
3		
usw.		

Sie haben in Schema 1 die eingetragenen Informationen auch nach ihrer Bedeutung bewertet. Bitte tragen Sie die Informationen in Schema 2 gemäß dieser Gewichtung ein – beginnend also mit der am höchsten bewerteten Information (der Sie beispielsweise die Rangzahl 8 oder 9 erteilt haben). Überlegen Sie dann, welche Informationsquellen es jeweils gibt – und ermitteln Sie, welche Personen Ihnen jeweils am ehesten qualifizierte Auskünfte erteilen können.

Schema 2: Informationsquellen

Nr.	Information	Informationsquelle	Informant
	Beispiel: Wer ist der zuständige Gesprächspartner?	Kundenfirma	Telefonistin
1			
2			
3			
usw.			

Verzetteln Sie sich jetzt nicht! Konzentrieren Sie Ihre Energien konsequent bei der wichtigsten Information beginnend auf die einzelnen Quellen, die Sie aufgeführt haben!

Abb. 14. Arbeitshilfe zur Neukundengewinnung

Programmierte Unterweisung

Die meisten Informationen über neue Produkte, aber auch über Verkaufsförderungs-Aktionen lassen sich in mehreren Schritten in Form einer Programmierten Unterweisung aufbauen.

Beispielsweise hat die Kraft GmbH, Lindenberg im Allgäu, zur Ergänzung des zentralen Trainings Lernprogramme für die verschiedensten Bereiche herausgegeben. Eins der Programme heißt „Der Kunde, mein Partner". Die Broschüre im Format DIN A 5 enthält insgesamt 41 Lernschritte und ist in einer guten halben Stunde durchzuarbeiten. Einige Zeichnungen lockern den Text auf.

Programmierte Unterweisungen lohnen sich nur, wenn sie zum Bestandteil des Trainings und laufend eingesetzt werden, also beispielsweise eine Unterweisung pro Quartal. Die Druckkosten fallen im allgemeinen nicht sehr ins Gewicht, aber für die Aufbereitung des Rohmanuskriptes ist doch meist viel Zeit aufzuwenden. Und die Programmierung selbst sollte man einem Fachmann überlassen. Die Kosten dafür liegen je nach Arbeitsaufwand zwischen DM 5000,– und DM 20 000,–.

Verkaufswettbewerbe

Bei der Analyse von Verkaufswettbewerben ist festzustellen, daß die meisten recht einfallslos durchgeführt werden. Da gibt es ein Rundschreiben an alle Außendienstmitarbeiter: „Der Umsatz für Produkt X muß gesteigert werden. Sie erhalten vom ... bis ... Geldprämien in Höhe von DM ..., wenn Sie ...".

Beim Verkaufswettbewerb kommt es auf eine originelle Verpackung, die richtige Motivation, eine gerechte Bewertung und Verkaufstips zur Erreichung der Ziele an.

Eine Prüfliste kann helfen, den Verkaufswettbewerb besser zu planen:

- Anzahl der Außendienstverkäufer
- Anzahl der Verkäufer bzw. Sachbearbeiter Innendienst (Es müssen nicht immer nur die Außendienstmitarbeiter prämiert werden.)
- Verkaufsziele generell
- Verkaufsziele individuell pro Verkäufer
- Bewertungskriterien (Es muß versucht werden, daß alle Verkäufer eine reelle Chance haben. Ist dies nicht der Fall, strengen sich schwächere Verkäufer gar nicht erst an.)
- Einzelprämierung oder Teamprämierung (Von Fall zu Fall kann eine Teamprämierung – also Außendienst – mit Innendienstmitarbeitern oder Außendienstgebiete – ratsam sein.)

- Zeitraum (Je länger der Verkaufswettbewerb, desto mehr Zwischeninformationen und -motivationen müssen erfolgen.)
- Prämienbudget
- Budget für Gestaltung des Wettbewerbs, Verkaufsunterlagen usw. (Im allgemeinen sind dafür 30% vom Prämienbudget anzusetzen.)
- Startveranstaltung mit Training (Es genügt nicht, nur eine schriftliche Information zu senden – besser ist eine mündliche Erläuterung mit Diskussion und kurzem Training.)
- Verkaufswettbewerbe in den Vorjahren (Die bisherigen eigenen Verkaufswettbewerbe und die der Mitbewerber sollen analysiert und die Vor- und Nachteile aufgelistet werden. Die gleichen Fehler sollten nicht noch einmal gemacht werden.)

Incentive-Verkaufsprogramme mit EDV-Steuerung

Die Verkaufsorganisationen müssen sich immer mehr nach der Struktur des Handels richten. Analyse und Planung werden differenzierter. Absatzsteuerung und Einsatzsteuerung werden koordiniert. Das Manager-Magazin hat ein Ablauf-System[5] veröffentlicht (Abb. 15).

	Kunden-analyse (jährliche Überarbeitung)	*Kunden-planung* (jährlich)	*Kontrolle* (monatlich, teilweise wöchentlich)	*Kurzfristige Vertriebssteuerung* (laufend)	*Lang- und kurzfristige Motivation* (laufend)
Absatz-steuerung Was an wen verkaufen?	Analyse von circa 90 Prozent des Marktpotentials Was kaufen die Kunden?	Jahres-absatzplan Was kann an wen verkauft werden?	Absatz-information Was ist an wen verkauft worden?	Außendienst-aktionen, Preis-korrekturen, Prioritäten bei Auslieferung	Nutzen-provision
Einsatz-steuerung Wen wie bearbeiten?	Wie kaufen die Kunden?	Jahres-einsatzplan Was muß getan werden?	Einsatz-information Was ist getan worden?	Wochenplan. Besuchsanweisung. Begleitung durch Vertriebsleiter	Beurteilungs-wesen mit Konsequenzen für Gehalt und Karriere

Abb. 15. Kundenorientiertes Vertriebssteuerungssystem

Im Zeitalter des Computers ist es möglich, für jeden Handelskunden vor dem Besuch des Außendienstmitarbeiters die exakten EDV-Zahlen auszudrucken. Damit können sich die Verkäufer informieren und gezielt auf Schwachstellen bei einzelnen Produkten oder auch Packungsgrößen eingehen.
Spezielle Incentive-Programme können nun nach Handelsgruppen eingesetzt werden.
Die Verkäufer werden durch Sach- oder Geldprämien belohnt, wenn sie diese besonderen Aufgaben erfüllen.

Entlohnungs- und Prämiensysteme, gemeinsame Motivation von Außendienst und Innendienst

Die Herta KG, Herten, hat für ihre Fleisch- und Wurstverkäufer zum Start eines Wettbewerbes Aktien herausgegeben. Die Kurse dieser Aktien konnten nach den Verkaufsergebnissen gesteigert werden – wöchentlich kamen Börsenberichte heraus. Zum Abschluß erhielten alle Verkäufer den Nominalwert ihrer Aktie von DM 100,–. Die besten Außendienstmitarbeiter erzielten hohe Steigerungen. Sie konnten wählen, ob sie diese Prämien in Bargeld oder in Original-Wertpapieren erhalten wollten.
Es gibt die verschiedensten Möglichkeiten für neue Entlohnungs- und Prämiensysteme. Oft kommt es gar nicht mehr auf den Hineinverkauf an, sondern viel mehr auf den Herausverkauf. Dann können Außendienstmitarbeiter für den Aufbau einer Aktion prämiert werden oder sie erhalten Pluspunkte, wenn sie Händler und Verkaufspersonal eines Geschäftes über die besonderen Vorteile ihres Produktes informieren.
Auch die gemeinsame Motivation von Außen- und Innendienst spielt eine immer größere Rolle. Große Konzerne wechseln deshalb von Zeit zu Zeit Regional-Verkaufsleiter und Marketingleute miteinander aus. So muß sich der Mann vom Schreibtisch als Verkäufer und der Außendienstler bei der Marketingplanung bewähren.

Einsatz von fremden Verkäufern, Hostessen und Dekorateuren

Für große Verkaufsförderungskampagnen, aber auch zur Vertretung in der Urlaubszeit können Verkäufer tage- oder wochenweise gemietet werden.
Auch Propagandisten und Werbedamen können regional eingesetzt werden. Spezialunternehmen wie Stein Promotions oder Walter GmbH, Karlsruhe, leasen Verkaufspersonal für DM 130,– bis DM 240,– je Tag (Abb. 16).

Abb. 16. Kostprobenverteilung im Geschäft

Auf ähnliche Art und Weise kann man auch an Dekorateure kommen. Der Bund Deutscher Schauwerber e. V., Ettlingen, hat einen Katalog herausgegeben, der die selbständigen Deko-Firmen enthält.
Zu jedem Unternehmen ist die genaue Anschrift genannt, dann folgen Rechtsformen des Betriebes, Größe des Lagerraums, Arbeitsgebiet und Arbeitsbereich.

Über die Kosten für Dekorationen ist mit den einzelnen Firmen zu verhandeln.
Ein Verkaufsförderer sollte wissen, wen er wann einsetzen kann, wenn zusätzliche Mitarbeiter notwendig werden. Denn oft kommt es in der Verkaufsförderung auf schnellen personellen Einsatz an.

Verkaufs-Kooperation mit anderen Herstellern, neue Vertriebs- und Service-Konzepte

Kundenbesuche kosten DM 50,– und mehr. Deshalb überlegen Firmen, ob sie ihre Verkaufsorganisation mit anderen Unternehmen koordinieren können. Eine solche Zusammenarbeit muß durch gemeinsame Verkaufsförderungs-Aktionen unterstützt werden, damit optimale Verkaufsergebnisse für beide Partnerfirmen erzielt werden.
Unternehmen wie „Ihr Platz", „Rewe", „Edeka" oder „Nordsee" ergänzen mit Franchise-Partnern ihr Filial- bzw. genossenschaftliches Einzelhandels-Vertriebssystem.[6]
Nun muß nicht immer gleich geheiratet werden. Eine Freundschaft auf Zeit kann auch ihre Vorteile haben. Firmen mit zueinander passenden Sortimenten können vielleicht ein gemeinsames Trainings-Zentrum gründen. Oder es empfiehlt sich die Zusammenarbeit bei Verkaufsförderungs-Aktionen, um mehr Einzelhandelsgeschäfte als bisher besuchen zu können.
Die Verkaufsförderung soll auch mithelfen, neue Vertriebs- und Service-Konzepte zu entwickeln. So werden sich in naher Zukunft die Fachgeschäfte unter dem Druck der Warenhäuser und Verbrauchermärkte neu profilieren müssen. Was bedeutet das für die Hersteller? Welche Auswirkungen wird das auf den Vertrieb haben? Werden sich daraus neue Service-Leistungen von der Industrie für den Handel ergeben?

3.2 Aktionsebene Absatzmittler

Dieser Bereich ist das umfangreichste Arbeitsfeld für die Verkaufsförderung. Hier wird ein breites Spektrum an Möglichkeiten geboten. Das kann aber auch dazu verführen, zu viele der Maßnahmen auszuwählen und sich damit zu verzetteln. Besser ist in jedem Fall die Konzentration auf einige wenige Mittel und Methoden, die dann mit allen finanziellen und personellen Konsequenzen durchzuführen sind.

Verkaufsbriefe und Aussendungen

Verkaufsorganisationen werden reduziert. Aus Kostengründen können immer weniger Geschäfte besucht werden. Der Kontakt zu den Absatzmittlern muß aber aufrechterhalten werden. Deshalb wird beispielsweise innerhalb eines 8 Wochen Besuchs-Intervalls nach 4 Wochen eine Aussendung mit den wichtigsten Informationen geschickt. Ein Kostenvergleich macht deutlich, daß selbst die originellste Aussendung immer noch preiswerter ist als ein Verkaufsgespräch.
Auf Originalität muß besonderer Wert gelegt werden, denn in der täglichen Briefflut fällt nur noch das Attraktivste auf.
Es versteht sich von selbst, daß von diesen Aussendungen die Außendienstverkäufer vorab Exemplare zur Information erhalten müssen.
Das Medium Direct-Mail nutzen besonders intensiv Dienstleistungsunternehmen wie Versicherungen, aber auch Investitionsgüter-Hersteller senden ihren Händlern auf diesem Wege die neuesten technischen Informationen, meist in Form von Projektbeschreibungen.
Ein anderes Beispiel: Deinhard & Co., Koblenz, schickt an seine wichtigsten Kunden in der Gastronomie monatlich Vorschläge zu Verkaufsförderungs-Aktionen. Das sind von Fall zu Fall neuartige Tischaufsteller oder Getränkekarten, aber auch Tips für die Gestaltung einer „Französischen Woche" oder Prüflisten für Konferenzen.
Auch die Bestellung von den Gastronomen erfolgt auf dem Postwege.

Fachblattanzeigen und Beilagen

Die Sprache zum Handel soll einheitlich sein. Anzeigen und Beilagen in der Fachpresse müssen wie ein Verkaufsgespräch aufgebaut sein.
Der Albrecht-Verlag hat dazu einige Hinweise gegeben:[7]

Gestaltung von Fachanzeigen in Lebensmittel-Fachzeitschriften

„Aus dem Vergleich aller getesteten Anzeigen lassen sich folgende generelle Richtlinien ableiten:
Die Anzeige muß die Informationen

- kompakt
- optisch attraktiv
- inhaltlich glaubwürdig
- händlerspezifisch
- produktdifferenzierend

anbieten.

Kompakt: An verschiedenen Stellen der gesamten Untersuchung wurde deutlich, wie stark das Zeitökonomie-Denken des Handels ausgeprägt ist. Sicherlich steht der Händler vielfach unter Zeitdruck und hat gar nicht die Zeit für ein so ausführliches Lesen von Fachzeitschriften, wie das für das Verständnis vieler Anzeigen erforderlich wäre.
Optisch attraktiv: Es kommt deshalb darauf an, das Interesse des Lesers schon von der Optik her zu gewinnen. Dezente, ein rationales Verhalten des Lesers unterstellende Gestaltungen kommen nicht genügend zur Geltung. Im Prinzip sollte der Handel von der Attraktivität der Aufmachung her genau so angesprochen werden wie der Verbraucher.
Zudem zeigen die Ergebnisse, daß die Komponente der optischen Gestaltung für die Gesamtwirkung der Anzeige ebenso wichtig ist wie der Informationswert.
Inhaltlich glaubwürdig: Es war bereits von dem partiell lädierten Vertrauensverhältnis zwischen Hersteller und Händler die Rede.
Dies hat auch die Anzeigengestaltung zu berücksichtigen, insofern, als die gegebenen Informationen hieb- und stichfest und möglichst überprüfbar sein sollten.
Die Einschaltung von Kollegen (eine Anzeige stellte Aussagen von Lebensmittel-Einzelhändlern vor) ist sicher ein wirksames Gestaltungsmittel, vorausgesetzt, die abgegebenen Statements der Kollegen sind überzeugend.
Händlerspezifisch: Die den Handel interessierenden Punkte bei Herstelleraktionen haben wir ebenfalls in dieser Untersuchung erhoben. Darin kam zum Ausdruck, wie groß das Interesse an finanziellen Gesichtspunkten (Rendite, Rabatte, Zugaben, Werbezuschüsse) ist.
Selbst wenn diese Aspekte im Rahmen von Anzeigen nicht allgemein verbindlich dargestellt werden können, sollte doch verstärkt in dieser Richtung argumentiert werden.
Einen guten Ansatz enthält eine der getesteten Anzeigen mit ihrer Grafik über die Steigerung des Aktionsumsatzes.
Die generelle Wirksamkeit von Coupons kann aus den Ergebnissen nicht abgeleitet werden.
Produktdifferenzierend: Die in den Test einbezogenen Anzeigen befaßten sich mit sehr unterschiedlichen Informationsinhalten über Produkte in verschiedenen Marktphasen. Insoweit ist nur eine generelle Ableitung möglich.
Demnach muß das Produkt in seinen entscheidenden Merkmalen in merkfähigen Formulierungen von der Konkurrenz abgehoben werden. Ohne daß dies direkt mit Daten unterlegt werden könnte, scheint das Interesse für und die Beurteilung von Anzeigen auch vom Image der inserierenden Hersteller und den Erfahrungen des Händlers mit diesen Firmen bzw. deren Produkte beeinflußt zu sein.
Dies entspricht ja auch dem generellen Befund, wonach die Erfahrungen mit einzelnen Herstellern für die Bereitschaft des Handels zur Teilnahme an Aktionen eine wesentliche Rolle spielen."

Info-Zentrale für den Handel

Wäre es nicht ideal, wenn bei einem Hersteller während der Arbeitszeit im Handel (also von 8.00 Uhr bis 19.00 Uhr) Informationen und Ratschläge eingeholt werden könnten? Eine solche Service-Zentrale könnte auch Vorschläge zu Verkaufsförderungs-Aktionen geben.
Und diese Stelle wäre auch geeignet, um auf Fragen der eigenen Außen-

dienstmitarbeiter sofort zu antworten. Es müßte auch Auskunft gegeben werden können über Warenlieferung, Konditionen, Verkaufshelfer, Aktionsprogramme usw.

Informationen über alle Handelsstufen

Wenn man Zentralen und Großhandlungen analysiert, ist festzustellen, daß der Informationsfluß unterschiedlich läuft.
Schon oft ist eine gute Verkaufsförderungs-Aktion irgendwo auf der Strecke geblieben, weil die Kommunikation abriß.
Das interne Informationssystem der wichtigsten Handelsfirmen muß überprüft werden, damit die richtigen Mittel für die Verkaufsförderung entwikkelt werden können. Manchmal genügt eine simple Ordersatzbeilage – aber diese Beilage muß wirklich zum Ordersatz der Großhandlung passen und z. B. genügend Freifläche aufweisen für den Angebotseindruck (Abb. 17).

Abb. 17. Ordersatzbeilage

Nur wenn man weiß, wo Informationsklippen sind, kann man gezielt ansetzen, z. B. durch zusätzliche Aussendungen oder Besuche der Außendienstmitarbeiter.
Dazu muß man auch wissen, was besonders interessiert:[8]

Informationsbereiche der Entscheider in Großhandlungen/Zentralen	%
Ertragsentwicklung in der eigenen Firma	93
Warenumschlag in der eigenen Firma	91
Konsumtrends bei Verbrauchern	85
Neue Angebote auf dem Markt	82
Neue Produkte, die sich durchgesetzt haben	78
Vorverkauf der Ware durch Werbung und Aktionen	77
Sortimentsgestaltung allgemein	73
Anregungen für Verkaufsförderung	72
Sortimentsgestaltung und Kalkulation der Konkurrenz	72
Allgemeine wirtschaftliche Entwicklung	69
Artikel, die häufig in Sonderangeboten sind	62
Entwicklung anderer Vertriebsformen	59
Entwicklung von Artikeln in konkurrierenden Betriebsformen	58
Informationen über Lieferanten	50
Trends in anderen Regionen	27

Ähnliche Interessen haben die Einzelhändler:

Informationsbereiche der Inhaber und Leiter von selbständigen Lebensmittel-Einzelhandelsgeschäften	%
Warenumschlag in der eigenen Firma	87
Konsumtrends bei Verbrauchern	84
Ertragsentwicklung in der eigenen Firma	82
Vorverkauf der Ware durch Werbung und Aktionen	78
Neue Produkte, die sich durchgesetzt haben	78
Sortimentsgestaltung und Kalkulation bei Konkurrenten	77
Neue Angebote auf dem Markt	74
Anregungen für Verkaufsförderung	73
Sortimentsgestaltung allgemein	71
Artikel, die häufig in Sonderangeboten sind	69
Allgemeine wirtschaftliche Entwicklung	60
Entwicklung von Artikeln in konkurrierenden Betriebsformen	52
Informationen über Lieferanten	52
Entwicklung anderer Vertriebsformen	40
Trends in anderen Regionen	21

Es fällt auf, daß im Großhandel und im Einzelhandel mit 72 bzw 73% etwa die gleichen Ansichten über Verkaufsförderung bestehen.

Handels-Seminare, Referate

Firmen wie die Underberg GmbH, Rheinberg, haben bereits vor einigen Jahren Seminare für den Lebensmittelhandel und für die Gastronomie

durchgeführt. Die Firma Rosenthal schult Verkäuferinnen der Fachgeschäfte. NCR Nationale Registrierkassen GmbH, Augsburg, veranstaltet Tagungen für die verschiedensten Handelsbereiche.
Solche Seminare sollten auch dazu dienen, die Gemeinsamkeiten zwischen Herstellern und Händlern zu verstärken, um gemeinsame Unterlagen für die Verkaufsförderung zu entwickeln. Das könnte beispielsweise eine Prüfliste für bessere Warenpräsentationen ergeben:

- Die Ware ist die Hauptsache – nicht das Regal, nicht die Dekoration.
- Ware muß übersichtlich präsentiert sein.
- Ware soll attraktiv gezeigt werden.
- Aktuelle Schwerpunkt-Angebote forcieren Impulskäufe.
- Die Warenpräsentation muß ständig der Marktsituation angepaßt werden.
- Die Präsentation kann erfolgen nach:
  - Bedarfsgruppen
  - Preislagen-Gruppierung
  - Farb- und Größengliederung
  - Trendartikeln
  - Neuheiten
  - Markenartikeln
  - Eigenmarken
  - Exklusiv-Artikeln
- Große Mengen gleicher Artikel reizen besonders stark zum Kauf.
- Die Artikel-Merkmale (Verwendungszweck, Größe, Marke, Farbe, Preis, Material) sollen schnell erkennbar sein.
- Zur optimalen Warenpräsentation gehören:
  - Sichtgerechte Darbietung
  - Vertikale Gruppierung
  - Griffbereitschaft
  - Nennen der Artikel-Eigenschaften
  - Qualitäts-/Preisbeweis
- Ware mit Atmosphäre zeigen – also beispielsweise Möbel mit Accessoires oder Lampen beleuchtet.
- Je farbiger und bunter das Warensortiment, desto zurückhaltender Farbe an Wandflächen, Decke und Fußboden.
- Beleuchtung soll die Ware deutlich machen und einen angenehmen Gesamteindruck bewirken.
- Lücken im Sortiment und falsche Platzzumessung sind negativ.

- Preisbeschilderung ist Verkaufsförderung – deshalb kein Artikel ohne Preisschild.
- Preisschilder und Preisplakate sollen informieren, aber nicht stören.
- Kassen sollten in unmittelbarer Nähe plaziert sein – Wartezeiten an Kassen sind negativ.
- Außer den Standard-Warenträgern sollen von Zeit zu Zeit besondere Präsentationsständer eingesetzt werden, um neue Impulse zu geben.
- Die gesamte Abteilung soll großzügig wirken – die Kunden dürfen sich nicht eingeengt fühlen.
- Die Kunden sollen sich auf ihren Einkauf konzentrieren, zuviel Alternativen können auch verwirren.
- Freiflächen wie Gondelköpfe sind für Blickfänge oder Sonderangebote zu nutzen.
- Durch Sortimentsgliederung kann man den Kundenstrom in der Abteilung lenken.
- Zur Arbeitsersparnis und gemeinsamer Abstimmung mit den Verkäufern ist mit Musterbelegung zu arbeiten.
- Eine Präsenzkontrolle ist schneller durchzuführen mit Artikelbeschriftung am Stammplatz.
- Das Umfeld von Nachbarabteilungen strahlt auch in die Abteilung hinein – eventuell müssen Teilsortimente anders plaziert werden.
- Optimale Präsentation in jeder Abteilung ergibt die übersichtliche, gut sortierte Einkaufsstätte.

Handels-Gadgets mit Argumenten

„Ich kann viel besser verkaufen, wenn ich für meine Kunden ein kleines Präsent habe. Es ist ganz egal, was es ist. Jeder läßt sich gern etwas schenken."
Solche Wünsche hört man oft bei Besprechungen mit Außendienstmitarbeitern. Dann sollte man prüfen, ob das Produkt verkauft wird oder nur noch über Geschenke oder Konditionen ein Erfolg zu erzielen ist. Ein Handels-Gadget darf nicht die richtige Demonstration und Argumentation ersetzen. Selbstverständlich kann von Zeit zu Zeit eine kleine Aufmerksamkeit das Verkaufsgespräch unterstützen. Aber es muß zum Produkt passen, möglichst die Verkaufsargumente verstärken.
So hat Ucar Original-Professional-Batterien in Plexiglasblöcke einsiegeln lassen. Ein solcher Block läßt sich als Briefpapierbeschwerer auf dem Schreibtisch verwenden und gibt immer wieder das Produktsignal Ucar.

Recht beliebt sind auch die Notizklötze, die auf allen Seiten mit Argumenten bedruckt werden können. Solche Blöcke erinnern über mehrere Tage oder sogar Wochen täglich an das Produkt oder an die Dienstleistung.

Einführungspreise, Sonderkonditionen, gekoppelt mit Handelsleistungen

Auch solche Maßnahmen müssen zur Verkaufsförderung gerechnet werden. Aber es ist falsch, auf Handelsdruck nur Sonderkonditionen zu gewähren. Es muß versucht werden, dafür auch eine Gegenleistung zu erhalten.
Beispielsweise können Vereinbarungen getroffen werden zu Anzeigenzuschüssen oder für den Druck spezieller Displays, wenn Warenmengen über das übliche Maß hinaus abgenommen werden.
Bei Begleitung von Außendienstmitarbeitern mußte festgestellt werden, daß nur selten die Verkäufer den Einkäufern Paroli bieten konnten. Ein spezielles Training wäre anzuraten. Außerdem hat es sich bewährt, auch bei dem schwierigen Thema Einführungspreise und Sonderkonditionen mit einem Sales Folder zu arbeiten, der Leistung und Gegenleistung genau vergleicht.

Präsentationsmittel für Einkaufs-/Verkaufs-Gremien, Entscheidungshilfen

Die Lebensmittel-Zeitung hat eine Untersuchung über Einkaufs-Gremien veröffentlicht[9] – siehe nächste Seite. Zwar handelt der Einkäufer nach wie vor die Konditionen für neue Produkte und Verkaufsförderungs-Aktionen aus, aber er muß die endgültige Zustimmung des Gremiums einholen. Damit ist das Gremium im Handel zum zentralen Führungs- und Steuerungs-Element für alle wesentlichen Belange des Warengeschäftes geworden.
Wer trifft die Entscheidungen in den Großformen des Handels?
Zu den Einkaufs-/Verkaufs-Gremien gehören im allgemeinen Chefeinkäufer, Vertriebsleiter, Facheinkäufer der Warengruppe, Verkaufsförderer und manchmal auch Mitarbeiter aus dem Einzelhandelsbereich. All diese Mitarbeiter müssen für ein neues Produkt, für eine Verkaufsförderungs-Aktion gewonnen werden. Nur selten erhält ein Konsumgüter-Verkäufer die Möglichkeit, vor einem solchen Gremium zu präsentieren. Deshalb muß er den Einkäufer, mit dem er verhandelt, entsprechend informieren und motivieren. Er kann versuchen, ihm Entscheidungshilfen zu geben, wie beispielsweise Proben des Produktes mit einem prägnanten Argumentationsanhän-

ger. Zum Beispiel hat die Firma Thompson-Siegel zur Einführung eines neuen Produktes für die Listungsgespräche im Großhandel die Rückseite der Packung mit Handelsargumenten bedruckt.
Ein anderer Weg kann sein, gemeinsam mit dem Einkäufer auf einem Flip-Chart-Block oder auf Hellraum-Projektionsfolien die besonderen Vorteile und entsprechenden Konditionen aufzulisten. Da in der Regel die Gremiums-Sitzungen weniger als 3 Stunden dauern und bis zu 14 Themenpunkte abgehandelt werden[10], fallen die Entscheidungen sehr schnell. Es ist also besonderer Wert auf Präsentationsmittel zu legen, die übersichtlich und schnell begreifbar sind. Eine schriftliche Unterlage von 20 Schreibmaschinenseiten wäre nicht praxisgerecht.

	überwieg. Einkaufs-gremium	überwieg. Einzel-person
• Aufnahme neuer Produkte von Herstellern, die noch nicht gelistet sind	83%	17%
• Verkaufsförderungs-Aktionen mit Herstellern, die noch nicht gelistet sind	76%	24%
• Verkaufsförderungs-Aktionen mit noch nicht gelisteten Produkten, jedoch von Herstellern, die mit anderen Produkten gelistet sind	72%	28%
• Aufnahme neuer Produkte von Herstellern, die schon gelistet sind	66%	34%
• Verkaufsförderungs-Aktionen mit Produkten, die schon gelistet sind	60%	40%
• Mengendisposition von Hersteller-Display-Material für Verkaufsförderungs-Aktionen	48%	52%
• Mengendisposition neuer Produkte	53%	47%
• Konditionsakzeptanz bei Aufnahme neuer Produkte	49%	51%
• Mengendisposition von Artikeln für Verkaufsförderungs-Aktionen	51%	49%
• Konditionsakzeptanz bei Verkaufsförderungs-Aktionen	48%	52%

(Mehrfachnennungen)

Sonder- und Zweitplazierungen

Immer mehr neue Artikel werden eingeführt, und jeder Hersteller legt Wert darauf, daß sein Produkt nicht nur am Stammplatz – also im Sortimentsregal – zu finden ist, sondern auch noch zusätzlich in einem großen Warenaufbau. Diese Sonderplazierungen, vor allem in Kassennähe, sind sehr begehrt.

Da durch die Artikel-Explosion die Freiflächen in den Geschäften immer weniger werden, haben nur noch starke Produkte mit schnellem Umschlag und attraktiver Verkaufsförderung eine Chance. Und je besser sich das Thema der Sonderplazierung in die Verkaufsplanung eines Geschäftes einfügt, desto günstiger[11]. Saison-Anlässe sind bei der Planung zu berücksichtigen:

Jahreszeit	Thema
Winter	Weihnachten
	Silvester
	Winter-/Ski-Urlaub
	Winter-Schlußverkauf
	Fasching/Karneval
Frühling	Frühjahrs-Kur
	Frühlingsanfang
	Osterfest
	Pfingstfest
	Muttertag
	Vatertag
Sommer	Sommeranfang/Party
	Schulferien
	Urlaub/Camping
	Garten-Grill
	Wandertage
	Freizeit
Herbst	Schulanfang
	Weinlese/Weinfeste
	Oktoberfest
	Erntedankfest
	Vereinsfeiern
	Nikolaus

Eine Zweitplazierung steht im allgemeinen zwischen 7 und 14 Tagen, und für einen solchen Zeitraum kann man durchaus auch als Hersteller darauf verzichten, seine Anzeigenmotive auf die Schaustücke zu übertragen und sich stärker der Handelsgruppe anpassen.

Mittel zur optimalen Stammplazierung

Früher haben Verkaufsförderer ihr Hauptaugenmerk auf die Zweitplazierung gelegt. Aber solche Warenaufbauten stehen selten länger als 2 Wochen. In der Stammplazierung muß sich das Produkt 52 Wochen bewähren.

Es ist bekannt, daß sich Artikel in Griff- und Augenhöhe besser verkaufen

Abb. 18. Regaleinsatz

als in den unteren oder oberen Regalen. Je nach Artikelgruppe kann eine vertikale oder horizontale Blockbildung von Vorteil sein. Vor allem aber kommt es darauf an, daß die Stammplazierung gepflegt wird, das heißt, daß immer genügend Produkte im Regal stehen, die Preisauszeichnung stimmt und vielleicht kleine Hinweise für den Verwendungszweck gegeben werden, wenn nicht die Packung für sich selbst spricht.
Kaiser's plaziert neue Produkte auf einer Art Sprungbrett, das ist ein Brett, das einige cm aus dem Regal herausragt und den Zusatz „Neu" trägt. So fallen diese Artikel in einer glatten Präsentationsfront besonders gut auf. Auch Regalrahmen, Stopper, bewegliche Pfeile und ähnliche kleine Hilfsmittel haben oft erstaunliche Zusatzumsätze gebracht (Abb. 18).
Neu in der Entwicklung sind Kleindisplays in Originalproduktgestaltung, die durch Leucht-, Ton- und Duft-Impulse den Verkauf der daneben plazierten Artikel forcieren sollen. Leider gibt es über den originellen Ansatz noch keinerlei Testergebnisse.

Displaymaterial für Geschäfts-Außenfront, Schaufenster und Verkaufsraum

Nur eine genaue Analyse der verschiedenen Handelsgruppen kann helfen, Displays für die einzelnen Betriebstypen richtig zu gestalten. Fotos der Schaustücke sind später den Gestaltern bei ihrer Arbeit von Nutzen.

Um sich voll auf die kreative Umsetzung konzentrieren zu können, sollen auch hier Prüflisten helfen, zunächst die Idee zu finden und erst danach die Displays auszuwählen.
Am Beispiel Aktionsmittel für den Handel:

Display für Geschäfts-Außenfront	
Angebotsplakat (mit Freiraum für Angebote und Preise) Aufstellfigur (170 cm hoch) Aufstelltafel für Angebote Ausstellungsstand (vor dem Geschäft) Blickfangplakat Leucht-Transparent	Mobile (Windrad o. ä.) Plastik- oder Leinenfahne Riesen-Schaupackung Schaufenstertapete Türkleber Türschild mit Angebot und Aufdruck „Eingang" o. ä.

Display für Verkaufsraum	
Angebotsschild Aufstecker (Crowner) Bewegliches Schaustück Blink-Display Deckenhänger Drahtständer Girlande (z. B. für Obstabteilung) Hinweispfeil Innenplakat Kantenkleber Kassenaufsatz Kombinationsplakat (für Partnerangebote) Leuchtschild Luftballons mit Aufdruck Plastische Figur Preisschild Prospektständer Regalfahne	Regalschild (Traffic Stopper) Regalvorsatz Richtungslenker (z. B. Trittkleber auf dem Fußboden) Rotair (bewegliches Display) SB-Korbeinlage oder -anhänger Schaustück Schreibtafel Sondergondel Stummer Verkäufer (Aufsteller zur leichten Warenentnahme von Kleinartikeln) Thekenaufsteller Verkaufswagen (als Karre oder Palette) Vorführständer Wechselrahmen (für Schilder oder Anzeigenmotive) Werbeuhr Zahlteller

Orientierungshilfen, technische Details

Eine erste Orientierung erfolgt meist beim Betrachten der Schaufenster. Von 400 befragten Kunden gaben 344 an, daß sie schon irgendwann einmal einen größeren Artikel nur deshalb gekauft hätten, weil er in einem Schaufenster hervorragend angeboten worden sei und 192 ergänzten, daß sie die Schaufenster eines Geschäftes sogar bewogen haben, dort Stammkunde zu werden. Auf die Zusatzfrage, welche Einzelheiten der Schaufenster-Gestaltung den Ausschlag für ihre Entschlüsse gegeben hätte, kamen sehr unterschiedliche Antworten – die sich aber trotzdem mühelos auf einen Nenner bringen lassen: Die Kunden wurden von der Gestaltung des Schaufensters derart angesprochen, als sei es ein höflicher, freundlicher und fachlich versierter Verkäufer, der unaufdringlich zum Stehenbleiben, zum Betrachten, zum Besuch und zum Kauf einlud.[12]

Je größer die Märkte werden, um so mehr brauchen sie Hinweise wie zum Beispiel „Alles fürs Bad". Der Handel ist daran interessiert, daß nicht nur einzelne Artikel, sondern Sortimente forciert werden. Hier können die Hersteller helfen, mit neuen Blickfängen Orientierungshilfen zu geben und auf diese Weise langfristig den Abverkauf zu fördern.

In Zukunft werden weniger Displays, aber wertvollere eingesetzt. Es können beispielsweise Flaschenkühlschränke für Coca-Cola sein, aber auch bewegliche Displays mit besonderen Effekten, zum Beispeil ein mechanischer Affe, der Prospekte verteilt.

Oder vielleicht sogar Spielautomaten, die Warenkenntnisse vermitteln und eine Gewinnchance bieten (die wiederum wettbewerbsrechtlich abgesichert sein muß).

Permanente Verkaufsförderung

Jeder Hersteller möchte gern eine Dauer-Verkaufsaktion in den Geschäften einsetzen. Nur wenigen gelingt diese Aufgabe – Jacobs Kaffee ist beispielsweise in vielen Lebensmittelgeschäften mit einem speziellen attraktiven Kaffeeregal mit eingebauter Beleuchtung zu finden.

Ein anderer Fall: Gold-Pfeil Ludwig Krumm AG, ein Offenbacher Lederwarenhersteller, hat 5 verschiedene Typen von Fachgeschäften durch Professor Bruno Tietz, Saarbrücken, und seine Mitarbeiter analysieren lassen[13]

- das günstige Lederwarenhaus
- das Familienfachgeschäft
- die junge Boutique
- das geschmackvolle Accessoire-Geschäft
- das niveauvolle Studio

Zu jedem Geschäftstyp wurden Kompetenz, Produktauswahl, Preispolitik, Geschäftseinrichtung, Personal, Werbung und Verkaufsförderung beschrieben. Das gesamte Datenmaterial wurde auf einem Handelsseminar vorgestellt. Die eingeladenen Fachhändler konnten überprüfen, welchem Typ ihr gegenwärtiges Geschäft am nächsten kommt. Sie lernten auch, wie sie ihre

örtliche Konkurrenz einordnen können. Außerdem erhielten sie das Handwerkszeug, um aufgrund dieser Analyse ein individuelles Marketing-Konzept für ihr eigenes Geschäft zu entwickeln.
Ein solches Vorgehen ermöglicht eine stärkere Bindung des Fachhandels. Denn es ist das Ziel von Gold-Pfeil, im Laden gesondert präsentiert zu werden. Dazu liefert der Hersteller entsprechende Ladenbauteile.
Inzwischen zeichnet sich für die Offenbacher sogar eine ganz besondere Gelegenheit zur Profilierung ab – das Gold-Pfeil-Studio. Ein erster Händler betreibt ein solches Zweitgeschäft seit Sommer 1977, und weitere Anfragen liegen vor. In diesem Geschäft dominiert zwar die Gold-Pfeil-Ware, wird aber durch andere Artikel ergänzt.

Verkaufsförderungs-Aktionen der Industrie

Den Handelszentralen und Großhandlungen werden jeden Tag mehrere Aktionen von Herstellerfirmen angeboten. Nur gut geplante originelle Maßnahmen haben Chancen, durchgeführt zu werden.
Kein Hersteller sollte so kurzsichtig sein, ausschließlich *seine* Umsatzinteressen für elementar zu halten. Nur die zusätzliche Kenntnis allgemeiner Handelsprobleme und der speziellen Sortimentsgruppe gewährleisten den richtigen Planungsansatz.
In der Praxis hat es sich bewährt, bei den Gesprächen mit dem Handel mehrere Alternativ-Aktionen anzubieten, aus denen ausgewählt werden kann. Die Kraft GmbH stellt dem Handel über 40 verschiedene – auch neutrale – Displays zur Verfügung.
Vor Start der Aktion sollte ein Vortest mit Pilot-Geschäften den Abverkauf feststellen. So können genauere Mengenvorschläge an die Einzelhandelsgeschäfte gegeben werden.
Auch eine entsprechende Handelsinformation muß rechtzeitig verteilt oder von der Zentrale verschickt werden. Größter Wert ist auf die Durchführung zu legen. Fehlmengen bringen nur den Mitbewerbern Nutzen.
Mit dem Partner im Handel ist vor der Aktion ein Erfolgskontroll-System abzustimmen, das nach Ablauf schwarz auf weiß den Mehrverkauf beweist.
So hat beispielsweise die Coca-Cola GmbH ihre Aktionsvorschläge um Terminpläne für das ganze Jahr und eine Liste mit Prüfpunkten für die Abteilungen Einkauf, Verkauf und Verkaufsförderung ergänzt. Mit solchen Planungsunterlagen ist es leichter, Entscheidungen für eine Hersteller-Aktion zu erhalten.

Abb. 19. Aktionsplazierung

Partner-Aktionen Industrie/Industrie

Eine sinnvolle Zusammenführung sich gegenseitig ergänzender Produkte bringt gesteigerten Absatz.[14] Realisierbar sind nicht nur Kombinationen innerhalb des Lebensmittelbereichs, sondern auch Angebotspakete von Lebensmitteln und Nonfood. Gerade unter dem Dach eines Aktionsmottos

lassen sich Artikel aus unterschiedlichen Bereichen anbieten. Beliebte Themen für die im Sortiment breit angelegte Aktions-Kampagne sind:
Party: Getränke, Snacks, Suppen, Gläser und Einweggeschirr.
Sommerfest: Grillgut wie Wurst und Fleischwaren, Mini-Faßbier, rustikale Backwaren, Gartenmöbel, Grillgerät, Einweggeschirr.
Bei Partner-Aktionen zweier Industrie-Firmen können beide Verkaufsorganisationen gemeinsam oder getrennt vorgehen. Beispielsweise hat Bahlsen Aktionen durchgeführt mit Kraft-Käse oder bei einer anderen Kampagne mit Knorr-Suppen.
Interessant sind aber auch ganz andere Partnerschaften. So hat die Rundfunk- und Fernsehzeitschrift Hör Zu gemeinsam mit Tri Top Fruchtsaftgetränk ein Buch mit dem Titel „Feste, Feten, Feiern" zu DM 4,95 herausgegeben.

Partner-Aktionen Industrie/Handel

Früher kamen die Anregungen zu einer Zusammenarbeit meist von Herstellerseite. Jetzt wird der Handel aktiver und fordert die Industrie zum Mitmachen auf.
Die Jahresplanung 1978 der Drogerien-Marketing-Zentrale brachte für jeden Monat eine neue Aktion.

Monat	Aktions-Thema	Beworbene Artikelgruppen
Januar	„Schlank und gesund durch den Winter"	Gesundheits- und Schlankheitsmittel
Februar	„Damit der Winter mit Ihnen nicht Schlitten fährt"	Körperpflege und Kosmetik
März	„Frühjahrsputz"	Reinigungsmittel
April	„Mit Schwung in den Frühling"	Gesundheits- und Körperpflegemittel
Mai	„Muttertag"	Geschenkartikel
Juni	„Sie fahren gut mit Ihrer Drogerie"	Urlaubsartikel
Juli	„Urlaubsgroschen-Sparaktion"	Urlaubsartikel
August	„Tips für urlaubsstrapazierte Geldbeutel"	Haut-, Haar- und Körperpflegemittel
September	„Die Kleinsten sind bei uns die Größten"	Babypflege und Ernährung
Oktober	„Gepflegt in den Herbst"	Körperpflegemittel
November	„Gut gerüstet in den Winter"	Gesundheits- und Körperpflegemittel
Dezember	„Da staunt sogar der Weihnachtsmann"	Geschenkartikel

Die Aktion „Sie fahren gut mit Ihrer Drogerie" enthielt beispielsweise Markenartikel wie Nivea, Odol, badedas, Kodak Farbfilme usw.[15]
Es erschienen Illustrierten-Anzeigen, immer mit einem Gewinnspiel, und dazu Aktionsmittel für die Außenfront-Gestaltung der Drogerie wie Schaufenster-Blickfang und Schaufenster-Umrandung. Weiter gab es Service-Hefte – das sind redaktionell gestaltete Journale mit interessanten Tips und Produktempfehlungen sowie Handzettel. Weitere Verkaufsförderungs-Maßnahmen kommen von Aktion zu Aktion wechselnd zum Einsatz.
Für eine vernünftige Abstimmung bei der Verkaufsförderung zwischen Industrie und Handel setzt sich Hans-Jürgen Klußmann, geschäftsführendes Vorstandsmitglied der Edeka-Zentrale AG, ein. Die wichtigsten seiner Thesen lauteten:[16]

- Aktionen, die zwar den Umsatz erhöhen, aber den Ertrag nicht verbessern, sollten in Zukunft weniger häufig als bisher veranstaltet werden.
- Ein funktionierendes Verhältnis zwischen zwei Marktpartnern setzt voraus, daß sie einigermaßen gleichgewichtig sind.
- Weil Verkaufsförderung kaum national sein kann und nie uniform sein darf, sollte sie überwiegend (wenn nicht ausschließlich) Aufgabe des Handels sein. Die klassische Markenartikelwerbung wiederum ist Aufgabe des Herstellers.
- Die Entscheidung über seine Kalkulation, sein Sortiment und damit seine Ertragsmöglichkeiten müssen dem Handel in vollem Umfange erhalten bleiben.
- In Verkaufsförderungsaktionen muß dem Verbraucher mehr als ein drastisch reduzierter Preis geboten werden. In zunehmendem Maße wird es auf die Ideen ankommen.
- Die langfristige Abstimmung bei Verkaufsförderungsideen – heute schon wesentlich häufiger als früher – muß noch weiter verbessert werden.
- Es sollte künftig kritischer geprüft werden, ob Aktionen auch unter dem Gesichtspunkt möglicher Umsatzverlagerungen, der zusätzlichen Manipulationskosten und einer möglichen Schädigung des Normalangebotes sinnvoll sind.
- Durch Daueraktionen mit Niedrigpreisen „verbrauchte" Marken sind für eine sinnvolle Sortimentspolitik nur bedingt zu gebrauchen.

Händler-Beirat

Auf dem Gebiet der Mode arbeiten einige Herstellbetriebe mit einem Händler-Beirat. Es kommt ihnen darauf an, bei der Auswahl der Dessins

und der entsprechenden Verkaufsförderung genau im Trend zu liegen. Und hier haben die Händler durch ihre täglichen Gespräche mit Kunden meist mehr Erfahrungen als ein Hersteller.
Aber auch in anderen Bereichen kann es zweckmäßig sein, von Zeit zu Zeit Lebensmittelhändler oder Fachhändler zu Konferenzen einzuladen und mit ihnen Marketing-Probleme zu diskutieren. Sind größere Verkaufsförderungs-Kampagnen geplant, empfiehlt es sich, zwei oder drei Alternativen vorzustellen und die positiven und negativen Händlerstimmen zu den Vorschlägen zu erfassen.
Nun ist es natürlich ein Problem, qualifizierte Mitarbeiter aus dem Groß- und Einzelhandel an den Tisch zu holen, denn die Arbeitszeiten im Handel sind sehr lang. Deshalb muß schon etwas Besonderes geboten werden wie beispielsweise ein Referat eines Fachmanns, das auch den Handel interessiert. Oder es gibt die Möglichkeit, parallel zu Handelsmessen solche Veranstaltungen durchzuführen.

Handels-Aktionen

Hierunter sind Maßnahmen zu verstehen, die der Handel in eigener Regie durchführt.
Am Beispiel der Einkaufsgenossenschaft Edeka:[17]
Die Aktionen liefen 1977 unter den Titeln „Edeka Glückstreffer" und „Tip der Woche". Waren diese Aktionen erfolgreich? Hinweise können den von der Handelsgruppe veröffentlichten Marktforschungsergebnissen entnommen werden –

- Erfolg beim Verbraucher
  - Die Edeka-Werbung wurde weitaus am meisten erinnert, nämlich von 50 Prozent aller Versuchspersonen, die diese Handelswerbung kannten. Der nächstfolgende Mitbewerber kam erst mit 24 Prozent.
  - Die Meßwerte folgender Imagekriterien sind besonders gestiegen:
    Edeka hat häufig Sonderangebote:
    von 12 auf 31 Prozent
    Die Edeka-Sonderangebote sind besonders preisgünstig:
    von 4 auf 33 Prozent
    Bei Edeka macht Einkaufen Spaß:
    von 12 auf 32 Prozent.
- Erfolg beim Einzelhändler

- Positive Beurteilung der Werbung: 90,2 Prozent aller Edeka-Einzelhändler
- Aktionsbeteiligung: 82,4 Prozent
- Davon mit Sonderplazierung: 95 Prozent
- Mit Ladenwerbung: 80 Prozent
- 50 Prozent der Edeka-Einzelhandels-Kaufleute sind der Meinung, daß sich die Glückstreffer-Angebote überdurchschnittlich gut verkaufen, und 45,5 Prozent der Händler glauben, daß ihr Gesamtumsatz durch die Glückstreffer-Aktion positiv beeinflußt wurde.

Ähnlich wie im Lebensmittelhandel arbeitet die Restaurantkette „Mövenpick". Da gibt es eine große Zahl von Aufstellern und Wandtafeln, die mit aktuellen Angeboten beschriftet sind.
Auch aufklebbare Fußstapfen mit dem Aufdruck „Mövenpick" fehlen nicht, um zum Betreten des Restaurants aufzufordern.
Besonders praktisch in der Mövenpick-Pizzeria ist der vorgedruckte Bestell-Abreißblock, auf dem der Gast seine Bestellung ankreuzen kann.
Eine Kundenbefragungs-Prüfliste ist auf der Rückseite der Rechnung aufgedruckt. Durch Ankreuzen kann der Gast Stellung nehmen zur Qualität des Services, zur Auswahl der Speisen und Getränke, aber auch zur Sauberkeit auf den Toiletten.
Die Chancen des Mehrumsatzes durch Außer-Haus-Verkauf werden von „Mövenpick" voll genutzt. Die Speisekarten enthalten Sondervermerke für Angebote. Der Kassenraum selbst ist wie ein Mini-Shop gestaltet. Angeboten werden, wie in einem Lebensmittelgeschäft, an der Kasse Süßigkeiten, Kleinartikel, Souvenirs, Ansichts- und Glückwunschkarten, Weine und Spirituosen, Zeitungen und Zeitschriften.
Ständig wiederkehrende Aktions-Angebote erfreuen sich großer Beliebtheit. Hier ist vor allem der Familien-Brunch (Breakfast & Lunch) am Sonntagmorgen zu nennen.

Handelsgerechte Verpackungen

Packungen werden meist auf Schreibtischen präsentiert und beurteilt. Sind sie aber auch verkaufsaktiv im Regal neben ihren Mitbewerbern?
Die Verkaufsförderung muß mithelfen, die Verpackung zu verbessern. Die Produkte müssen sich positiv abheben und alle Hinweise für die Verwendung tragen. Die Versandkartons sollen gut handhabbar sein für Groß- und Einzelhandel.

Das Institut für Selbstbedienung hat einen eigenen Ausschuß für Ladenverpackungen gegründet und aus Sicht des Handels einige Forderungen gestellt:[18]

- Umlaufender Rand?
- Verwindungssteifigkeit?
- Stapelfähigkeit?
- Vorderseite als „schmalere" Seite?
- Vorderseite mit Artikelbezeichnung?
- Vorderseite mit Platz für den Preis?
- Auf Seiten Angaben für Lagerbereich?
- Nur einlagig befüllt?
- Baukasten-Normabmessungen eingehalten?
- Höchstgewicht 15 kg überschritten?
- Bei Verbraucherpackungen nur ein „Packungsgesicht"?
- Platz für Individualpreis auf Deckel der Verbraucherpackung rechts?
- Platz für Preis „eben"?
- Mindestgröße für Preis 20 × 30 mm frei?
- Preisempfehlung ebenfalls oben?

Wer sich mit Packungsgestaltung beschäftigt, sollte parallel zu diesem Fragenkatalog auch Kriterien aus Verbrauchersicht auflisten.

Handelsmessen und Fach-Ausstellungen

Fachmessen bieten die hervorragende Gelegenheit, das gesamte Sortiment in attraktivem Umfeld zu zeigen.
Man kann nicht auf jeder Messe oder Ausstellung vertreten sein. Aber wenn man ausstellt, dann richtig. Die Besucher erwarten vom Messestand ein repräsentatives Bild des Unternehmens.
Es ist nicht leicht, wichtige Kunden an den Stand zu bekommen, damit mit ihnen verhandelt werden kann. Deshalb werden attraktive Einladungen zur Messe geschickt. Manche Unternehmen verteilen an ihre Kunden Eintrittskarten und Messepläne. Andere senden kleine Aufmerksamkeiten, die die Fahrt zur Messe verkürzen.
So verschickte ein Aussteller auf einer Berliner Messe einen Brief mit der Ankündigung „Sie haben noch einen Koffer in Berlin!". Und auf dem Ausstellungsstand wurden Muster in einem kleinen Koffer übergeben.
Oder zur Baby-Messe in Köln erhielten die Kunden Baby-Flaschen gefüllt mit Cognac von einem der Hersteller.

Mehr Probleme, als einen attraktiven Messestand zu gestalten, macht die Auswahl und die Schulung des Stand-Personals.
Die DEMAG AG hat dazu für ihr Stand-Personal eine ausführliche Informations-Broschüre entwickelt. Mit aufgeführt sind auch mögliche Pannen und wie man sie vermeidet.

Wettbewerbe und Preisausschreiben

Verkaufswettbewerbe, die den Umsatz prämieren, sind unzulässig. Da konnten beispielsweise Verkäufer an den Packungen Coupons abreißen und wurden nach Anzahl der eingeschickten Coupons prämiert. Solche Praktiken sind in Deutschland verboten.
Der Gesetzgeber läßt nur Argumentations-Preisausschreiben und Dekorations-Wettbewerbe zu.
Preisausschreiben eignen sich besonders, um bei Händlern und Verkaufspersonal bestimmte Argumente einzulernen oder zu verstärken. Wenn beispielsweise für ein neues Produkt drei verschiedene Argumente möglich sind, so könnte man Produktproben an den Handel verschicken und bitten, das verkaufsstärkste der drei Argumente anzukreuzen.
Eine andere Möglichkeit sind Deko-Wettbewerbe, bei denen die gestalterische Leistung prämiert wird. Die Firma Black & Decker führte in dieser Art einen Schaufenster-Wettbewerb durch. Die Fachhändler erhielten verschiedene Schaustücke und mußten Fotos ihrer dekorierten Fenster einsenden. Eine neutrale Fachjury prämierte die besten Dekorationen. Zu gewinnen gab es Reisen und Sachpreise.

Planung und Gestaltung neuer Verkaufsstellen

Immer neue Verkaufsformen entstehen. Kodak stellte in den USA auf den Parkplätzen großer Einkaufscenter Foto-Kioske auf, an die man mit dem Pkw heranfahren, seinen Film abgeben bzw. die Farbbilder abholen kann.
Werden sich Lebensmittelhandel, Fachgeschäfte und Kaufhäuser wandeln? Die Verkaufsförderung muß rechtzeitig neue Trends erkennen und sich darauf einstellen. In der amerikanischen Lebensmittel-Fachzeitschrift „Progressive Grocer" erschien ein Artikel mit einer Zukunftsvision über den Supermarkt in 100 Jahren.[19]
Daraus einige Auszüge:

- Milch, Säfte und andere Getränke werden nicht mehr in Packungen verkauft werden. Sie werden in Tankwagen zum Supermarkt geliefert.

Die Kunden füllen sie dort selber in eigene Gefäße ab.
- Gemüse wird in Nebenräumen in Wasserbecken wachsen.
- Brot wird in Sekunden frisch gebacken werden. Die Kunden werden die Backabteilung betreten, die eine Art automatischen Ofen darstellt, und auf einen Knopf drücken.
- Der Kunde wird den Laden über seinen eigenen Computer anrufen und seine Einkaufsliste durchgeben. Die Ware wird automatisch aus den Regalen des voll elektronisch gesteuerten Lagers entnommen, verpackt und bereitgelegt für die Abholung durch den Kunden im Auto oder wie immer das Fahrzeug heißen mag.
- Ein spezieller Zweig des Supermarktes wird die Lieferung kompletter Feinschmecker-Mahlzeiten sein.
- Der Supermarkt wird nur ein Teil eines größeren Lebensmittel-Angebotes sein – die Leute werden immer mehr Fertiggerichte benutzen. Und da die Kocherei zu Hause immer mehr wegfällt, wird der Supermarkt eine einzige komplexe Fütterungsstation, zu der auch riesige Speisesäle gehören.
- Apotheken im heutigen Sinne wird es nicht mehr geben. Medikamente werden in speziell gekennzeichneten Nahrungsmitteln enthalten sein, wegen der besseren Aufnahme durch den Körper. Die Ärzte werden Diät A oder Diät B verschreiben, die jeweils nach Rezept im Supermarkt verkauft werden.

Je früher Trends gesehen werden, um so eher können sie durch Verkaufsförderung verstärkt oder vielleicht auch verhindert werden.

3.3 Aktionsebene Verbraucher/Verwender

Während sich in den vergangenen Jahren die Maßnahmen der Verkaufsförderung ganz auf den Ort des Einkaufs bzw. Verkaufs konzentriert haben, ist das Spektrum inzwischen breiter geworden. Zur Verkaufsförderung zählen jetzt auch die Aktivitäten im Bereich „zu Hause" oder „unterwegs".

Vorinformationen wie Handzettel und Aussendungen

Für preisgünstige Artikel ist der Handzettel, für technisch hochwertige Geräte der Vierfarb-Prospekt vorzuziehen. Texte und Abbildungen sollen einander ergänzen und eine möglichst schnelle Information erlauben.

Daß es bei Handzetteln nicht immer nur Artikel mit Preisangaben sein müssen, beweist ein ungewöhnlich gestaltetes Blatt im Großformat DIN A 3 des Verbrauchermarktes toom. Zur Eröffnung am 10. November 1976 in Essen, Husmannshofstraße, wurden die Verbraucher in allen Essener Stadtteilen angesprochen. Zum Beispiel:
Idealisten aus Altendorf: Solange die Taschen noch leer sind, wird Ihnen ein Spaziergang zum billigen toom kaum etwas ausmachen. Doch die „Prallgefüllten" dürften nach Ihrem Einkauf besser mit der Tram nach Hause zu bringen sein . . .
Freunde aus Frohnhausen: Der 61er Bus bringt Sie zur Bockmühle. Dort umsteigen in die Linie 4, 5, 35 bis zum billigen toom. Oder mit Linie 12 oder 22 bis Alfried-Krupp-Schule. Von dort weiter mit der 6, 16, 26, 36 bis Helenenstraße.
Gruga-Nachbarn der Margarethenhöhe: Linie 7, 17 und 37 bis Holsterhausenplatz. Dann umsteigen in 6, 16, 26 oder 36. So heißt das „Sesam öffne Dich" für das Einkaufs- und Schlemmerparadies billiger toom. Da gibt es auch exklusivere Spezialitäten Lukulls zu vernünftigen Preisen.
Gourmets aus dem Stadtwald: Mit Linie 4 oder 10 bis Rüttenscheider Stern, umsteigen in die 6, 16, 26 oder 36 bis Helenenstraße. Wer in Bredeney einsteigt, nimmt die Straßenbahn ebenfalls bis „Stern" oder den Bus bis Zweigertstraße. Dann umsteigen: 6, 16, 26, 36.
„Siedler" aus Schönebeck: Mit dem 40er Bus fahren Sie nur das kurze Stück bis Fliegenbusch. Dann umsteigen in die 4, 5 oder 35, die Sie mit „Kind und Kegel" zur Helenenstraße bringt. Zum Familieneinkauf im billigen toom.
Erst nach dieser Verteilaktion folgten Handzettel und Tageszeitungs-Anzeigen mit Preisangeboten.
Für die Verteilung bieten sich die regionale Tageszeitung, die Post und auch Verteil-Unternehmen an. Ein Handzettel oder ein Prospekt bis zu 20 g Einzelgewicht kostet beispielsweise DM 55,– per 1000 Exemplare in Großstädten, bis DM 185,– per 1000 Stück in Dörfern.[20]

Verbraucher-Zeitung

Bäcker, Fleischer, Drogisten, Apotheker, Lebensmittelhändler – sie alle geben eine eigene Verbraucher-Zeitung heraus. „Die kluge Hausfrau" der Edeka zählt mit rund 1 Million Exemplaren pro Woche zu den auflagenstärksten Kunden-Zeitschriften Europas.[21] Jedes einzelne Heft wird durchschnittlich von 3,4 Lesern genutzt, und insgesamt sind es rund 1 Million Männer. Interessant dabei ist, daß die Leser-Blatt-Bindung wesentlich

größer ist als bei vielen Publikums-Zeitschriften und daß die Redaktion Woche für Woche Hunderte von Leserbriefen mit Lob, Kritik, Ratschlägen und vor allem vielen Fragen bekommt.
Was den Händlern recht ist, ist Herstellern billig. Es gibt beispielsweise eine Porsche- und eine BMW-Zeitung.

Sonderangebote, Rabatte, Preisnachlässe

Mit solchen Maßnahmen kann man den Verkauf kurzfristig sehr stark forcieren. Aber das Image des Artikels kann unter einer solchen Aktion auch leiden. Wenn schon solche Methoden eingesetzt werden, dann empfiehlt es sich, sie entsprechend zu verpacken und zu begründen. So werden es Verbraucher nicht übelnehmen, wenn es zum hundertjährigen Bestehen eines Unternehmens vier Wochen lang die hergestellten Artikel zum „Jubiläums-Preis" zu kaufen gibt und danach wieder die Produkte auf das normale Preisniveau angehoben werden.

Zugaben

In Arbeitsbesprechungen über Verkaufsförderung kommen oft Vorschläge, den Verkauf durch Zugaben an den Packungen zu unterstützen. Ehe eine Entscheidung spontan gefällt wird, sollten einige Fragen beantwortet werden:

- Gibt es im Sortiment Produkte, die durch Zugaben attraktiver werden?
  Wenn ein sehr breites Sortiment hergestellt wird, sollten Schwerpunktprodukte festgestellt und Prioritäten geschaffen werden.
- Welche Zielgruppe ist anzusprechen?
  Es leuchtet ein, daß es durchaus nicht einerlei ist, ob die Zugaben für den Handel und sein Verkaufspersonal oder für Hausfrauen oder für Kinder bestimmt sind. Wenn die Zielgruppe nicht exakt feststeht, sind alle weiteren Diskussionen sinnlos.
- Wann und wo wird die Zielgruppe erreicht?
  Die Einstellung der Menschen zum Produkt und natürlich auch zum Verkaufsförderungs-Artikel ist verschieden je nach Ort und Zeit. Vielleicht muß die Zugabe eine andere sein, die auf einer Messe verteilt wird als im Lebensmittelgeschäft oder als Aufmerksamkeitserreger für eine Aussendung, die man im Briefkasten findet.

- Welche Artikel kommen für die ausgewählte Zielgruppe in Frage?
  Dafür ist es empfehlenswert, sowohl im Unternehmen Vorschläge zu sammeln als auch von Werbegeschenk-Händlern oder einer Verkaufsförderungs-Agentur Artikel und Ideen finden zu lassen.
- Wie hoch sind die Kosten bei welchen Auflagen?
  Die fünf besten Vorschläge sollten mit verschiedenen Auflagenhöhen kalkuliert werden. Oft erreichen teuere Artikel bei sehr hohen Auflagen niedrigere Preise.
- Was sagt der Jurist?
  In jedem Fall ist ein wettbewerbsrechtliches Gutachten einzuholen, sonst kann es passieren, daß Tausende von Zugaben auf Lager liegen, ohne einsetzbar zu sein. Man sollte sich aber mit einem lapidaren „geht nicht“ keinesfalls zufrieden geben – sondern den Juristen auffordern, sich Gedanken zu machen, wie der Einsatz praktikabel ist (zum Beispiel durch einen deutlichen Werbeaufdruck).
- Gibt es technische Probleme?
  Oft entstehen Schwierigkeiten bei der Verpackung, wenn die Zugabe direkt am Produkt angebracht werden soll. Auch in diesem Fall sind die Mehrkosten genau zu analysieren.
- Werden Verkaufsorganisation oder Handel stark belastet?
  Weder dem Außendienst noch dem Handel kann bei der Personalknappheit zugemutet werden, Bilder, Briefmarken oder andere kleine Verkaufsförderungs-Artikel nach Kundenwahl auszugeben.
- Welche Auswirkungen haben die Maßnahmen auf Mitbewerber?
  Das ist ein besonders wichtiger Punkt. Vielleicht kann man sich mit den Konkurrenten abstimmen, sonst könnte es passieren, daß eine Lawine von Zugaben ausgelöst wird, ohne irgendeinen Erfolg zu bringen (wie seinerzeit bei den Mineralölkonzernen, die ihre Tankstellen mit Zugaben zuschütteten).
- Kann ein Test in einem überschaubaren Gebiet durchgeführt werden?
  Viele Probleme lassen sich aus der Welt schaffen, wenn vor der überregionalen Aktion ein Test gelaufen ist.
- Läßt sich der Einsatz von Verkaufsförderungs-Artikeln mit der Werbung und Verkaufsförderung koordinieren?
  Nicht nur zum Produkt, auch zur gesamten Kommunikation sollte die Zugabe passen.
- Sind die Kosten im Vergleich zu anderen Maßnahmen gerechtfertigt?
  Es könnte sich herausstellen, daß sich die Zielgruppe besser und preiswerter durch andere Aktivitäten erreichen läßt.

Gutscheine und Coupons

In den Vereinigten Staaten werden diese Mittel stärker als in Deutschland eingesetzt. In den USA gibt es in vielen Packungen Gutscheine für andere Artikel. Prospekte enthalten Coupons, die einen höheren Rabatt beim Einkauf bestimmter Artikel gewähren. Die deutsche Gesetzgebung läßt nur einen Endverbraucherrabatt in Höhe von 3% zu.
Gutscheine können allenfalls zum Bezug einer Warenprobe berechtigen. Diese Probe ist aber relativ klein, denn sie darf nur die Probiermenge enthalten.
Einen Hauttyp-Fragebogen mit persönlichem Produkt-Gutschein gab die Firma Helena Rubinstein heraus. Damit wurde aufgefordert, direkt zum Helena Rubinstein Depot zu gehen, sich ausführlich beraten zu lassen und den Gutschein gegen ein individuelles Testprodukt einzulösen. Diese Proben wurden den Depots kostenfrei zur Verfügung gestellt.
Coupons dagegen sind bereits mehrfach eingesetzt worden – beispielsweise enthielt ein Waschmittelpaket einen Coupon für die Bestellung von buntbedruckten Küchenhandtüchern, oder von einer Kellogg's Cornflakes Packung ist ein Teil abzutrennen zum Bezug einer preiswerten Aufblas-Puppe.
Mit Coupons in Anzeigen und Prospekten arbeiten auch die Versicherungen und Bausparkassen. Da wird meist eine interessante Information angeboten, die dann auch kostenlos zugeschickt wird. Sinn und Zweck ist es, mit den Coupons neue Anschriften für die Außendienst-Organisation zu bekommen.

Warenproben und Muster, Geräte zur Probe

Eine neue Wurstsorte, eine besondere Marmelade, ein leckerer Pudding – das sind Artikel, die man gut über Kostproben fördern kann. Und auch der Handel sieht Propagandistinnen oder Werbedamen ganz gern, denn sie bringen Leben in sein Geschäft.
Die heutigen Verpackungstechniken erlauben es, Proben und Muster in Kunststoff einzusiegeln und einem Prospekt beizufügen, der beispielsweise per Postwurf verteilt werden kann. Proben sollten überall dort verteilt werden, wo große Mengen der Zielgruppe anzutreffen sind – vor dem Kino, im Fußball-Stadion oder auf dem Wochenmarkt.
Aber eine Probe ist dann sinnlos, wenn sie falsch eingesetzt wird. Manche Drogisten sammeln ein ganzes Jahr lang alle Proben, die sie von Herstellern

bekommen können, verpacken dann 20 oder 30 dieser kleinen Fläschchen und Packungen in einen hübschen Karton und schenken das Ganze ihren Kunden als kleines Präsent zu Weihnachten. Auf eine solche Art und Weise erschlägt eine Warenprobe die andere, und die oft teuren Herstellkosten sind umsonst ausgegeben worden.
Kopierautomaten, Fotoapparate, Filmprojektoren und Farbfernsehgeräte werden von dem Kunden nur selten spontan gekauft. Deshalb bieten Händler diese Geräte einige Tage zur Probe an. Firmen wie Photo Porst haben früher das Verkaufsargument „Fotoapparate 7 Tage zur Probe – bei Nichtgefallen Geld zurück" zum zentralen Argument ihrer Werbung und Verkaufsförderung gemacht.

Bedienungsanleitungen, Gebrauchserleichterungen

Die Freude an einem neuen Gerät kann durch eine schlechte Bedienungsanleitung verleidet werden. Vor allem ausländische Hersteller haben hier oft mit Schwierigkeiten zu kämpfen. Auch diese Details gehören zur perfekten Verkaufsförderung.
So liefert beispielsweise das Versandhaus Neckermann teure Fotoapparate und Filmkameras sowohl mit einer schriftlichen Bedienungsanleitung als auch einer tönenden Information – einer bespielten Kompaktcassette. Und zu Tonfilmprojektoren gibt es außerdem einen Ton-Probierfilm.
Je mehr die Produkte einander gleichen, desto intensiver ist nach Gebrauchserleichterungen zu forschen. Über viele Jahre gab es Gebrauchsmusterschutz für die Aufhängevorrichtung der Pril-Flaschen. Bestimmt hat dieser Aufhänger mitgeholfen, daß Pril jahrelang die Nummer 1 im Markt war.

Einkaufstips

Was koche ich heute? Diese Frage stellen sich täglich Millionen Hausfrauen. Die Verkaufsförderung kann Anregungen geben durch Rezeptvorschläge und besondere Angebote.
Ein amerikanischer Supermarkt hat im Eingang ein Verkaufsregal aufgestellt mit der Aufschrift „Das ist neu in unserem Sortiment". In dem Regal sind die neuen Produkte plaziert, und es können durch sofortige Kostproben Anregungen für den Speisezettel gegeben werden.
Einkaufstips bringt auch die Zeitschrift „test" mit ihren Ergebnissen aus Untersuchungen. Die Testergebnisse sind für den praktischen Gebrauch jeweils auf Postkarten zusammengefaßt. Solche kompakten Informationen

Abb. 20. Regal mit neuen Artikeln

wären auch vorteilhaft, wenn sie beispielsweise aus technischen Prospekten entnommen werden könnten. Denn wer nimmt zum Einkauf eine umfangreiche Broschüre mit?

Lehrveranstaltungen, Verbraucherausstellungen, Werksbesichtigungen

Gemeint sind hier Veranstaltungen wie „Koche mit Gas“ der Stadtwerke, aber auch „Hausfrauen-Messen“ und überregionale Fachmessen wie die photokina, zu denen Verbraucher zugelassen sind.

Es können aber auch Kunstausstellungen im Kaufhaus sein.
So werden in den „Kaufhof-Galerien“ 10 500 Original-Grafiken offeriert. Und ähnlich wie der Kaufhof geht auch Karstadt vor. Die „Galerie Karstadt“ zeigt in den großen Häusern wechselnde Ausstellungen zeitgenössischer Künstler.
Eine interessante neue Idee hatte das Reisebüro Strickrodt in Hannover. Im „Strickrodt Bazar“ wird passend zu den Reisen Kunst aus aller Welt angeboten. Je nach Größe und Lage der Strickrodt-Reisebüro-Filialen variiert das Angebot vom Bronze-Buddha für DM 10,– über den großen bunt bemalten indonesischen Holzvogel für DM 960,– bis zur 200 Jahre alten Elfenbein-Miniatur-Sammlung für DM 1920,–.
Bei Werksbesichtigungen sollte darauf geachtet werden, daß bereits in der Eingangshalle die Besucher einen Überblick erhalten durch Schautafeln oder eine Tonbildschau, die auf Knopfdruck bedient werden kann. Um zu Hause noch einmal den Gang durchs Werk nachvollziehen zu können, kann ein kleiner Prospekt zum Abschluß übergeben werden.

Neue Konsum- und Anwendungsideen

Salami-Wurst gibt's seit langem. Aber mit der Mini-Salami „BI-FI“ in der Metallfolie hat man neue Zielgruppen erreicht. Diese kleine Wurst wird nicht nur im Lebensmittelhandel, sondern auch in der Gastronomie und in Bahnhofs-Kiosken angeboten. Die Verkaufsförderungsmittel sind nach diesen Distributionspunkten entsprechend ausgerichtet.
Diese kleine Wurst wird auch tagsüber zwischendurch gegessen – vor allem von Kindern. Sie kann dem Pausenbrot beigefügt werden, ist auf Ausflügen mitzunehmen und schmeckt auch während des Fernsehens zum Bier.
Auch bei Spirituosen gibt es neue Verzehrgewohnheiten, die von der Verkaufsförderung genutzt werden können. So läßt sich ein Likör nicht nur pur trinken, sondern auch zum Flambieren oder für die Verfeinerung des Desserts verwenden.
Während sich die Media-Werbung zur schnelleren Durchdringung meist auf ein Argument konzentrieren muß, hat die Verkaufsförderung die Möglichkeiten, in unterschiedlichen Aktionen verschiedene Anwendungsideen auszudeuten.

Verbund-Angebote

Die einfachste Verbundform: da plaziert man Dosenmilch, zum Beispiel die mit dem Bären, im Regal gleich neben dem Kaffee. Oder man stellt bestimmte Artikel als Rezeptvorschläge zusammen und gibt Tips wie zum Tiefkühlspinat Eier zu kaufen für ein schnelles Mittag- oder Abendgericht.
In der nächsten Stufe taten sich zwei Industriemarken als Partner zusammen und starteten eine gemeinsame Aktion wie beispielsweise Roth-Händle und Underberg, die unter dem Motto „Das mögen Männer" neben ihren Markenartikeln noch eine Reihe flankierender Produkte nach Wahl des Handels forcierten.
Auch Handelsgruppen kamen auf die Idee, daß es doch eine gute Lösung wäre, eigene Handelsmarken an einen guten Markenartikel anzuhängen, von seinem Image zu profitieren und natürlich auch Kosten zu sparen. Auf diese Weise wurde beispielsweise Edeka Sekt „Schloß Königstein" gemeinsam mit „Cappy Orangensaft" von Coca-Cola forciert. Das ging soweit, daß Edeka und Rewe bis zu acht Markenartikel und Handelsmarken gemeinsam förderten.
Unter einer zentralen Idee, mehrere Marken gemeinsam herzustellen, ist immer dann von Vorteil, wenn die Produkte einander zum Beispiel zu einem kompletten Menü ergänzen. Eine solche Partnerschaft auf Zeit kann für die Verkaufsorganisationen zweier Industriefirmen einen besonderen Ansporn geben, um sich intensiver um Verkaufsförderungs-Maßnahmen zu bemühen.

Self-Liquidating-Angebote

Gemeint sind hier passende Artikel zum Angebot, die sich quasi selbst bezahlen. Eines der bemerkenswertesten Beispiele war der Marlboro Western-Shop. Da gab es Sturmfeuerzeuge, Western-Tassen, Western-Westen usw. zu günstigen Preisen zu kaufen. Und eine Zigarette wie Marlboro, die auf dem Western-Image aufgebaut ist, kann sich sehr gut solche Self-Liquidating-Angebote leisten.
Die Grundidee dabei ist, die Marke zu aktualisieren und zusätzlich interessante Artikel zu verkaufen, die immer wieder an das Produkt erinnern.
Ein paar andere Beispiele:

- Biskin Speisefett brachte ein Bratbuch mit vielen Rezepten, Brattips und Farbfotos für DM 4,50 heraus.

- Coryfin 100 Hustenmittel verschickte bei Einsendung von DM 6,90 einen langen blau-weiß-gestreiften Schal.
- Bei Doornkaat gab es für DM 9,– sechs Original-Doornkaat-Gläser.
- Katjes Lakritz (das Lakritz mit dem Katzen-Symbol) verkaufte aufblasbare Kätzchen, ca. 70 cm groß, zum Stückpreis von DM 3,60.
- Roth-Händle brachte eine eigene Kunst-Edition in einer begrenzten Auflage heraus.
- Die Zigarette Krone förderte verschiedene Spiele, die nur über den Fachhandel bezogen werden können.

Eine Untersuchung verschiedener Self-Liquidating-Angebote zeigte deutlich: Je besser die Zusatzartikel zum Produkt passen, um so eher werden sie akzeptiert. Man erwartet von der Herstellerfirma eine Art Fachkompetenz, nur dann ist man bereit, per Postkarte oder Telefon ein originelles oder besonders preisgünstiges Angebot zu bestellen.

Produkte mit Zusatznutzen, Packungen mit Zweitnutzen

Je ähnlicher die Produkte von der Art ihrer Zusammensetzung einander werden, um so mehr wird über Zusatz-Vorteile nachgedacht werden müssen.
Kellogg's Cornflakes Packungen enthalten aufgedruckt Kindermasken, Bastelbogen oder Spiele-Ideen. Bildpunkte auf anderen Markenartikeln regen zum Sammeln an. Durch immer neue Bilder und Bücher soll eine Langfrist-Bindung bei den Verbrauchern erreicht werden.
Im extremen Fall kann es so weit gehen, daß der Zusatz-Nutzen das Produkt übertrifft. Beispielsweise stellt die Firma Ferrero Überraschungseier aus Kinder-Schokolade her. Der Inhalt dieser Eier besteht aus kleinen Spielzeug-Ideen, die manchmal auch zusammengebastelt werden müssen.
Oft können Kinder beobachtet werden, die gleich mehrere dieser Eier kaufen und sofort öffnen, um an den Inhalt zu kommen. Die Schokoladen-Außenhülle bleibt dann zunächst liegen. Vielleicht ist das Beispiel Überraschungsei aus Kinder-Schokolade sehr extrem. Aber die Verkaufszahlen beweisen: Dieser Artikel ist erfolgreich!
Bei genauer Betrachtung der SB-Regale in Lebensmittelmärkten lassen sich noch eine Reihe weiterer Produkte mit Zweitnutzen-Packungen finden.
Da gibt es Senf verpackt in Trinkgläsern, Gemüse wird in Einkaufsnetzen verkauft, Kaffee erhält man in stabilen Blechdosen, die sich später zum Aufbewahren von allerlei Kleinkram eignen, oder Schokolade-Bonbons werden in kleinen Papphäuschen angeboten.

Verbraucher-Preisausschreiben, Gewinnspiele

Maßnahmen dieser Art dienen dazu, ein Produkt oder eine Dienstleistung intensiver bekanntzumachen und natürlich auch, stärker zum Kauf anzuregen.
Zunächst muß festgestellt werden, ob das Problem durch einen Wettbewerb gelöst werden kann, oder ob andere Aktionen und Maßnahmen, sei es im Bereich der Verkaufsförderung oder Werbung, besser geeignet sind. Die Erfolgschancen eines Preisausschreibens oder Wettbewerbs lassen sich erst dann beurteilen, wenn man die Gründe für seine Durchführung analysiert hat.[22]
Aus der Vielfalt der Ziele, die beispielsweise ein Handelsunternehmen verfolgen kann, hier einige Ansätze:

- Die Bekanntheit des Handelsunternehmens erhöhen.
- Eine Steigerung der Einkaufshäufigkeit beim Verbraucher erreichen.
- Lagerbestände verringern.
- Die Stärke bestimmter Sortimente herausstellen.
- Service-Leistungen einprägen.
- Neue Fachabteilungen des Ladens beim Verbraucher vorstellen oder verankern.
- Die Umschlagsgeschwindigkeit bestimmter Produkte steigern.
- Firmenslogan lernen lassen.
- Kundenloyalität fördern.
- Generelle Vorteile herausstellen.

Preisausschreiben wie „Ergänzen Sie die drei fehlenden Buchstaben" sind immer weniger anzutreffen. Die Spiele werden interessanter und reizvoller. Dazu ein Beispiel:
Die Ucar Batterien GmbH, Erkrath-Unterfeldhaus, gab über den Radio-TV-Handel einen farbigen Prospekt im Postkartenformat heraus.

„Ucar sucht das Super-Jux-Mobil"

Ein Jux-Mobil, das ist ein batteriebetriebenes „Etwas" – also eine Konstruktion, die Ihrer persönlichen Phantasie freien Lauf läßt. Wir meinen, ein Jux-Mobil kann rollen, fliegen, klappern, leuchten, es kann groß, es kann klein sein – die Hauptsache ist, es wird *von einer Batterie angetrieben,* zum Beispiel von extrem langlebigen Ucar Professional Batterien. Die gibt es in den unterschiedlichsten Größen als Mono-, Baby-, Mignon- und Micro-Batterien.
Wie wär's, wenn Sie auch einmal ein solches Jux-Mobil bauen? Für die, die das originellste gebaut haben, halten wir viele attraktive Preise bereit.
1. Preis: Flugreise ins „Jux-Mobil-Land Disneyland/USA" für eine Person. Eine Woche lang

Abb. 21. Teilnahmeprospekt „Jux-Mobil"

können Sie unter anderem unvergeßliche Eindrücke in Los Angeles und San Franzisko sammeln.
2. Preis: Besuch bei der Fertigung des Airbus-Flugzeuges in Toulouse. Anschließend geht es in die Seine-Metropole Paris. Besondere technische Errungenschaften stehen auf dem Programm wie eine Fahrt auf den Eiffelturm oder der Restaurant-Besuch in der 56. Etage eines Hochhauses am Montparnasse.
3. Preis: Reise zum Formel I Weltmeisterschaftslauf auf dem Stadtkurs von Monte Carlo. Vom besten Streckenplatz aus werden Sie die schnellsten Männer der Welt am Lenkrad sehen. Neben dem Autorennen bietet natürlich die Côte d'Azur während Ihres Aufenthaltes in Monte Carlo, Nizza und Cannes eine ganze Reihe weiterer Höhepunkte.
4.–9. Preis: Besuch des Technischen Museums, London. Ein verlängertes Wochenende für eine Person.
10.–15. Preis: Besuch des Deutschen Museums, München. Ein verlängertes Wochenende für eine Person.
16.–66. Preis: Ein großformatiger Bildband über das Deutsche Museum in München.
Auf den nächsten Seiten finden Sie einige Anregungen, wie ein Jux-Mobil aussehen kann.
(Es folgen 8 verschiedene Beispiele mit genauer Beschreibung und Vorschlägen zu Werkzeugen und Materialien.)
Teilnehmen an unserem Wettbewerb kann jeder.
Wir haben uns entschlossen, Preise in 2 Gruppen zu vergeben. Und zwar wollen wir einmal die Gruppe der Jugendlichen bis zu 15 Jahren bewerten und dann die Teilnehmer ab 15 Jahre.
Wir glauben, das ist fair, weil man in unterschiedlichen Altersgruppen auch unterschiedliche Möglichkeiten hat, ein besonders originelles Jux-Mobil zu bauen.
Natürlich ist klar, daß in jeder Gruppe ein 1., 2 und 3. Preis verlost wird. Die übrigen Preise werden für beide Gruppen gemeinsam ausgelost.
Am 23. 4. 1978 wird eine Jury die originellsten Jux-Modelle auswählen. Die Jury vereinigt bekannte Namen, die Sie aus Zeitschriften und vom Fernsehen her kennen.
Hanni Vanhaiden, den Fernseh-Zuschauern als Moderatorin vieler eigener Sendungen bekannt.

Luigi Colani, international anerkannter Designer mit Sinn für das Außergewöhnliche.
Jochen Mass, erfolgreichster deutscher Rennfahrer der letzten Jahre.
Jean Pütz, Journalist mit eigener Fenseh-Sendung „Hobbythek – für Tüftler und Bastler".
Dr. Thomas von Randow, Wissenschafts-Journalist bei der „Zeit" in Hamburg, eigene Fernsehsendung„ Kopf um Kopf".
Wir bitten Sie, Ihr Jux-Mobil (bitte gut verpacken) bis zum 15. 4. 1978 an uns einzuschicken.
Wenn Sie Probleme mit der Verpackung haben, weil Sie vielleicht ein ganz außergewöhnlich großes Jux-Mobil gebaut haben, können Sie uns natürlich auch eine ausführliche Beschreibung, nach Möglichkeit mit einem Foto, schicken.
Wenn Sie uns Ihr Original schicken, werden Sie natürlich alles wohlbehalten zurückbekommen.
Wir wünschen Ihnen viel Spaß bei der Konstruktion eines Jux-Mobils und freuen uns schon jetzt auf Ihre Einsendungen.

Selbstverständlich sind solche Spiele nicht mit simplen Preisausschreiben zu vergleichen, bei denen 200 000 und mehr ausgefüllte Teilnehmerkarten zurückkommen. Aber eingesandte Teilnehmerkarten sagen noch lange nichts über den Erfolg eines Preisausschreibens aus. Es kommt darauf an, festzustellen, ob die Information durch den Spielanreiz stärker an den Mann bzw. an die Frau gebracht werden konnte.

Aktionen mit Prominenten und Show-Veranstaltungen

Um eine Außendiensttagung oder ein Händlerseminar aufzulockern oder in einem großen Markt eine besondere Aktion durchzuführen, sollte man nicht zurückschrecken, auch einmal eine Show durchzuführen.
Die Lebensmittel-Zeitung hat Ideen für den Handel veröffentlicht:[23]

Vorschlag 1 – Kosten: ca. DM 4000,–

Leistungen:		
Dixieland-Kapelle		DM 1500,–
Schnellzeichner		DM 850,–
Kinderbühne oder Kinderclown	jeweils	DM 600,–
2 Hostessen zur Verteilung geringwertiger Geschenkartikel		DM 400,–
Handzettel		DM 300,–
Steuerung und Überwachung des Ablaufs		DM 200,–
Gema-Gebühren für musikalische Darbietungen		DM 25,–

Zu berücksichtigen ist bei diesem wie bei den folgenden Vorschlägen, daß bei zunehmender Entfernung die Reisekosten steigen.

Vorschlag 2 – Kosten: ca. DM 5000,–		
Leistungen:		
1 Bundesligaspieler mit Doppelautogrammstunde		
oder		
1 Show-Star	jeweils	ab DM 2000,–
1 Blaskapelle (ca. 10 Mann)		ca. DM 2000,–
1 Marktschreier (voller Tag)		ca. DM 650,–
Nebenkosten		ca. DM 300,–

Selbst mit einem relativ schmalen Etat läßt sich noch einiges anfangen, wie das folgende Beispiel zeigt. Auch in diesem Fall müssen unter Umständen zusätzliche Anreisekosten berücksichtigt werden:

Vorschlag 3 – Kosten: ca. DM 2000,–	
1 Drehorgelspieler (voller Tag)	DM 250,–
1 Schnellzeichner (voller Tag)	DM 850,–
1 Kinderclown (Auftritt zur vollen Stunde für jeweils eine Viertelstunde)	DM 600,–
Nebenkosten	DM 300,–

Selbstverständlich läßt sich dieses Programm auch auf mehrere Tage verteilen, um eine stärkere Breitenwirkung zu erzielen.

Wer einen großen Paukenschlag vorzieht, kann seine Mittel auch konzentrieren zum Beispiel auf bekannte Show-Größen wie Roberto Blanco. Mitunter gelingt bei Einschaltung einer leistungsfähigen Künstler-Agentur auch ein preisgünstiger Einkauf; nämlich dann, wenn ein Künstler einen ohnehin bereits fest geplanten Auftritt in der Nähe hat und seine Reise auf diese Weise zusätzlich auslasten kann. Die Leistungsfähigkeit einer Künstler-Agentur läßt sich unter anderem auch an der Kenntnis der Künstler-Termine ablesen.

Vorschlag 4 – Kosten: ab DM 6000,–	
1 Show-Star	ab DM 6000,–

Verkaufsförderungs-Aktionen dieser Art sind immer so gut, wie die Organisation reibungslos abläuft. Eine Reihe von „Kleinkram" muß bedacht werden – bis hin zur griffbereiten Sicherheitsnadel. Hier die Schwerpunkte, auf die sich ein Veranstalter einrichten muß.[24]

- Erstellung des Konzepts
- Auswahl der passenden Mitwirkenden
- Terminliche Fixierung: Zunächst im groben Ablauf
- Gagen aushandeln
- Ausarbeitung der Verträge
- Besichtigung des Veranstaltungsortes. Prüfen, ob für erwarteten Besucherandrang zu groß oder zu klein; leichter Zugang zu Notausgängen etc.
- Dimension der Beleuchtungs- und Übertragungsanlagen berechnen
- Verkaufsförderungs- und PR-Maßnahmen konzipieren
- Hotelbuchungen
- Genauer Zeitplan: Transferdauer Flughafen/Bahnhof zum Veranstaltungsort
- Mikrofon- und Beleuchtungsprobe, eventuell Orchesterprobe
- Überprüfen, ob Hilfspersonal in ausreichender Anzahl erschienen; Garderobieren und Maskenbildner zum Beispiel
- Dem Künstler das Produkt nahebringen
- Textprobe
- Kontrolle: Wie kommt der Künstler an. Möglichst Alternativprogramm bereithalten
- Auszahlung der Mitarbeiter, Abbau
- Rücktransfer zum Flughafen oder Bahnhof

Show kann aber auch ein Schaufenster-Blickfang sein:

Bloomingdale's, das bekannte New Yorker Warenhaus, zeigt in seinen 40 Schaufenstern kaum noch Ware, sondern angedeutete Szenen. Da sieht ein kleiner Junge (eine Schaufensterpuppe) im Schaufenster durch ein Guckloch, und der Betrachter kann sich in seiner Phantasie alles Mögliche ausmalen, was der Junge da sieht. Da fehlt manchmal sogar das Produkt, das angepriesen werden soll. Beispielsweise warb Jourdan für seine Schuhe mit drei bein- und fußlosen Puppen. Dann war da ein Mann in Unterhosen durch die halboffene Badezimmertür zu sehen. Unter dem Weihnachtsbaum umarmte sich ein Pärchen im Schlafanzug.
Diese neue Art der Dekoration erzeugt beim Betrachter Spannung auf das Angebot im Geschäft. Die Ideen werden mittlerweile von vielen Kaufhäusern in amerikanischen Provinzstädten nachgeahmt. Und was das Erstaunlichste ist – laut Auskunft von Bloomingdale's haben die neuen Fenster durchaus kommerziellen Erfolg.[25]

Promotion-Programme im Medien-Verbund

Weder die Anzeige allein noch die separate Verkaufsförderung vor Ort, so meinten die Burda-Manager, verhelfen den Unternehmen zum optimalen Einsatz. Deshalb erfand der Offenburger Verlagskonzern die „Multi-Media-Promotion". Das Kernstück ist ein vierfarbiges Aktions-Journal, das in den verschiedenen Burda-Zeitschriften eingeschaltet und zusätzlich über Lebensmittelgeschäfte und an Haushalte verteilt wurde. Die ersten Aktionen wurden gemeinsam mit einigen Filialbetrieben und überregionalen Markenartikeln geplant und Verkaufsförderungsmittel unter zentralen Themen wie „Frühstück" entwickelt.

Auch die Tageszeitung Kölner Stadtanzeiger hat in ähnlicher Art eine Verkaufsförderungs-Kampagne aufgezogen.[26]

Schon vor mehreren Jahren hatte in den USA die Jugendzeitschrift *Seventeen* begonnen, mit Industrie und Handel monatliche Aktivitäten abzusprechen. Dazu gab der Verlag dem Handel Display-Material, Ideen für Modenschauen und Wettbewerbe, sogar TV-Spots wurden geschaltet.

Industriefirmen, die in *Seventeen* inserieren wollten, stellte der Verlag kostenlos Grafiker und Texter zur Verfügung, um die Anzeigen exakt auf die Gruppe der Teenager auszurichten. Der Erfolg – mehr als 1000 Einzelhandelsgeschäfte und Kaufhäuser arbeiteten Monat für Monat sehr eng mit *Seventeen* zusammen. Von diesen Geschäften hatten 700 einen Modeausschuß, der sehr eng mit dem *Seventeen*-Modehaus kooperiert. Die Ausschüsse in den Geschäften setzten sich aus je einem Vertreter der Schulen zusammen, die im Einzugsbereich des Fachgeschäftes oder Kaufhauses lagen. Ein Mitglied des Ausschusses jedes Geschäftes war zugleich Mitglied von dem zentralen *Seventeen* Modeparlament. Damit hat die Zeitschrift unmittelbaren Kontakt zu tausenden von Teenagern in den USA.

Ein interessantes Promotion-Programm hat auch die Zigarettenmarke Krone.[27]

1970 wurde mit der damaligen neuen Konzeption für Krone ein neues Umfeld geschaffen – sinnvolle Freizeitgestaltung mit Spielen. Kniffel, das erste Spiel, war auf Anhieb ein Erfolg. Mehr als 50 000 Spiele wurden verkauft. Nach Kniffel folgte eine ganze Serie weiterer Spiele – Würfel-Joker, Coup, Baffel, Trans-Cart, Domingo und als bisher letzte Neuerscheinung 6x6.

Im Jahre 1976 wurde die auf der Spiele-Idee beruhende Marketing-Konzeption konsequent fortgesetzt – der Krone-Spiele-Club wurde gegründet. Der Club ist der einzige bundesweite und zugleich der erste Spiele-Club, der sich mit der ganzen Bandbreite des Spiels beschäftigt.

Informiert wird über ein eigenes Club-Magazin, das allen Mitgliedern dreimal jährlich zugestellt wird. Auch hier sind alle zur Mitarbeit aufgerufen – und sie tun es auch. Die Berichterstattung aus den Spiele-Kreisen nimmt inzwischen breiten Raum ein.

Geboten wird den Mitgliedern eine Menge. Da gibt es zunächst zahlreiche Spiele-Wettbewerbe mit attraktiven Preisen. Es gab 1977 die erste deutsche Spiele-Meisterschaft, bei der es um 10 000 DM in bar ging. Und im Club-Magazin werden den Mitgliedern besondere Dinge exclusiv angeboten, eine Spieletasche für Spiele im Freien oder eine limitierte und numerierte Auflage der Kartenspiele Philipp Otto Runges, eines genialen romantischen Malers.

Für telefonische Anfragen steht den Mitgliedern ein Info-Center zur Verfügung. Es berät nicht nur bei der Gründung von Spiele-Kreisen, sondern hilft zum Beispiel auch bei der Organisation von Spiele-Partys. Einmal jährlich wird für einige hundert Mitglieder ein großes Fest ausgerichtet, im Oktober 1977 im mittelalterlichen Rahmen auf der historischen Marksburg bei Koblenz.

Spielen ist eine Freizeitbeschäftigung. Dazu gehört auch Reisen. Also kombinierte man diese beiden Dinge. Die ersten Spiele-Reisen führten im letzten Jahr nach Sizilien und Griechenland.

Selbstverständlich werden all diese Ideen durch eine Vielzahl von Werbe- und Verkaufsförderungs-Maßnahmen unterstützt. Der Erfolg von Krone mit der Freizeit-Idee beweist, daß neue Wege im Zigaretten-Marketing immer noch möglich sind.

Service-Leistungen

Die Hersteller müssen den Händlern, die Händler den Verbrauchern mehr Service bieten, um die Geschäftsbeziehungen zu vertiefen.

Ford hat als erste Automarke in Deutschland die Garantie verlängert. Ikea-Möbelhäuser haben einen ganz besonderen Kindergarten, komplett ausgestattet bis zur Filmprojektion. Der Kaufmann an der Ecke liefert den Bierkasten frei Haus.

Die passende Krawatte können jetzt Gäste aus einer Krawatten-Bar in 30 bekannten deutschen Hotels kostenlos ausleihen. Der neue Service, gemeinsam mit dem Deutschen Krawatten-Institut eingerichtet, soll Männern helfen, die nötige Eleganz zu wahren.[28]

Der Lebensmittel-Filialist Cornelius Stüssgen AG in Köln hat eine ganze Palette von Service-Leistungen:

- Personal namentlich bekannt machen
- großes Namensschild
- Einkaufszettel bereitstellen
- Rezeptdienst Fleisch und Salate
- Verpackung für empfindliche Waren
- Musikberieselung mit Werbeinformationen
- Ware zum PKW bringen
- Spezialisten im Eingangsbereich vorstellen
- freundliche Kassiererinnen
- alle Stammkunden kennen
- Rezeptdienst Exoten
- Tiefkühl-Heimverpackung
- Zusatz-Information an der Ware
- geschenkfertiges Verpacken
- Fachkräfte Diplome
- kundenfreundliche Kassen
- Fleisch-Sonderbestellung
- Warenproben anbieten
- Präsentkörbe erstellen
- Sortimentsinformation im Eingangsbereich
- Verpackungsmaterial
- Beratung
- Übersichtlichkeit
- Frau Cornelia (gibt Ratschläge)
- Frische-Datum
- Bedienungsabteilungen
- Wein-Berater
- Scheckannahme
- Freundlichkeit
- Sauberkeit
- Qualität
- Frische
- Sortiment
- Wein-Buch
- Einkaufswagen bereitstellen

Viele dieser Leistungen sind heute schon selbstverständlich – aber kann es schaden, wenn sie immer wieder betont werden?

Verbraucher-Beirat

Es muß eine Aufgabe der Verkaufsförderung sein, die Konsumenten noch stärker und vor allem besser zu informieren. Vom Handel könnte beispielsweise ein „Tag der offenen Tür“ veranstaltet werden, an dem man genau zeigt, wie ein Geschäft einkauft und mit welch niedrigen Spannen es verkauft. Es gibt bei den Verbrauchern oft astronomische Vorstellungen über Gewinne.
Auch die Maßnahmen der Verkaufsförderung sollten offen dargelegt und diskutiert werden. In den USA hat das Handelsunternehmen Giant Food eine „Consumer Bill of Rights“ aufgestellt, welche die verschiedenen Rechte der Verbraucher – zum Beispiel nach Sicherheit, nach Information, nach Auswahl, nach Rückgaberecht usw. – formuliert. Als Vertreterin wurde Frau Esther Peterson verpflichtet, um Kontakt zum Verbraucher aufrechtzuerhalten. Sie beobachtete die Supermärkte, die Anzeigen, die Fernseh-Spots von Giant Food.
Durch Mrs. Peterson gingen nicht nur die Absichten des Unternehmens an die Verbraucher, sondern auch die Konsumenten hatten einen Sprecher, der regelmäßig im Management gehört wird. Über Mrs. Peterson kamen Klagen, Mißstände und vor allem Wünsche als Themen bei Top-Management-Besprechungen auf den Tisch.
Folgende konkrete Auswirkungen hat dieses Engagement von Giant Food gebracht:

- 9000 Artikel wurden mit der Preisauszeichnung für Grundeinheiten versehen, was eine Zahl von etwa 300 vorher gehandhabter Falschauszeichnungen ans Licht brachte.
- Das Frischhaltedatum wurde generell eingeführt – was einerseits den Lagerumschlag verschiedener Artikel beschleunigte und andererseits Langsamdreher erkennen ließ.
- Um dem Gedanken der Umweltverschmutzung Rechnung zu tragen, zeichnet Giant Food seit neuestem alle Waschmittel mit ihrem Phosphat-Gehalt aus.
- Nach neutralen Tests erhielten einige Tissue- und Papierprodukte ein auffälliges Etikett, das den Kunden informiert, daß sich das Produkt nach Gebrauch zu 100% vernichten läßt.
- Als die Fleischpreise enorm in die Höhe schnellten, stellte sich Giant Food quasi hinter seine Kunden. Die Verkaufsförderung und Werbung für Gemüsekonserven, Fisch und andere fleischlose Kost enthielt den Slogan „Buy something else“.[29]

Es gibt auch praktizierte Beispiele in Deutschland. Seit 1969 hat die Esso AG weit über 100 Seminar-Veranstaltungen, z. B. über die Gewinnung von Erdöl, für Lehrer aller Schulgattungen durchgeführt. Zu diesen Seminaren haben sogar die Kultusministerien und Schulaufsichtsbehörden ihre Empfehlung gegeben.
Hersteller- und Handels-Unternehmen brauchen informierte und aufgeklärte Verbraucher. Wer intensiv mit seinen Kunden zusammenarbeitet, kann sicherer in die Zukunft blicken.

Verkaufsförderung auf den Aktionsebenen Verkaufsorganisation, Absatzmittler und Verbraucher/Verwender bietet eine Vielzahl von Möglichkeiten. Bereits diese wenigen Schlaglichter beweisen, daß Maßnahmen der Verkaufsförderung vielfältige Aufgaben im Kurzfrist- und im Langfrist-Bereich des Marketing erfüllen können.

Anmerkungen

[1] O. V.: Checkliste für die Wahl eines Verkaufstrainers. In: Verkauf und Marketing, Nr. 2 – Februar 1978, S. 30.
[2] O. V.: Vertriebsreform – mit Streicheleinheiten stramm verkaufen. In: absatzwirtschaft 10/1977, S. 19. Der Report systematisiert, wie der Verkauf heute im Spannungsfeld zwischen Handelsstruktur und Vertriebszielen optimiert, wie rationalisiert, geführt und prämiert wird.
[3] O. V.: Kreativer verkaufen! In: absatzwirtschaft 1/1978, S. 35. Kreative und individuelle Lösungen sind den Kunden in Industrie, Handel und Dienstleistung immer wichtiger. Das Arbeitspapier „Vorbereitung einer Kunden-Akquisition" stammt von dem Verkaufstrainer Horst Rückle.
[4] Z. B.: Müller, N.: Außendienst-Informationen – 14tägig erscheinender Trainingskurs für systematisches Verkaufen.
[5] Petersen, H. B.: Kunde als Drehpunkt. In: Manager-Magazin, Ausgabe 2/1978, S. 56. Unternehmen mit eigener Außendienst-Organisation können erhebliche Reserven mobilisieren, wenn sie die übliche Verkaufsroutine durch systematische Vertriebssteuerung überwinden.
[6] Vgl. O. V.: Franchise-Melodie, Proben fürs Vertriebskonzept. In: absatzwirtschaft 12/1977, S. 28. Franchising ist auch als strategisches Mittel zur Ausweitung und Stabilisierung oder Verbesserung des Absatzweges zu sehen.
[7] O. V.: Gestaltungshinweise für Anzeigen in der Lebensmittel-Fachpresse – Ergebnisse eines Copy-Tests. Hrsg.: albrechtverlag, Gräfelfing, 1976, S. 26-30. Die Rundschau für Einzelhändler läßt regelmäßig komplette Ausgaben oder einzelne Themen durch verschiedene Institute prüfen. Im Rahmen einer solchen redaktionellen Untersuchung wurde von der GfK, Nürnberg, im September 1975 auch ein Copy-Test für Anzeigen durchgeführt. Es wurden insgesamt 7 Anzeigen getestet. Die generellen Hinweise zur Gestaltung der Fachzeitschriften-Anzeigen lassen sich aus diesen Ergebnissen ableiten.

[8] O. V.: Das Informationsverhalten des Lebensmittelhandels – eine Untersuchung der Lebensmittel-Zeitung. Repräsentativ-Befragung: Wolfgang Schaefer Marktforschung, Hamburg. Dezember 1976, S. 8 und 10. Die Entscheider im Lebensmittelhandel benötigen Informationen, an denen sie ihre Entscheidungen ausrichten können. Die psychologische Leitstudie hat die wichtigsten dieser Informationsbedürfnisse herausgearbeitet. Die 15 Hauptkriterien wurden in der repräsentativen Studie auf ihre quantitative Bedeutung hin untersucht. In der weiteren Untersuchung schließen sich an „Die Bedeutung verschiedener Informationsquellen für die einzelnen Informationsbereiche der Entscheider" und „Die Beurteilung des Informationsangebotes einzelner Fachzeitschriften".

[9] Hunsinger, H.: Die anonyme Macht – Einkaufsgremien im Lebensmittelhandel. In: Lebensmittel-Zeitung, Frankfurt, Juni 1975, S. 7. Die Untersuchung, durchgeführt von Schaefer Marktforschung, Hamburg, enthält die Teile 1: Die Zusammensetzung und Funktion der Gremien, 2: Die Entscheiderpersonen und Entscheidungsabläufe, 3: Die Penetration von Hersteller-Informationen und ihre Bedeutung für die Entscheidungsbildung, dargestellt am Beispiel von 6 Produkt-Einführungen.

[10] Ebenda, S. 13.

[11] Vgl. O. V.: Werbeplanung 1978 – mehr Werbe-Erfolg im nächsten Jahr. In: Lebensmittel-Zeitung Nr. 48/1977, S. XIV. Bereits die oberflächliche Betrachtung der Maßnahmen des Lebensmitteleinzelhandels in 1977 zeigt, daß nicht nur ausschließlich die Preiswerbung im Mittelpunkt der Überlegungen steht. Zunehmend gilt das Motto: Das eine tun, ohne das andere zu lassen. Konkret heißt das: Die Preiswerbung soll nicht vernachlässigt werden, aber das gezielte Herausstellen einzelner Sortimentsteile oder -abteilungen gewinnt an Boden. Im Artikel werden praktische Anregungen genannt: Denkanstöße für Aktionen, Hinweise auf Kalenderdaten und saisonale Konsumanlässe, die sich vor die Aktionen spannen lassen.

[12] Vgl. O. V.: Schaufenster eröffnen das Verkaufsgespräch. In: Verkauf und Marketing, 5/1977, S. 49.

[13] O. V.: Verkaufsförderung – das starke Stück im Gold-Pfeil-Köcher. In: absatzwirtschaft 11/1977, S. 38-43. Produkte mit wenig ausgeprägter Persönlichkeit brachten der Gold-Pfeil Ludwig Krumm AG trotz hohen Bekanntheitsgrads der Marke keine Erfolge mehr. Intensive Verkaufsförderung soll die Identität neuer Produkte sichern. Unter weitgehendem Verzicht auf Medienwerbung geht das nur in Zusammenarbeit mit Händlern, die bereit sind, am Gold-Pfeil-Profil mitzufeilen. Dafür verspricht der Lederwarenfabrikant den Händlern langfristige Sicherung des Marktes.

[14] O. V.: Werbeplanung 1978 – mehr Werbe-Erfolg im nächsten Jahr. In: Lebensmittel-Zeitung Nr. 48/1977, S. XVI. Zu weiteren bewährten und erfolgreichen Aktionskampagnen gehören die Ausländerwochen mit ihrem typischen Spezialitätenangebot. Gerade im Zeitalter der Jets und des Massentourismus wird die Verbraucher-Zunge aufgeschlossener. Sehr vieles wird heute im Trend der starken Auslandsreisen kulinarisch akzeptiert, was bis vor Jahren noch undenkbar war.

[15] Vgl. O. V.: DMZ-Jahresplanung 1978 der Drogerien-Marketing-Zentrale GmbH, Hockenheim, S. 4 und 7.

[16] Klußmann, H.-J.: Thesen aus seinem Referat anläßlich der Verleihung des Goldenen Zuckerhuts, Berlin 1977.

[17] Vgl. O. V.: Wirkung von Werbung – Beispiel Edeka. In: Lebensmittel-Zeitung Nr. 3/1978, S. 32.

[18] O. V.: Ladenverpackungen – das aktuelle Thema. In: selbstbedienung – dynamik im handel 11/1976, S. 13. Die Warenmanipulation im Einzelhandel kann wesentlich rationalisiert wer-

den, wenn beim Nachfüllen der Gondeln und Regale statt einzelner Packungen sogenannte Ladenverpackungen als ganze Einheit verwendet werden. Basierend auf entsprechenden Untersuchungen – die Zeit- und Kostenvorteile deutlich machen – hat der ISB-Arbeitskreis „Umverpackungen/Ladenverpackungen" einen Anforderungskatalog erarbeitet, in dem die Wünsche des Handels an die Gestaltung derartiger Ladenverpackungen zusammengestellt wurden.

[19] O. V.: Der Supermarkt in 100 Jahren. In: Edeka handels-rundschau 17/1977, S. 39. Es handelt sich hier um eine Übersetzung aus der amerikanischen Fachzeitschrift „Progressive Grocer". Der amerikanische Zukunftsautor Isaac Asimov, der allerdings kein Lebensmittelfachmann ist, hat zu verschiedenen Teilbereichen des Supermarktes Stellung genommen.

[20] Richtpreise für Zustellung von Warenproben und Prospekten der Werbung und Vertrieb GmbH & Co KG, Hamburg.

[21] O. V.: Werben: wann – wie – wo? In: Edeka handels-rundschau 1/1977, S. 14. Die Edeka Verbraucher-Zeitung „Die kluge Hausfrau" erscheint wöchentlich und wird mit den Schwerpunktthemen auf die laufenden Edeka Verkaufsförderungs-Aktionen abgestimmt.

[22] O. V.: Gewinnspiele im Handel. In: Lebensmittel-Zeitung Nr. 1/1978, S. XI. Auch der Handel bietet gelegentlich Gewinnspiele an. Denn ebenso wie ein Markenhersteller Interesse daran hat, Verbraucherbindung zu erzielen, ist es gleichzeitig ein Handelsziel, neue Kunden zu gewinnen oder Dauerkunden zu halten.

[23] O. V.: Preiswerte Show im Supermarkt – das freut Ihre Kunden. In: Lebensmittel-Zeitung Nr. 5/1978, S. XXXVIII. Im Laufe eines Verkaufsjahres gibt es eine Reihe von Gelegenheiten, bei denen Handelsunternehmen ihren Kunden etwas Besonderes bieten müssen. Das können Neueröffnungen, Erweiterungen, Jubiläen oder Anlässe sein, die sich aus dem Kalender oder einem typischen Freizeitverhalten der Verbraucher ergeben. Jede Kundenbindung nutzt sich im Laufe der Zeit ab. Deshalb müssen gezielte Maßnahmen von Zeit zu Zeit die Verbindung auffrischen und dem Verbraucher das Gefühl vermitteln, daß er gerade bei dieser Verkaufsstätte gut aufgehoben ist.

[24] O. V.: Werbung gegen Gage: Lassen Stars die Kasse klingeln? In: absatzwirtschaft 9/1977, S. 26.

[25] Vgl. Ungeheuer, B.: Verkaufen mit dem Schock im Schaufenster. In: ZEIT-Magazin vom 2. 12. 1977, S. 16-22. Das Beispiel von Bloomingdale's macht in amerikanischen Schaufenstern zunehmend Schule: Nicht mehr nur Ware anzupreisen, sondern den Käufer mit Happening-Kunst zu amüsieren oder auch zu provozieren.

[26] Vgl. O. V.: Unter einem Hut verkauft's sich gut – Verbundaktionen: Partner-Look in den Supermarkt-Regalen. In: Der Kontakter, 24. 6. 1974, S. 1-4.

[27] Vgl. O. V.: Erfolg mit einer Freizeitidee: Spiele-Club bessert Image auf. In: dfz Wirtschafts-Magazin 2/1978, S. 28. Der deutsche Zigarettenmarkt ist einer der härtesten Konsumgütermärkte überhaupt. In ihm zu bestehen erfordert vom Produkt eine stetige Anpassung an die sich wandelnden Konsumgüterwünsche. Und vom Marketing her die ständige Suche nach neuen Ideen, um das Markenimage gegenüber den Mitbewerbern zu profilieren und die angestrebten Zielgruppen mit adäquaten Mitteln zu erreichen.

[28] Vgl. O. V.: Promotion-Telex. In: Sales Promoter, 17. 2. 1978, S. 7.

[29] Cristofolini, P.: Verkaufsförderung? Was kann man dem Lebensmittelhandel überhaupt noch bieten? In: werben & verkaufen Nr. 40/1973, S. VI.

4. Planung der Verkaufsförderung

4.1 Standort und Ablauf der Verkaufsförderungs-Planung in der Marketing-Planung

Planung wird allgemein als eine der vier essentiellen Aufgaben des Managements eines Unternehmens bezeichnet[1], denn der Management-Prozeß kann als ein System interdependenter Aktivitäten betrachtet werden, wie in Abb. 22 dargestellt. Danach ist Management

- das Planen von Maßnahmen, die geeignet sind, bestimmte Ziele zu erreichen,
- die angemessene Organisation der Mitarbeiter,
- ihre Anleitung und Führung in der Realisierung der Pläne und
- die Kontrolle und Überprüfung der Unternehmens-Bemühungen zur Sicherstellung ihres zielgerechten Ablaufs.

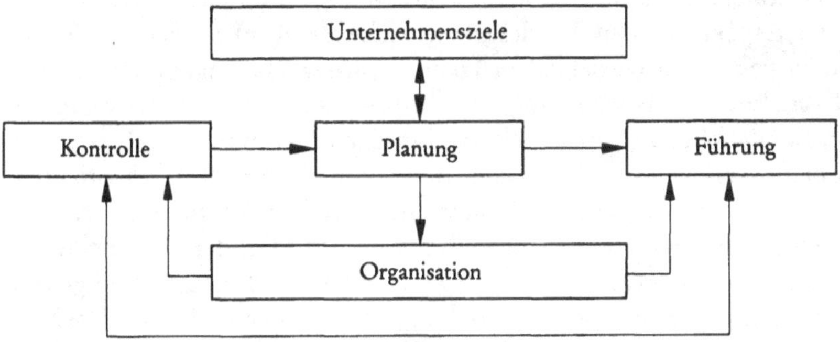

Abb. 22. Die Interdependenzen der Management-Aufgaben

Aufgabe der Marketing-Planung in diesem System ist es, die zur Erreichung der Unternehmens-Ziele erforderlichen und geeignet erscheinenden absatzpolitischen Maßnahmen sowie die zur Verfügung stehenden Marketing-Instrumente so zu erarbeiten und zu koordinieren, daß diese Ziele mit geringstem Aufwand und einem Minimum an Risiko angestrebt werden. Diese Planung, inhaltlich umrissen als die Ableitung von konkreten Zielsetzungen und Tätigkeiten zukünftiger Perioden, ist entscheidungsorientiert und enthält materielle sowie formale Elemente (Abb. 23).

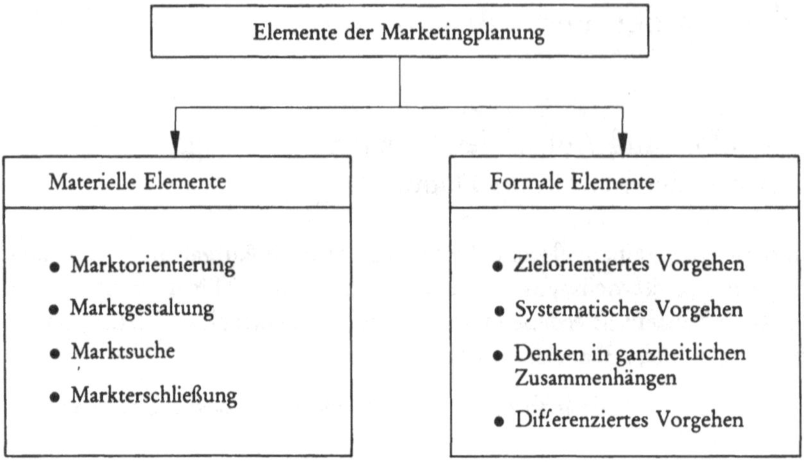

Abb. 23. Elemente der Marketing-Planung

Ein solcher Optimierungsprozeß erfordert, daß der Marketing-Plan die einzelnen Stufen aufzeigt, mit deren Hilfe die gesteckten Ziele erreicht werden sollen. Damit ist die Marketing-Planung zu verstehen als absatzpolitische Aspekte in den Vordergrund rückende Konkretisierung der bekannten generellen betrieblichen Planungsphasen (Informationssammlung und -analyse, Zielbestimmung, Erarbeitung und Prüfung verschiedener Aktionsmöglichkeiten, Entscheidung für einen bestimmten Teil- oder Gesamtplan, Realisierung, Kontrolle). In einer marktwirtschaftlich orientierten Wettbewerbswirtschaft mit ihrer strukturellen Tendenz zu Käufermärkten ist die Marketing-Planung der dominante Teil der Unternehmensplanung, nach welchem sich die anderen Bereichsplanungen weitgehend richten müssen. Eine solche Ausrichtung darf jedoch nicht als einseitiger Vorgang von Setzung des Marketing-Planes und Anpassung der anderen Funktionspläne verstanden werden, sondern als gegenseitiger Abstimmungsprozeß. Die Marketing-Planung muß daher so angelegt sein, daß in ihrem Verlauf Begrenzungen erkannt und berücksichtigt werden, die aus anderen Unternehmens-Bereichen resultieren; deren Struktur und Flexibilität geben damit wesentliche Rahmenbedingungen vor. Ziel der Marketing-Planung ist die Marketing-Konzeption oder der Marketing-Plan, welche hier als Begriffe identischen Inhaltes verstanden werden, denn in beiden Fällen handelt es sich um das Ergebnis des Prozesses der Marketing-Planung. Sie bestehen aus fest umrissenen, möglichst quantitativ formulierten Unternehmenszielen im Marketing-Bereich und aus Maßnahmen-Entschei-

dungen, mit denen die gesteckten Ziele voraussichtlich am zweckmäßigsten erreichbar sind; zwischen der Ziel- und Maßnahmen-Planung kann dabei nur gedanklich getrennt werden.
Zur Erarbeitung einer optimalen Strategie-Kombination bzw. zur Bewältigung eines solchen Optimierungsprozesses werden in der Praxis vereinfachend zunächst drei Suboptima gebildet: Das der Angebots-, der Distributions- und der Kommunikations-Politik. Die Strategien dieser drei Teilbereiche werden schließlich zu einem Gesamtoptimum, der Marketing-Konzeption, zusammengefaßt.[2]
Grundsätzlich sind produkt-, preis- und distributionspolitische Maßnahmen bereits weitgehend fixiert, ehe die kommunikationspolitischen Instrumente – und damit im besonderen die Verkaufsförderung – erarbeitet werden. Da jedoch vor allem in späteren Produkt- und Sortiments-Lebensphasen oftmals Verkaufsförderung im Zentrum der Marketing-Maßnahmen steht, um die Degeneration des Angebotes zu verzögern, wird diese Planungslogik in vielen Fällen durchbrochen. Gleiches gilt bei der Neueinführung sog. me-too-Produkte (oder -Angebote), die nur *kommunikativ* ausreichend dem Wettbewerb gegenüber profilierbar sind. Auch die anderen Marketing-Instrumente tragen jedoch zu einem Präferenzaufbau bei, vor allem, indem sie die Grundlagen dafür vorbereiten, daß überhaupt Präferenzen entstehen: Das Angebot selbst durch seine differenzierte Beschaffenheit und Substanz (Ausstattung, Kennzeichnung, Nutzenbreite, Preis, Service usw.) und die Distribution, welche für eine spezifische Verfügbarkeit im Markt sorgt.
Damit ist der Standort der Verkaufsförderung als gleichrangiges Instrument im Marketing neben Produkt, Preis und Vertrieb klargestellt. Unabhängig davon, ob eine Angebots-, Preis-, Distributions- oder Verkaufsförderungs-Strategie im Zentrum der Marketing-Planung steht (eine Frage, die aus der individuellen Marketing-Zielsetzung resultiert), Entscheidungen über Art und Umfang des Einsatzes der Verkaufsförderung müssen im Gesamtzusammenhang der absatzpolitischen Planung herbeigeführt werden. Komplementäre und substitutive Wirkungen, Zusammenhänge zwischen qualitativen und quantitativen Planungsaspekten und somit die enge Verflochtenheit und Interdependenz machen ihre gegenseitige planerische Abstimmung notwendig.
Voraussetzung für die Lösung des Verkaufsförderungs-Entscheidungsprozesses ist seine klare Strukturierung. Daher sollte die Ablauf-Planung der Verkaufsförderung in eine größere Zahl von Phasen oder Schritten zerlegt werden[3]: Es erscheint zweckmäßig, als erste Stufe eine auf der Basis einer

gründlichen *Informationsanalyse* erstellte exakte Markt- und Absatzvorausschätzung zu erarbeiten, die als Prognose der Entwicklungsmöglichkeiten zu verstehen ist. Da die Maßnahmen-Planung eine klare Definition und Kenntnis der Ziele voraussetzt, müssen im nächsten Schritt realistische *Verkaufsförderungs-Zielsetzungen* entwickelt werden, die auch Auskunft über die generellen Marketing-Ziele und die anderen instrumentellen Bereichs-Ziele enthalten.

Das *Aufstellen von Alternativen* und die *Auswahl geeigneter Maßnahmen* können als die eigentliche Verkaufsförderungs-Planung bezeichnet werden. In beiden Stufen werden die Mittel und Instrumente zur Erreichung der vorher entwickelten Zielwerte festgelegt.

Die *Ergebnisplanung* bildet das Resultat des obigen Optimierungsprozesses. Die *Realisierungsplanung* befaßt sich mit der konkreten Durchführung der Maßnahmen im Detail (z. B. nach Kosten, Zeit, verantwortlicher Stelle und Arbeitsschritten). Der endgültigen Verabschiedung der Verkaufsförderungs-Konzeption schließt sich die *Realisierungsphase* an, in die zu festgesetzten Terminen Zwischenkontrollen des Verkaufsförderungs-Erfolges eingelagert sind. In dieser *Planungskontrolle* findet neben einem Soll-Ist-Vergleich auch die Überprüfung der Plandaten selbst statt.

Schließlich mündet die Plankontrolle in eine systematische *Planrevision,* welche eine Neuorientierung der Verkaufsförderungs-Planung vorbereitet (vgl. Abb. 24).

In den folgenden Abschnitten sollen diese Einzel-Phasen der Verkaufsförderungs-Planung ausführlich dargestellt werden. Dazu erscheint es zweckmäßig, vorab die *generellen Anforderungen* an einen systematischen Verkaufsförderungs-Plan aufzuzeigen. Diese müssen berücksichtigt werden, will man die Komplexität des Prozesses der Verkaufsförderungs-Planung würdigen.

- *Angemessenheit*

  Der Verkaufsförderungs-Plan muß den Zielen, Strategien und damit der spezifischen Ausgangslage des planenden Unternehmens im Markt *angemessen* sein. Dies ist dann der Fall, wenn es gelingt, die vom Management gesetzten Ziele zu erreichen. Eine Untererfüllung der Zielsetzungen zeigt ein offensichtliches Versagen der Planung; eine Übererfüllung ist ebenfalls ein Problem – wenn auch weniger augenfällig: Ein Verkaufsförderungs-Plan, der z. B. eine über die Produktionskapazität hinausgehende Nachfrage initiiert, erfüllt nicht die Anforderung der Angemessenheit. Verkaufsorgane, Handel und Verbraucher/Verwender sind unzufrieden,

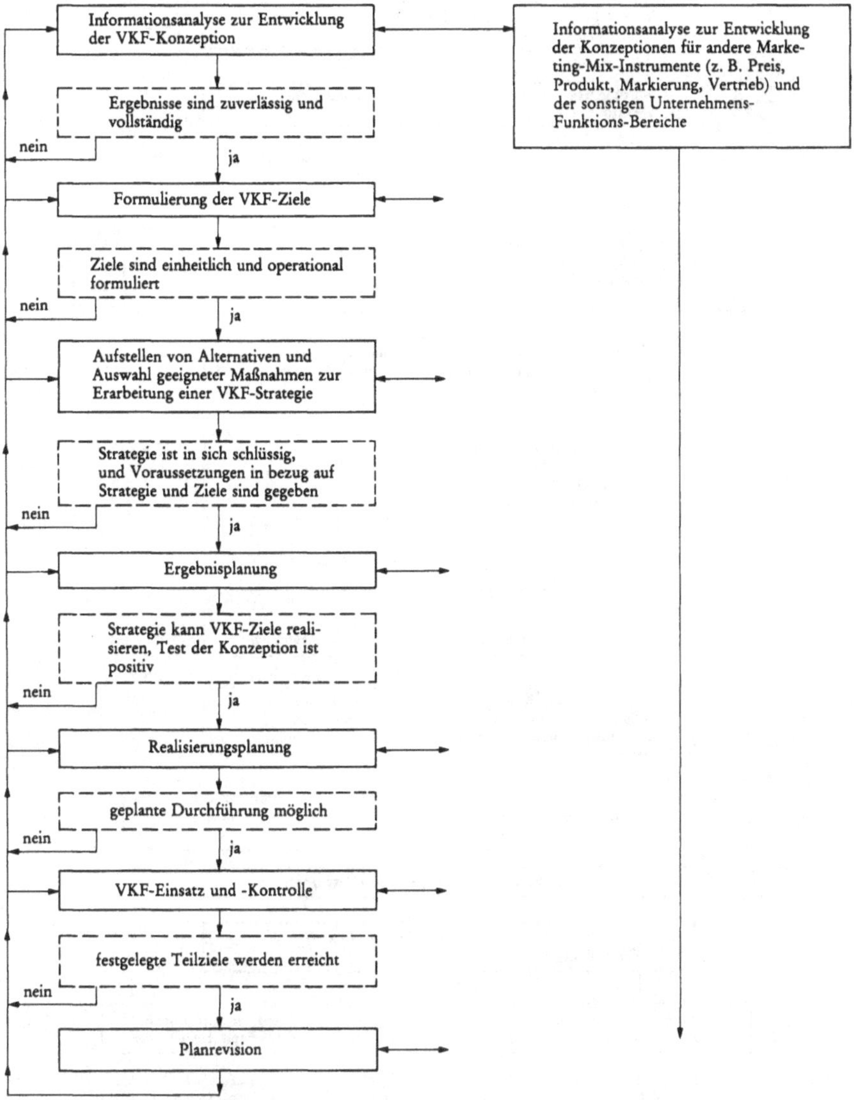

Abb. 24. Schematische Darstellung des Ablaufs der Verkaufsförderungs-Planung

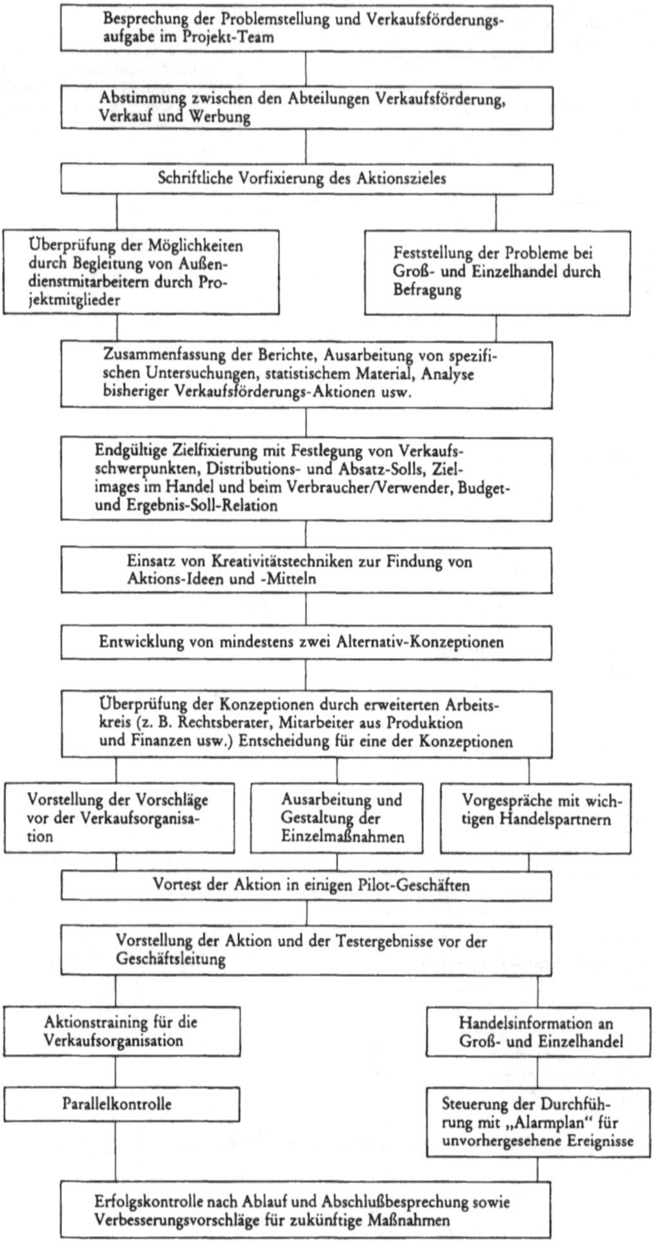

Abb. 25. Arbeitsablauf einer Verkaufsförderungs-Aktion für Markenartikel

weichen möglicherweise auf Substitutionsprodukte aus, das Image des Artikels und des Unternehmens wird geschädigt[4]. Eine zweite Dimension der Angemessenheit bezieht sich auf Art, Struktur und Größe des planenden Unternehmens sowie seine Branchenzugehörigkeit. Eine Verkaufsförderungs-Aktion kann z. B. für einen Nahrungsmittel- und Genußmittelhersteller angemessen sein, nicht jedoch für ein exklusives Handels- oder Dienstleistungsunternehmen oder den Produzenten von Investitionsgütern. Auch ein im Markt dominierendes Unternehmen benötigt andere Verkaufsförderungs-Maßnahmen und -Inhalte als kleinere Wettbewerber[5].

- *Vollständigkeit*
  Ein vollständiger Verkaufsförderungs-Plan ist eine umfassende und detaillierte – alle Aspekte der Kampagne berücksichtigende Beschreibung der geplanten Aktion. Sämtliche Einzelmaßnahmen sind vorfixiert, mögliche Probleme in ihren Auswirkungen antizipiert, die Koordination mit anderen Unternehmensbereichen sowie beteiligten externen Partnern gewährleistet. Der folgende Arbeitsablauf für eine Markenartikel-Aktion (Abb. 25) veranschaulicht diese Forderung, indem er wichtige Projekt-Schritte explizit nennt, die erst in ihrer Gesamtheit die Vollständigkeit sicherstellen[6].
- *Durchführbarkeit*
  Eng verbunden mit der Forderung nach Angemessenheit und Vollständigkeit ist die Frage der Durchführbarkeit eines Verkaufsförderungs-Planes. Die wichtigsten unter diesem Aspekt zu berücksichtigenden Faktoren sind:
  - Sicherstellung von finanziellen und personellen Ressourcen für die geplante Aktion
  - Überprüfung der rechtlichen Zulässigkeit
  - Zeitliche Synchronisation und Koordination der verschiedenen Tätigkeiten der beteiligten Abteilungen, Mitarbeiter und unternehmensexternen Organe
  - Gewährleistung der Unterstützung der Aktion durch Verkaufsorgane *und* andere Stufen der Absatzpipeline (z. B. Handel).

4.2 Informationssammlung und -analyse

4.2.1 Informations-Verhalten in Unternehmen als Voraussetzung für eine fundierte Verkaufsförderungs-Planung

Da auch Verkaufsförderungs-Entscheidungen im Unternehmen dadurch gekennzeichnet sind, daß sie unter unvollkommenen Informationen getroffen werden müssen, stellen sie den bzw. die Entscheidungsträger vor das Problem, aus einer Vielzahl unterschiedlich strukturierter Alternativen diejenige auszuwählen, die den größten Erfolg in bezug auf die Marketingziele verspricht.

Es ist daher offensichtlich, daß Verkaufsförderungs-Pläne nur so gut sein können wie die Informationen und Daten, auf denen sie basieren. Für einen wirkungsvollen Entscheidungsprozeß und darüber hinaus auch für eine wirkungsvolle Kontrolle der Verkaufsförderung, die über einen eher formalen Soll-Ist-Vergleich hinausgehen und auch eine Ursachenanalyse umfassen sollte, sind daher Marketing- und Marktforschung unentbehrlich. Dabei wird unter *Marketing-Forschung* die systematische Suche, Sammlung, Aufbereitung und Interpretation von Informationen verstanden, die sich auf die Absatzinstrumente des Unternehmens beziehen. *Marktforschung* dagegen ist die betriebliche Erforschung der Märkte eines Unternehmens. Lazo und Corbin kann aus diesem Grunde nur zugestimmt werden, wenn sie diese beiden Instrumente zur „faktischen Basis für eine wirkungsvolle Marketingführung" erheben[7].

Das Informationswesen hat daher im Marketing und speziell in der Verkaufsförderung eine Schlüsselstellung inne, deren Bedeutung nicht hoch genug eingeschätzt werden kann: *Marketing- und Verkaufsförderungs-Planung im oben gekennzeichneten Sinne und mit den genannten materiellen und formalen Elementen sind ohne einen systematischen und rationalen Informationssammlungs-, -aufbereitungs- und -verarbeitungsprozeß nicht denkbar.* Es wäre sogar gerechtfertigt zu sagen, daß man am *Informations-Verhalten* erkennen kann, ob überhaupt in einem Unternehmen Marketing praktiziert wird, oder ob es sich vielmehr lediglich um ein anderes Wort für die traditionelle Verkaufstätigkeit handelt.

Marketing- und Marktforschung besitzen als die umfassenden Informationsinstrumente der Marketingleitung entscheidende Bedeutung sowohl für das sog. „Tagesgeschäft" als auch für alle strukturellen Planungs-, Entscheidungs-, Kontroll- und Steuerungsprozesse des Marketing-Bereichs

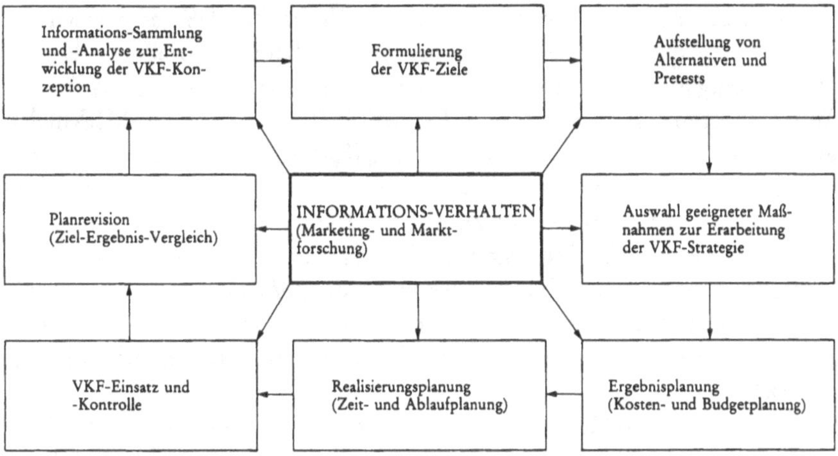

Abb. 26. Der Zusammenhang zwischen Informations-Verhalten und den Phasen der Verkaufsförderungs-Planung

und anderer Unternehmens-Bereiche (z. B. für Investitionsentscheidungen in der Produktion).

Abb. 26 veranschaulicht den Zusammenhang, der zwischen dem Informations-Verhalten im Unternehmen und den einzelnen Phasen der Verkaufsförderungsplanung besteht. Naturgemäß ist das Zusammenspiel zwischen Markt- und Marketingforschung und der vorbereitenden Phase der Informationssammlung und -analyse besonders eng; die notwendige Berücksichtigung der genannten generellen Anforderungen (Angemessenheit, Vollständigkeit, Durchführbarkeit) zwingt jedoch auch in den folgenden Verkaufsförderungs-Planungsphasen zur Heranziehung von konkreten Entscheidungshilfen. So gewinnt z. B. bei der Aufstellung von Alternativen und der Auswahl geeigneter Verkaufsförderungs-Maßnahmen das Informations-Verhalten über die Erarbeitung und Anwendung von Wirkungsprognosen besondere Bedeutung. In der Plankontrolle müssen laufend Daten der Marketing- und Marktforschung herangezogen werden; neben der Erfassung konkreter Kennziffern, wie z. B. Ertrag pro Kunde, Umsatz pro Verkäufer, Umschlagsgeschwindigkeit, Aufmerksamkeitswirkung, Couponrücklaufrate und ähnlichem, sind auch langfristig wirksame Veränderungen in den Ausgangsdaten und Imageveränderungen zu berücksichtigen. Wichtigste Grundlage der Phase der Planrevision ist eine fundierte Ursachenforschung, wiederum nur möglich auf der Basis eines entscheidungsprozeß-adäquaten Informations-Verhaltens.

Die zentrale Bedeutung des Informations-Verhaltens läßt es geraten erscheinen, auf diesen bisher hier nur recht pauschal umschriebenen Begriff näher einzugehen und seine einzelnen Elemente darzulegen (vgl. Abb. 27). Zunächst kann formal zwischen Informations- und Verhaltens-Merkmalen unterschieden werden, wobei erstere das „Was" und letztere das „Wie" des Informations-Verhaltens und -Verarbeitens kennzeichnen. Zu den Informations-Merkmalen zählen die *Informations-Art* (welche Arten von Daten werden benötigt, z. B. Statistiken und Umfragen), die *Informations-Breite* (wie viele Informationen werden erhoben), die *Informations-Tiefe* (welche Detailliertheit wird benötigt) und die *Informations-Hierarchie* (welche Bedeutung besitzen einzelne Daten für den fundierten Entscheidungsprozeß).
Bei den Verhaltens-Merkmalen muß unterschieden werden zwischen *Erhebung* (welche Informations- und Meßverfahren werden eingesetzt), *Speicherung* (wie können die Daten konserviert werden für einen entscheidungsproblembezogenen Zugriff) und *Auswertung* und *Nutzung* (welche Interpretations-Verfahren sind geeignet).
Informations- und Verhaltensmerkmale sind dabei selbstverständlich interdependent und dürfen nicht isoliert voneinander gesehen werden. So hat

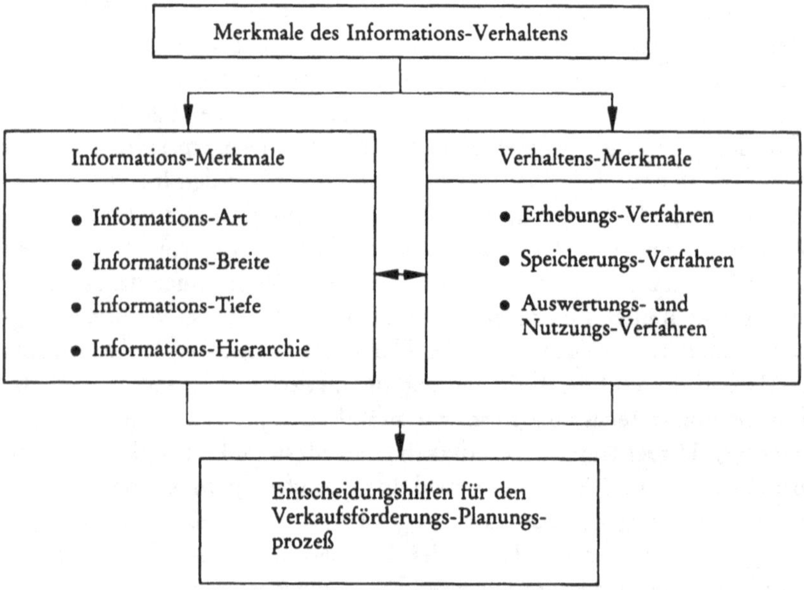

Abb. 27. Elemente des Informations-Verhaltens

beispielsweise die benötigte Informations-Art bestimmenden Einfluß auf die anzuwendenden Erhebungs-Verfahren, und die Informations-Hierarchie bewirkt bestimmte Auswertungs- und Nutzungs-Methoden.
Als planungsprozeßbezogenes Ergebnis und Ausfluß der Merkmale des Informations-Verhaltens kann schließlich festgehalten werden, wie die Informationen im Verkaufsförderungs-Entscheidungsprozeß als konkrete Entscheidungs-Hilfen einzusetzen sind[8].

4.2.2 Sammlung, Aufbereitung und Verarbeitung von Informationen

Nachdem dargelegt wurde, daß eine planvolle, gezielte und wirkungsvolle Verkaufsförderung nur möglich ist, wenn durch adäquates Informations-Verhalten die Innen- und Außenbereiche des Unternehmens umfassend untersucht worden sind, soll nun dieser Informationssammlungs-, -aufbereitungs- und -verarbeitungsprozeß behandelt werden.
Grundsätzlich ist es nicht Aufgabe der Verkaufsförderung, selbst Markt- und Marketing-Forschung zu betreiben; Anlage, Durchführung und Analyse derartiger Untersuchungen obliegen der Marktforschungsabteilung. Die Verkaufsförderungs-Abteilung sollte sich jedoch bei der Vorbereitung von sekundärstatistischen Auswertungen und primärstatistischen Erhebungen insoweit einschalten, daß die Verkaufsförderung speziell interessierende Fragestellungen ausreichende Berücksichtigung finden. Bei unserer Analyse der Verkaufsförderungs-Praxis hat sich jedoch gezeigt, daß nur äußerst sporadisch vorbereitende Marktstudien durchgeführt werden. Mehrjährig fortlaufende Untersuchungen und Verzahnungen von Analysen mit anderen Marketing-Instrumenten konnten nur sehr selten beobachtet werden. Beide Ansätze erscheinen aber notwendig, um die Verkaufsförderungs-Planung auf eine informatorisch ausreichend abgesicherte Basis zu stellen und Konflikte mit sonstigen Marketing-Instrumenten zu vermeiden. Dabei ist es in der Praxis von Vorteil, wenn einzelne Mitglieder der Verkaufsförderungs-Abteilung und – bei Einschaltung externer Berater und/oder Werbe- bzw. Verkaufsförderungs-Agenturen – auch Mitarbeiter dieser Unternehmen zur Vorbereitung der Verkaufsförderungs-Planung selbst aktiv Marktforschungsaufgaben übernehmen. Um sowohl in sachlicher als auch in organisatorischer und personeller Hinsicht eine Überlastung zu vermeiden, kann es sich bei solchen Aktivitäten nicht um repräsentative Untersuchungen handeln. Vielmehr geht es darum – wie in der sog. qualitativen

Marktforschung generell –, einen subjektiven Eindruck von Situation und Problemen im Verkauf, Handel und Markt zu gewinnen, sowie Hypothesen für die Verkaufsförderung-Planung zu erarbeiten.
Dazu sollten, wie bereits in Abb. 25 (S. 136) dargelegt, einige Außendienstmitarbeiter begleitet und Gespräche mit in den Vertrieb eingeschalteten Absatzmittlern geführt werden. Dabei sind neben generellen Marktdaten

---

Prüfkriterien

Verkäufer
- Produktkenntnis (Unternehmen und Konkurrenz)
- Verkaufsmethode (Vorbereitung, Präsentation, Vorgehen, Auftragsabschluß, Merchandising, Entkräften von Einwänden, Kundenbetreuung)
- Verkaufsmappe und Verkaufsförderungsmittel
- Arbeitsgewohnheiten (Planung, Verwaltung, Einsatzbereitschaft und Motivation, Fahrzeug, Touren-, Tages- und Besuchsplanung)

Groß- und Einzelhandel
- Anzahl der besuchten Geschäfte
- Aufschlüsselung nach Handelsgruppen
- Reaktion der Einkäufer/Großhändler
- Reaktion der Händler/Filialleiter
- Reaktion des für die Warengruppe verantwortlichen Verkaufspersonals
- Reaktion der Kunden im Handel
- Verkaufspreise
- Durchschnittspreise der Mitbewerber
- Stammplazierung
- Stammplazierung der Konkurrenzprodukte
- Zweit-, Bedarfs- und Verbund-Plazierungen

Verkaufsförderung
- Gegenwärtig laufende Aktionen
- Beurteilung von Aktionen der jüngeren Vergangenheit
- Display-Material
- Aktionen und Display-Material der Konkurrenz
- Displays für andere Artikel
- Displays des Handels
- Handels-Wettbewerbe
- Verbraucher-Preisausschreiben
- Zugaben
- Propagandistinnen/Demonstratoren
- Sonstige Verkaufsförderungs-Maßnahmen

Vorschläge für neue VKF-Maßnahmen
- von Außendienstmitarbeitern
- von Einkäufern/Großhändlern
- von Händlern/Filialleitern
- von Verkaufspersonal der Warengruppe

Abb. 28. Prüfliste für die Begleitung von Außendienstmitarbeitern

vor allem unternehmensspezifische Fragestellungen zu erheben (Image des Herstellers beim Handel, Marketing des Lieferanten, Beurteilung des Außendienstes usw.). Einstellungen und Erwartungen müssen im Vergleich zu den wichtigsten Wettbewerbern analysiert werden. Um die Berichte miteinander vergleichen zu können, ist mit einer Prüfliste zu arbeiten. Allerdings darf beim Verkäufer keinesfalls der Eindruck der Bewertung oder Kontrolle entstehen. Vielmehr ist ihm gegenüber zu betonen, daß die gesammelten Informationen ausschließlich für die Verkaufsförderungs-Planung verwendet werden. Abb. 28 enthält wichtige Inhalte einer solchen Prüfliste.
Tatsächlich enthält die Prüfliste – im Gegensatz zum Vorhergesagten – eine Bewertung und Beurteilung der Leistung und Einsatzbereitschaft der Verkäufer. Dies ist jedoch für eine optimale Entwicklung von Schulungs- und Trainings-Maßnahmen im Rahmen der Verkaufsförderung Voraussetzung. Die individuellen Ergebnisse werden aber nicht an die Verkaufsleitung weitergeleitet, so daß sich der scheinbare Widerspruch auflöst.
Daneben besteht die Möglichkeit, daß die Verkaufsförderungs-Abteilung Verkaufsorgane zur eigenständigen und kontinuierlichen Informationssammlung einsetzt. Dies geschieht durch Vorgabe entsprechender Fragegruppen in den Tages- und Wochenberichten[9].
Beide Informationssammlungswege liefern wichtige Daten für die Verkaufsförderungs-Planung, müssen jedoch von der Markt- und Marketing-Forschungsabteilung durch primär- und sekundärstatistische Analysen erweitert werden. Den Innen- und Außenbereich des planenden Unternehmens betreffend sind detaillierte Informationen über das eigene Unternehmen, die Marktteilnehmer, d. h. über die effektiven und potentiellen privaten, öffentlichen und gewerblichen Verbraucher/Verwender, über die Absatzmittler und über die Konkurrenz sowie Daten über Marktsituation und -entwicklung von Bedeutung. Die wichtigsten benötigten Informationen für eine umfassende, alle relevanten Aspekte berücksichtigende Verkaufsförderungs-Planung sind in Abb. 29 zusammengestellt[10].

Der Datenkranz für Zukunftsdispositionen im Bereich der Verkaufsförderung ist sehr umfangreich. Einige der Informationen brauchen jedoch nur implizit Berücksichtigung zu finden, da sie bereits in andere Pläne eingegangen sind, auf denen der Verkaufsförderungs-Plan aufbaut.
In der Praxis wird daher ein beträchtlicher Teil der genannten Informationen und Daten bereits vorliegen. Die Marktforschungsabteilung hat dann die Aufgabe, dieses Material der Verkaufsförderung zur Verfügung zu stellen, um so zu einer klaren Fixierung *der* Problemstellung im Absatzbe-

- *Unternehmen/Organisation/Recht/allgemeine Angaben*
  - Firmenbezeichnungen
    (gegenwärtig gültige und vollständige Firmenbezeichnung, offizielles Firmenkurzzeichen, Firmenmarkenzeichen)
  - Firmensitz und Niederlassungen
  - Gesellschaftsform
  - Eigentumsverhältnisse und Beteiligungen
  - Geschäftsbereiche
  - Image und Bekanntheitsgrad
    (in der Öffentlicheit, bei Verbraucher/Verwendern, bei Handel und Wettbewerb, bei Mitarbeitern)
  - Management und Marketing-Organisation
  - Aus- und Weiterbildungsprogramme
  - Branchenbedingungen
    (Vereinbarungen mit Wettbewerbern, sonstige Vereinbarungen, Branchen-Geschäftsbedingungen)
  - Geplante Veränderungen
- *Allgemeine Marktinformationen und Wettbewerber*
  - Marktdefinition(en)
  - Regionale Aufteilung des Marktes
  - Aufteilung nach Abnehmer-Gruppen
    (privater, gewerblicher, öffentlicher Verbrauch)
  - Angebotsarten
    (Erzeugnisse nach Produktmerkmalen)
  - Nachfragearten
    (Verwendungszwecke)
  - Bedeutung der Teilmärkte
    (absolute Größe in Menge, absolute Größe in Wert, Mengen- und Wertanteile am Gesamtmarkt)
  - Substitutionsbereiche
  - Wettbewerber
    (Aufstellung der Wettbewerber, Marketing-Strategien der Wettbewerber, Substitution zwischen Erzeugnissen des eigenen Unternehmens und der Wettbewerber, Reaktionsfähigkeit und Marktstellung der Wettbewerber)
  - Marketing-Politik des eigenen Unternehmens
    (kurzgefaßte Darstellung der langfristigen Marketing-Politik und der des laufenden Geschäftsjahres, Analyse des abgeschlossenen Geschäftsjahres)
  - Trends Gesamtmarkt/Teilmärkte
    (nach Menge, Wert, Verwendungsgewohnheiten, Einkaufsgewohnheiten, Wettbewerb; Ursachen für die Trends)
  - Wesentliche exogene Veränderungen
    (durch technische Entwicklungen, staatliche Eingriffe, verändertes Verhalten der Verwender)
- *Umsatzzahlen/Verwendungs- und Kaufgewohnheiten/Verbraucher und Verwender*
  - Käufer/Verwender
    (Struktur der Käufer/kaufentscheidenden Personen/Verwender der Produktgruppen nach demographischen Merkmalen, üblichen Branchenmerkmalen, Typen der verwende-

Abb. 29. Informationen für die Verkaufsförderungs-Planung

ten Erzeugnisse, Anzahl der Erzeugnisse, Häufigkeit der Verwendung, Art der Verwendung, psychologischen Merkmalen, Verhaltens-Merkmalen)
- Umsatzzahlen
  (Umsatz-Entwicklung der Branche und der Erzeugnisse des Unternehmens nach Menge/Wert/Marktanteil, aufgeteilt nach regionalen Gebieten, üblichen demographischen Merkmalen, Packungsgrößen, Preisgruppen, Art der Verwendung; bedeutende Abnehmergruppen; Saisonverlauf der Umsätze; wirtschaftliche Entwicklung der Verbraucher/Verwender; Durchschnittsverbrauch)
- Lebensdauer der Erzeugnisse
- Ausstattung der Verbraucher/Verwender/Händler
- Verwendungsgewohnheiten
- Einstellung zum Verkaufsprogramm
- Produkt-/Markentreue
- Kaufgewohnheiten
  (Kaufweise, Zeiten, Frequenz, Menge, Orte, Zahlungsweise, Stimulierung der Nachfrage durch Sonderangebote)
- Gegenüberstellung: Verbraucher/Verwender der wichtigsten Wettbewerber

• *Produkt und Leistungen*
  - Sortiment und Hauptprodukte/-leistungen
  - Beschreibung der Vor- und Nachteile
  - Produkt-/Leistungsbezeichnungen, Markennamen
  - Einführungszeitpunkte und Umsatzentwicklung
  - Marktanteile und Bedeutung im Unternehmen
  - Bekanntheitsgrade
  - Rechtsschutz/Lizenzen
  - Spezielle gesetzliche Vorschriften und/oder Branchenvereinbarungen
  - Packungsgrößen und Verkaufseinheiten im Großhandel, Einzelhandel, bei Verbrauchern/Verwendern
  - Geplante und produktpolitische Maßnahmen
  - Gegenüberstellung: Produkte/Leistungen der wichtigsten Wettbewerber

• *Preise und Konditionen*
  - Bisherige und zukünftige Entwicklung der Preise
    (preisbeeinflussende Faktoren, Gewinn-Situation bei einzelnen Erzeugnissen, Reaktion der Nachfrager und Wettbewerber auf Preisänderungen, Bedeutung des Preises als Imagefaktor, Preisunter- und -obergrenzen, gesetzliche Vorschriften, Branchenvereinbarungen)
  - Konditionen und Rabatte
    (Art der Konditionen, Bedingungen für ihre Gewährung, Zahl und Umfang der Sonderkonditionen, Kreditpolitik)
  - Geplante preispolitische Maßnahmen
  - Gegenüberstellung: Preise und Konditionen der wichtigsten Wettbewerber

• *Absatzkanäle und Distribution*
  - Definition der Handelsstufen zwischen Hersteller und Verwender der Erzeugnisse
  - Unternehmenseigene Handelsorganisationen
  - Geschäftsstruktur des Handels
  - Distribution nach Handelsgruppen und Nielsen-Gebieten
  - Lücken in der Distribution

Abb. 29. Informationen für die Verkaufsförderungs-Planung (Fortsetzung)

- Umschlagsgeschwindigkeiten und Plazierungen
- Ausschließlichkeit/Gebietsschutz
- Entwicklung der Handelsgruppen
- Gründe für den Strukturwandel im Handel und Einfluß der Handelsstruktur auf Absatz und Erzeugnisse
- Handelsorganisation
- Image des Handels
- Gewichtete, numerische und optimale Distribution
- Mengen- und Wertumsatz-Entwicklung der einzelnen Geschäftstypen
- Marktanteil-Entwicklung und Durchschnittsumsatz
- Einkaufsgewohnheiten des Handels
  (Termine, Frequenz, Menge, Zahlungsweise, Ausnutzung von Sonderangeboten, Bevorratung)
- Einstellung des Handels zum Verkaufsprogramm
- Ausbildungsstand des Handelspersonals
- Ausstattung der Handelsunternehmen
- Geplante distributionspolitische Maßnahmen
- Marketing des Handels
  (Zielgruppen, Bedarfsdeckung, Preispolitik, Werbung, Verkaufsförderung)
- Gegenüberstellung: Absatzkanäle und Distribution der wichtigsten Wettbewerber

• *Verkauf/Verkaufsorganisation*
- Organisation, Aufgabenverteilung
  (Schema der Verkaufsorganisation, Rangordnung, Aufgabenverteilung, Verkaufspolitik, für den Verkauf der Erzeugnisse wichtige Sonderleistungen, Auftragsdurchlauf, Streckengeschäft, Auslieferung/Abholung, Lieferungsengpässe, Berichtswesen)
- Einteilung und Abdeckung der Verkaufsgebiete
- Vergütung
- Qualifikation und Ausbildungsstand von Verkaufsaußen- und -innendienst
- Veränderungen der Verkaufsorganisation
- Verkaufsarbeit
  (Kunden-Selektion, Besuchsplanung, Verkaufsarbeit, Einführung neuer Erzeugnisse, Ausbildung, Verkaufsausstattung, Flexibilität der Verkaufsorganisation, Verkaufsrunden und -wettbewerbe, Sales Folder, Präsentationsmaterial)
- Verkaufskosten
  (Gesamtkosten, Aufteilung des Etats auf die einzelnen Erzeugnisse und Sparten der Verkaufsorganisation, Etatrevision, Verkaufskosten-Kennzahlen)
- Gesetzliche Vorschriften/institutionelle Vereinbarungen
- Kundendienst
- Geplante verkaufsorganisatorische Maßnahmen
- Gegenüberstellung: Verkaufsorganisationen der wichtigsten Wettbewerber

• *Werbung und Public Relations*
- Organisation/Aufgabenverteilung
- Spezifizierung der Zielgruppen für Werbung und Public Relations
- Etats/Kosten/Medien/Mediapläne
- Beschreibung und Analyse durchgeführter Werbeaktionen
- Generelle Richtlinien für die Werbepolitik (z. B. Hausfarben und -schriftzüge)
- Beschreibung und Analyse durchgeführter Public Relations-Aktionen

Abb. 29. Informationen für die Verkaufsförderungs-Planung (Fortsetzung)

- Generelle Richtlinien für die PR-Politik
- Zusammenarbeit mit Werbe- und PR-Agenturen
- Gesetzliche Vorschriften/institutionelle Vereinbarungen
- Geplante Werbe- und PR-Maßnahmen
- Gegenüberstellung: Werbung und PR der wichtigsten Mitbewerber

• *Verkaufsförderung*
  - Organisation/Aufgabenverteilung/personelle Situation
  - Spezifizierung der Zielgruppen auf Handels- und Verbraucher-/Verwender-Ebene
  - Maßnahmen und Budgets der Vergangenheit (zumindest der letzten 3 Jahre) im Aktionsbereich eigene Verkaufsorganisation/Handel/Verbraucher/Verwender
  - Standardmittel im Einsatz auf diesen Aktionsebenen
  - Gesprächspartner für Verkaufsförderung im Unternehmen und beim Handel
  - Projektleiter Verkaufsförderung im Unternehmen
  - Aufteilung des Etats auf Aktionen / Deckung der Kosten der Verkaufsförderung aus anderen Etats
  - Beobachtung Wettbewerber-Aktivitäten (regional nach Nielsen-Gebieten)
  - Methoden der Erfolgs-Prognose und -Kontrolle
  - Generelle Richtlinien für Verkaufsförderungspolitik
  - Spezielle rechtliche Vorschriften bzw. Branchenvereinbarungen
  - Zusammenarbeit mit Verkaufsförderungs-Agenturen
  - Gegenüberstellung: Verkaufsförderung der wichtigsten Wettbewerber

Abb. 29. Informationen für die Verkaufsförderungs-Planung (Fortsetzung)

reich beizutragen, für die durch Verkaufsförderung eine Lösung gefunden werden soll.
Soweit eine Aktualisierung und Ausweitung des vorhandenen Informations-Materials erforderlich ist, kommen als Quellen in Frage[11]:

- Betriebs- und Unternehmensstatistiken
- Amtliche Statistiken und Veröffentlichungen
- Verbandsstatistiken und Veröffentlichungen
- Unterlagen und Analysen wirtschaftswissenschaftlicher Institute (z. B. DIW, Ifo)
- Fachzeitschriften
- Messen und Ausstellungen
- Kataloge, Prospekte, Bezugsquellenverzeichnisse, Herstellerangebote usw.
- Untersuchungen und Analysen von Lieferanten spezieller absatzmarktbezogener Informationen (z. B. GfK, A.C. Nielsen, IMP, MID, Schmidt + Pohlmann)
- Eigene Primärerhebungen (direkte Befragungen von Verbrauchern/Verwendern, Absatzmittlern, Verkaufsorganen).

Die Aufbereitung und Verarbeitung dieser Informationen setzt je nach Art und Struktur des Ausgangsmaterials die bekannten Methoden der primären und sekundären Marktforschung ein, welche hier im einzelnen nicht beschrieben werden können[12]. Die wichtigsten Verfahren seien jedoch genannt:

- Markt- und Feldanteilsberechnungen
- Abnehmergruppen- und Retroanalysen
- Regressions- und Korrelationsanalysen
- Saisonanalysen
- Multivariate Analyseverfahren (Faktorenanalyse, Varianzanalyse, Multiple Diskriminanzanalyse, Segmentation, Cluster Analyse, multidimensionale Skalierung)
- Ermittlung von Marktindikatoren
- Elastizitätsberechnungen.

Von essentieller Bedeutung ist in der Analysephase die Bestimmung von einzelnen *Marktsegmenten* und der sie bildenden *Zielgruppen.* Aus der Führungskonzeption des Marketing und besonders aus dem dort verankerten Merkmal der *differenzierten Marktbearbeitung*[13] ergibt sich, daß erfolgreiche Strategien nicht undifferenziert sondern spezifisch sind. Das heißt, es werden Marktsegmente gebildet, die ein hinreichendes Marktpotential repräsentieren und für die gezielt Problemlösungen erarbeitet werden. Während dieses Prinzip in der Produkt- und teilweise auch in der Distributions-Politik angewandt wird, ist regelmäßig die Kommunikations- und Verkaufsförderungs-Strategie nicht annähernd so konsequent[14]. Hieraus ergeben sich zwangsläufig Probleme bezüglich der Durchsetzbarkeit und Erfolgswirksamkeit bestimmter Leistungsangebote. Je mehr Produkte/Leistungen in einem Marktsegment konkurrieren, um so wichtiger ist eine möglichst genaue Zielgruppenabgrenzung als Grundlage für eine erfolgversprechende Marktsegmentierung[15]. Die Merkmale der Zielgruppenbestimmung können in der praktischen Verkaufsförderungs-Planung kombiniert werden. Geeignete Segmentierungsvariablen sind (je nach Ausgangssituation):

- geographische Merkmale
- demographische Merkmale
- psychologische und soziologische Merkmale
- allgemeine Verhaltensmerkmale
- Kauf- und Verbrauchsmerkmale.

Die Sammlung, Aufbereitung und Analyse der Informationen und Daten führen insbesondere über die systematischen Untersuchungen der verschiedenen Marktsegmente zur Definition des (Absatz-)Problems, welches – wie erwähnt – den Ausgangspunkt der weiteren Verkaufsförderungs-Planung darstellt.
Ist das Verkaufsförderungs-Ziel bereits eindeutig durch das Problem vorgegeben, so kann unmittelbar anschließend die konkrete *Verkaufsförderungs-Aufgabenstellung* entwickelt werden. Sie wird als *Briefing* bezeichnet und steckt den Rahmen ab, in dem sich Verkaufsförderung zielgerecht zu entfalten hat (vgl. hierzu Abschnitt 4.4). Weitaus häufiger ist der Fall, daß eine konkrete Zieldefinition erst erarbeitet werden muß, da sich aus dem (Absatz-)Problem mehrere Alternativen ergeben, die realisierbar erscheinen.

4.3 Festlegung von Verkaufsförderungs-Zielen

Die einschlägige Literatur erörtert den Prozeß der Zielbildung im Verkaufsförderungs-Bereich im allgemeinen nicht, was vor allem darauf zurückzuführen ist, daß die den handlungsbestimmenden Zielinhalten zugrunde liegenden Entscheidungsabläufe in der Betriebswirtschaftslehre bisher wenig untersucht worden sind. Die Planung und Optimierung von Verkaufsförderungs-Maßnahmen setzt aber eine klare Definition und Kenntnis der Ziele voraus.
Ausgangspunkt der Zielplanung sind die Gesamtunternehmensziel*vorgaben*[16]. Auf der Basis der Informationssammlung, -aufbereitung und -analyse werden die Markt- und Unternehmens-Realitäten diesen Zielvorgaben gegenüber gestellt, um sie auf ihre Realisierbarkeit zu überprüfen. In den Zielvorgaben enthaltene Prioritäten und Begrenzungsfaktoren sind ebenfalls zu untersuchen. Diese erste Stufe der Zielfestlegung kann als *Filterungsprozeß* umschrieben werden, da ausschließlich realisierbar erscheinende Zielwerte das „Sieb der Markt- und Unternehmensrealitäten“ überwinden.
Da zumindest bei längerfristiger Betrachtung der Funktionsbereich „ Marketing“ im Unternehmen dominant ist, werden anschließend Marketing-Ziele zu formulieren sein, die mit dem Gesamtunternehmensziel kompatibel sind. Die übrigen unternehmerischen Funktionsbereiche ordnen sich weitgehend dem in einer Wettbewerbswirtschaft eine Schlüsselstellung innehabenden Marketing unter; ihre Ziele sind daher in erheblichem Um-

fang von den Marketing-Zielen beeinflußt. Alle Bereichsziele aber haben derivativen Charakter, sie sind aus den Gesamtunternehmenszielen abgeleitet, mithin inhaltlich von diesen abhängig und stellen Mittel in bezug auf die höherrangigen Entscheidungsmaximen dar. Gleichzeitig müssen sie als verbindliche Orientierungspunkte gegenüber den rangtieferen Entscheidungen betrachtet werden. Auf der Basis der Marketing-Ziele sind nämlich – unter gleichzeitiger Berücksichtigung von aus anderen Funktionsbereichen resultierenden Begrenzungsfaktoren – die Instrumentalziele für Angebots-, Distributions- und Kommunikations-Politik abzuleiten. An dieser Stelle muß an die bereits angesprochenen komplementären und substitutiven Beziehungen zwischen den Marketing-Mix-Elementen erinnert werden, denn diese Interdependenzen entscheiden über die Reihenfolge der Fixierung von Instrumentalzielen. „Da Angebots- und Vertriebsprogramm bestimmte Vorgaben für Kommunikationsmaßnahmen machen, die zwar seitens der Kommunikation zu beeinflussen, in der Regel aber nicht umzustoßen sein werden“[17], ist es im allgemeinen sinnvoll, die Kommunikationsziele erst festzulegen, nachdem Entscheidungen über die angebots- und distributionspolitischen Ziele des Unternehmens gefallen sind.

Die Kommunikations-Ziele stellen sodann die Basis für die Ableitung von kommunikativen Teilzielen für die einzelnen Produkte/Produktprogramme bzw. Leistungen oder Angebote des Unternehmens dar, jeweils aufgegliedert in Entscheidungsmaximen für persönlichen Verkauf, Werbung und Verkaufsförderung. Da Public Relations das ganze Unternehmen betreffende Botschaften kommunizieren sollen, sind ihre Ziele unabhängig von Einzel-Produkten/Programmen/Leistungen zu planen.

Je größer im Zielbildungsprozeß die Entfernung von der Spitze der Zielpyramide wird, um so konkreter müssen die Teilziele formuliert sein. Soll nämlich die Planung des Unternehmens und vor allem einzelner Funktionsbereiche *Lenkungsbasis* und *Kontrollgrundlage* sein, so sind Ziele als *Maßstäbe* zu entwickeln. Das erfordert operationale, möglichst sogar quantitative (m. a. W. für die darauf aufbauende Maßnahmenplanung, Realisierung und Kontrolle handhabbare) Zielgrößen.

Ehe wir nun auf diese operationale Zielplanung für Verkaufsförderung zurückkommen, sollen die Entscheidungsstufen des Zielbildungsprozesses und damit der allgemeine Ablauf der Zielplanung graphisch veranschaulicht werden (Abb. 30). Aus Gründen der leichteren Einsicht wird auf die Darstellung von Interdependenzen, einzelnen Einflußgrößen, Begrenzungsfaktoren und Rückkopplungseffekten verzichtet. Operationale Ziele für einzelne Marketing-Instrumente und damit auch für Verkaufsförderung

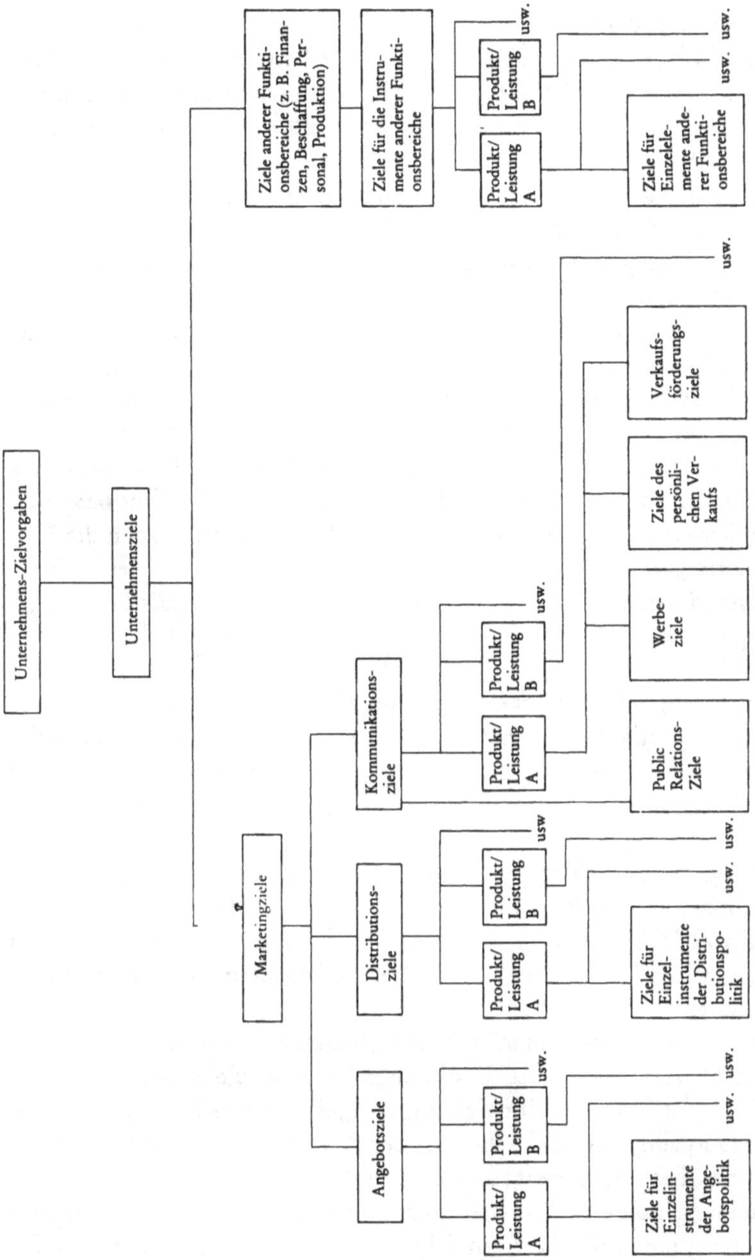

Abb. 30. Ablauf der Zielplanung

leiten sich aus den Aufgaben des jeweiligen Marketing-Instrumentes im Marketing-Mix her. Im Rahmen der Darstellung möglicher Zielgrößen ist daher bereits angedeutet worden, daß es falsch wäre, Ziele für Verkaufsförderung als globale Marktanteils-, Absatz- oder Umsatzziele auszudrücken. Diese sind Inhalt der übergreifenden Marketing-Zielsetzung, welche erst unter anderem auch durch den Einsatz der Verkaufsförderung zufriedenstellend erfüllt werden soll. Es gilt daher, spezifische, d. h. den Funktionen der Verkaufsförderung im Marketing-Mix entsprechende, zeitlich fixierte Ziele zu formulieren, welche in Einklang stehen mit den Zielen aller übrigen, gleichzeitig zum Einsatz gelangenden marketingpolitischen Instrumente. Diese Forderung ist um so wichtiger, als sich die sog. *Positionierung* – die aus dem Einsatz des *gesamten* Marketing-Mix resultierende Stellung eines Produktes oder einer Leistung im Marktsegment bzw. Konkurrenzumfeld – in der praktischen Marketingplanung immer mehr zum zentralen Marketing-Ziel eines Unternehmens entwickelt[18]. Zur optimalen oder zumindest befriedigenden Positionierung – als dem Ergebnis der Realisierung von Teilzielen für produktpolitische, preispolitische, distributions- und kommunikationspolitische Maßnahmen i. w. S. – muß daher auch die Verkaufsförderung beitragen.

Im folgenden seien beispielhaft einige operationale Verkaufsförderungs-Ziele aufgezeigt:

- Durchführung einer Verkaufsförderungs-Aktion im Zeitraum z mit Schwerpunktartikel A in Packungsgröße x. Zielgruppe im Handel: Filialisten in den Nielsen-Gebieten II und III. Zielgruppe Verbraucher: Hausfrauen zwischen 30 und 45 Jahren (Erzielung von Erstkäufen bei x% der Zielgruppe).
- Erhöhung der Umschlagsgeschwindigkeit um x% über y-tägige Sonderplazierungen für die Produkte A, B, C in allen Großbetriebsformen des Einzelhandels. Unterstützung der Aktion durch z %ige Sonderprämien im Rahmen der Provisionierung des Außendienstes und bei den Handelskonditionen.
- Steigerung der numerischen und gewichteten Distribution um x bzw. y% bei Absatzmittlern eines bestimmten Typs für die Angebotskonzeption C im Zeitraum z. Entwicklung zielgerichteter Argumente für die Verkaufsorganisation und Schulung der Absatzmittler, so daß sie in der Lage sind, diese Argumente an ihre Kunden weiter zu geben.
- Entwicklung objektiver, in die umfassende Medienwerbung eingebetteter Informationen für die Kernzielgruppe der 25 bis 40jährigen, um den

Kaufentscheid bei x% der Zielgruppenangehörigen zugunsten des Angebotes B zu beeinflussen.

- Initiierung von Spontankäufen bzw. Änderung bestehender Kaufabsichten in der Größenordnung x DM zur Forcierung der Angebotsgruppe D im Zeitraum z über den Einsatz kurzfristig kaufstimulierender Maßnahmen.
- Ausgehend vom Bekanntheitsgrad x% und diffusen Markenvorstellungen Erarbeitung einer wettbewerbsabgrenzenden Profilierung und Neu-Positionierung für Produkt A im Markt. Ausnutzung aller neuen Argumentationsmöglichkeiten durch Schulung von Verkaufsorganisation und Handel sowie Herausstellung des Produktes in einer nationalen Verkaufsrunde. Einbeziehung des Produktes A in Förderungsaktionen der Handelsgruppe M.

Gerade im letzten Beispiel wird deutlich, daß niemals *ein* Instrument allein für sich wirkt, sondern stets im Verbund mit der gesamten Absatzkonzeption.

Ein weiterer Aspekt der Operationalität ist zu erkennen: Spezifische Verkaufsförderungs-Ziele eines Herstellers müssen an den Erwartungen und Zielen der eingeschalteten Absatzmittler ausgerichtet sein, um Zielkonflikte zu vermeiden. Planung und Koordination sollten daher nicht erst *nach* der Maßnahmenfixierung, sondern bereits bei der Zielfestlegung einsetzen. Partnerschaftliche Abstimmung ist somit als „Politik des überlegenen, alle Informations- und Steuerungsmöglichkeiten ausschöpfenden Unternehmens" anzusehen[19]. Gerade Verkaufsförderungsziele richten sich – entgegen der häufig zu beobachtenden Praxis – nicht immer nur nach den Verbrauchern/Verwendern. Oft kommt es ausschließlich auf den Handel an – beispielsweise, ob ein Artikel durch Verkaufsförderungs-Maßnahmen bei Zentralen und Großhandlungen gelistet werden kann oder ob es gelingt, die Information und Motivation des Verkaufspersonals für eine bestimmte Warengruppe zu verbessern.

Der Forderung nach Operationalität widerspricht nicht die Tatsache, daß teilweise eine Quantifizierung der Verkaufsförderungs-Ziele weder möglich noch sinnvoll ist. Dies gilt speziell für die an anderer Stelle beschriebene sog. strategische Verkaufsförderung, welche Werbung und Public Relations in ihren imagebildenden Wirkungen unterstützen und potenzieren soll. Kernelemente des Zielsystems der strategischen Verkaufsförderung sind Motiv- und Einstellungsziele, die z. B. über die Feststellung von *Motivdominanzen* durch Explorationsmodelle erarbeitet werden können[20]. Der

Empfänger lernt nur solche Botschaften und berücksichtigt sie in seinem Verhalten, die wichtige Motive beinhalten und mit seinen Einstellungen (Prädispositionen), Erfahrungen, Wünschen, Wertvorstellungen und Erwartungen in Einklang stehen. Motiv- und Einstellungziele aber lassen sich nicht quantitativ ausdrücken; bei ihrer Festlegung und Messung werden außerökonomische Maßstäbe herangezogen, wie z. B. Berührung, Beeindruckung, Erinnerung, Aufmerksamkeit, Interesse, Präferenz usw.

Für das Gesamtzielsystem der Verkaufsförderung ist daher eine Trennung zwischen ökonomischen (quantitativ formulierbaren) und außerökonomischen (qualitativ formulierbaren) Zielen vorzunehmen. Letztere sind als notwendige Bedingungen zu verstehen, ohne die eine Zielerreichung im ökonomischen Bereich nicht möglich ist. Der Botschaftsempfänger wird schrittweise durch das Zielsystem geführt, „angefangen mit der Überwindung der Unkenntnis in bezug auf das Leistungsangebot, über die Aufmerksamkeitssteigerung und Vermittlung detaillierter Kenntnis bis hin zu Überzeugung und Auslösung der Kaufhandlung“[21]. Daher bedeutet die Trennung in ökonomische und außerökonomische Verkaufsförderungs-Ziele nicht das Nebeneinanderstellen von zwei gruppenspezifischen Zielvariablen, sondern ein – im Ergebnis – ganzheitliches, einstellungsbedingtes Zielspektrum oder Zielsystem. Um die Operationalität zu wahren, sind selbstverständlich bei den Motiv- und Einstellungszielen trotz der „nur“ qualitativen Festlegung semantische Leerformeln zu vermeiden, da sonst jegliche Steuerung und Kontrolle, die schnelle Einstellung des Unternehmens auf veränderte Marktsituationen und eventuelle Zielkorrekturen erschwert oder verhindert werden.[22]

Im Rahmen der Erarbeitung von Verkaufsförderungs-Zielen erscheint abschließend ein weiterer Aspekt wesentlich. Ebenso wie bei der Gesamt-Marketing-Planung muß auch in der Verkaufsförderung zwischen *strategischer* und *taktischer* Planung unterschieden werden. Erstere entwickelt den langfristigen Zielhorizont, legt Leitlinien fest bzw. grenzt Betätigungsräume für einen überschaubaren Zukunftsbereich ab. Das Vorliegen einer solchen, in einem Grob-Plan formulierten – Chancen und Risiken eröffnenden – Langfrist-Perspektive ist für die Erarbeitung des kurzfristigen bzw. taktischen Verkaufsförderungs-Planes zwar nicht grundsätzlich notwendig, aber zumindest wünschenswert. Nur bei Vorliegen einer strategischen Konzeption, welche langfristige Vorstellungen über die Unternehmens-Entwicklung enthält, kann auch kurz- bis mittelfristig von einem zielbewußten Vorgehen im Markt gesprochen werden. Gerade die an anderer Stelle diskutierten Fehler und Mängel beim Einsatz der Verkaufsförderung

legen eine Einbeziehung dieses Marketing-Instrumentes in die langfristige Rahmenplanung nahe. Während nämlich produkt-, preis-, distributions- und werbepolitische Überlegungen durchaus Eingang finden, bleibt in der Praxis sehr häufig Verkaufsförderung aus einer solchen Langfrist-Planung ausgeschlossen. Sie wird – wie erwähnt – weitgehend als isoliertes Instrument verstanden, welches auf kurzfristig entstandene Markt- oder Absatzprobleme taktisch reagierend einsetzbar sei. Um jedoch die vorhandenen Interdependenzen zu anderen Marketing-Instrumenten optimal nutzen zu können, sollte über eine längerfristig geplante Koordination ein geschlossenes strategisches Ziel- und Maßnahmensystem entwickelt werden.
Von der Vorgehensweise her ist daher die Frage zu stellen, welche Teilziele der Verkaufsförderung für einzelne Perioden im Rahmen der Aufteilung des langfristig gesetzten Marketing-Zieles und im Zusammenwirken mit den anderen Marketing-Instrumenten realistisch sind. Das bedeutet eine prognostische Prüfung der Leistungsfähigkeit der Verkaufsförderung zur Erreichung des übergeordneten Marketing-Zieles. Der in Abb. 14 dargestellte Zusammenhang zwischen adäquatem Informations-Verhalten und der Zielbildung im Bereich der Verkaufsförderung wird hiermit erneut deutlich.

4.4 Verkaufsförderungs-Briefing

Im Anschluß an die Zielfixierung ist ein Verkaufsförderungs-Briefing zu formulieren, welches als Grundlage der folgenden Planungsschritte dient. Es enthält zusammengefaßt die zur Erarbeitung der Verkaufsförderungs-Kampagne relevanten Informationen, gesetzten Ziele und konkreten Aufgabenstellungen. Detailliertheit und Umfang eines Verkaufsförderungs-Briefings sind abhängig von der Stellung der Planungsträger zum Unternehmen. Handelt es sich um eine betriebseigene Verkaufsförderungs-Abteilung, welche mit den spezifischen Unternehmens- und Marktproblemen vertraut ist, kann im Briefing insbesondere auf eine sehr ausführliche Darlegung von Informationen und Daten weitgehend verzichtet werden[23]. Bei Einschaltung unternehmensexterner Verkaufsförderungsagenturen, Marketing-Berater oder Werbeagenturen dagegen erscheint es notwendig, eine ausführliche Situations- und Problembeschreibung vorzunehmen, damit eine zielgerechte Verkaufsförderungs-Kampagne entsteht[24]. Nach unseren Beobachtungen liegt gerade in einem unklaren oder unvollständigen Briefing ein wesentlicher Grund für das Entstehen ungesteuerter Kreativität und damit nicht problem- und zieladäquater Verkaufsförderungs-Aktionen in der

Praxis. Dies gilt für Konsum- und Investitionsgüterhersteller, Dienstleistungs- und Handelsunternehmen gleichermaßen.
Abb. 31 stellt wichtige Themen-Komplexe eines Verkaufsförderungs-Briefings zusammen[25]; die Inhalte sind aus den Informationen zur Verkaufsförderungsplanung (Abb. 29) abzuleiten.

A. *Informationen und Daten*
- Unternehmen
- Verkaufsorganisation
- Produkt-/Leistungs-/Angebotsprogramm
- Distribution
- Verbraucher/Verwender
- Werbung und Public Relations
- Verkaufsförderung

B. *Ziele und Verkaufsförderung*
- Generelles Marketing-Ziel
  - Langfristig (strategisch)
  - Kurzfristig (taktisch)
- Umsatzvorgaben für Verkaufsorganisation
- Werbe- und Public-Relations-Ziele
- Allgemeines Verkaufsförderungs-Ziel

C. *Aufgabenstellung (spezielle Verkaufsförderungs-Aktionsziele)*
- Einzelziele für Verkaufsorganisation
- Einzelziele für Handel bzw. Handelsgruppen
- Einzelziele für Verbraucher/Verwender
- Schwerpunktartikel
- Planungszeit und Aktionszeit(en)
- Aktionstraining
- Budgetvorgaben
- Erfolgskontrollen

Abb. 31. Verkaufsförderungs-Briefing

4.5 Maßnahmen-Planung

Die im Briefing zusammengefaßte verkaufsförderungsbezogene, absatzwirtschaftliche Datenkonstellation ist innerhalb der Maßnahmen-Planung ein wesentlicher Entscheidungshintergrund. Bezüglich der Verkaufsförderungs-Instrumente sind fünf Problemkreise zu diskutieren:

- Welche der generell zur Verfügung stehenden Instrumente sollen eingesetzt werden?

- Wie sollen diese Instrumente *qualitativ* gestaltet werden?
- In welcher *quantitativen* Intensität sind sie einzusetzen?
- In welcher Kombination zu anderen absatzwirtschaftlichen Maßnahmen sollen sie wirken?
- Wie sind die Verkaufsförderungs-Maßnahmen zeitlich einzusetzen (Timing)?

Im Rahmen der Beantwortung dieser Einzelfragen ist es erforderlich, zusätzliche Informationen zu sammeln und zu analysieren. Das in Abb. 26 bereits gezeigte enge Zusammenwirken zwischen dem Informations-Verhalten und der Verkaufsförderungs-Planung wird erneut deutlich.
Die genannten Entscheidungen über Art, Gestaltung, Intensität und Timing des Verkaufsförderungs-Einsatzes sowie das Problem der Integration der Verkaufsförderung in das Marketing-Mix bedingen zunächst eine genaue Kenntnis der grundsätzlich zur Verfügung stehenden Verkaufsförderungs-Instrumente. Ausgangspunkt der am Anfang der Maßnahmen-Planung stehenden Suche nach einer *Verkaufsförderungs-Grundidee* ist daher das in Kap. 3 dargestellte umfangreiche Spektrum verkaufsfördernder Maßnahmen. Vor diesem – für die Planungstätigkeit durchaus als Ideen-Pool zu verstehenden Hintergrund kann die nun zu diskutierende erste Einzelentscheidung vorbereitet und getroffen werden.

4.5.1 Auswahl der zieladäquaten Verkaufsförderungs-Maßnahmen

Die Entscheidung für oder gegen die Durchführung einer bestimmten Verkaufsförderungs-Maßnahme ist abhängig von der Prüfung, ob diese geeignet ist, das jeweilige Marketing-Problem wirksam zu lösen. Daher gebührt in diesem als Prüf- oder Selektionsphase zu bezeichnenden Planungsschritt folgenden Entscheidungskriterien besondere Beachtung:

- Welche Verkaufswirksamkeit zeitigt diese Verkaufsförderungs-Maßnahme?
- Welche Einsatzhäufigkeit ist zu beobachten?
- Bestehen allgemeine Nachteile und Grenzen?
- Kann die favorisierte Maßnahme der langfristigen Profilierung des Produkt-/Angebots-/Firmen-Images schaden?
- Ist die Verkaufsförderungs-Maßnahme zum Erreichen des gesetzten Zieles prädestiniert?

Entscheidungskriterien	Sonderpreispromotion	Wertgutscheinvergabe
Verkaufswirksamkeit	Sonderpreisaktionen werden von Handel und Verbraucher/Verwender bevorzugt. Sie zeitigen sofortige und im Vergleich mit allen VKF-Instrumenten große Verkaufswirkung. Der Erfolg ist jedoch stark abhängig von der Höhe des Preisnachlasses	Verkaufswirkung tritt erst im Zeitablauf verstärkt ein, in jedem Falle schwächer als bei Sonderpreisaktionen
Einsatzhäufigkeit	Aufgrund von handelsinitiierten Aktionen und Absatzmittlerforderungen an die Industrie häufigstes VKF-Instrument. Folge: Wenig innovativer Wert, starke Strapazierung dieses Anreizes auf Verbraucher/Verwender-Ebene	Selten eingesetztes Instrument, daher zusätzlich „Neuheitserfolg“ über stärkere Verbraucher-/Verwender-Aufmerksamkeit möglich
Allgemeine Nachteile und Grenzen	– lediglich Kurzfristwirkung durch Vorverlagerung späterer Käufe – Deckungsbeitrag kann bei verkaufswirksamen Absatzsteigerungen über hohe Preisabschläge stark sinken – Neu-Käufer-Gewinnung kaum möglich	– als innovatives Instrument kostenintensiv, da umfassende Medienbekanntmachung erforderlich – relativ enge Ausgestaltungsmöglichkeiten in Deutschland wegen rechtlicher Beschränkungen – Gutscheinabrechnung aufwendig, Handelshemmnisse bei Abwicklung über die Absatzmittler – Beendigung der Aktion problematisch, da die zeitlich begrenzte Gültigkeit häufig von Verbrauchern/Verwendern nicht beachtet wird und diese verspätete Einlösung fordern. Nur großzügige Handhabung verhindert imageschädigende Verbraucher-/Verwender-Enttäuschung
Imagewirkungen	Über den geplanten 6monatigen Aktionszeitraum durchgeführt, kann eine Sonderpreispromotion das Produkt-Image nachhaltig beeinträchtigen. Es entsteht der Eindruck, der Artikel sei generell im Preis gesenkt und/oder qualitativ schlechter. Die Käufer- bzw. Markentreue wird zerstört, langfristig profitieren billige Substitutionsprodukte. Rückkehr zum „Normalpreis“ äußerst schwierig	Wertgutscheine stärken die Käufer- bzw. Markentreue und begünstigen so den Wiederverkauf. Sie wirken daher auch bei längerfristiger Anwendung nicht imageschädigend

Entscheidungskriterien	Sonderpreispromotion	Wertgutscheinvergabe
Zielbezogenheit	6monatige Aktionszeit im Handel nicht realisierbar. Auch würde auf Verbraucher-/Verwender-Ebene der besondere Vorteil des „vorübergehenden" Preisnachlasses nicht mehr akzeptiert werden. Einfach, schnell und auch handelsspezifisch durchführbar	Bei entsprechender Ausgestaltung durchaus über mehrere Monate und Kaufzyklen durchführbar, da keine besondere Betonung der Kurzfristigkeit des angebotenen Vorteiles. Potentielle Neu-Käufer werden aktiviert. Schnell und flexibel einsetzbar

Abb. 32. Selektion einer VKF-Maßnahme auf der Basis spezieller Entscheidungskriterien (ein Beispiel)

Der Entscheidungsprozeß bezüglich der Auswahl der zieladäquaten Verkaufsförderungs-Maßnahme sei an einem Beispiel demonstriert:

> Ein Unternehmen hat unter Konstanz aller anderen Marketinginstrumente die Erreichung von 15% Mehrumsatz bei Produkt A im Zeitraum eines halben Jahres als Verkaufsförderungs-Zielsetzung formuliert. Das Verkaufsförderungs-Planungsteam entwickelt als Grundideen die Maßnahmen-Alternativen Sonderpreispromotion bzw. Wertgutscheinvergabe. Beide werden in einem Schaubild unter Berücksichtigung der oben genannten Entscheidungskriterien gegenübergestellt (Abb. 32). Als Ergebnis hält das Verkaufsförderungs-Planungsteam unter Berücksichtigung weiterer Besonderheiten des zu fördernden Produktes und der spezifischen Marktsituation eine Wertgutscheinvergabe für die befriedigendere Lösung.

Ist somit die generelle Entscheidung für eine bestimmte Verkaufsförderungs-Maßnahme gefallen, beginnt die konzeptionelle Entwicklung und Ausgestaltung.

4.5.2 Qualitative Gestaltung der einzusetzenden Verkaufsförderungs-Maßnahmen (kreative Ausarbeitung und Umsetzung)

Die Erfolgswirksamkeit eines einzelnen Marketing-Instrumentes hängt ebenso wie jene des gesamten Marketing-Mix nicht allein von quanitativen, monetären Faktoren ab (z. B. Budgethöhe), sondern in sehr starkem Maße

von ihrer *qualitativen* Ausgestaltung. Daher werden in diesem Planungsschritt die Möglichkeiten der Gestaltung des einzusetzenden Verkaufsförderungs-Instrumentes zu entwickeln sein.
Eine wichtige erste Frage ist, *wer* die kreative Umsetzung und Lösung der Aufgabe vollzieht. Es erscheint zweckmäßig, eine Verkaufsförderungs-Agentur einzuschalten bzw. die Verkaufsförderungsabteilung einer Full-Service-Werbeagentur mit der verantwortlichen Ausarbeitung zu betrauen. Im Bereich der klassischen Werbung hat sich diese Vorgehensweise inzwischen durchgesetzt; die Entwicklung einer Verkaufsförderungs-Kampagne nehmen die jeweiligen Auftraggeber jedoch noch oft in eigene Hände. Eine solche Haltung ist aufgrund der teilweise negativen Erfahrungen der Vergangenheit durchaus verständlich. So haben selbst namhafte, international tätige Werbeagenturen zwar Verkaufsförderungs-Leistungen angeboten, diese aber oftmals nur einfallslos, ungeplant und weitgehend losgelöst von den tatsächlichen Problemen in der Distribution ausgeführt. Des weiteren stehen die sog. Kreativen einer Werbeagentur (Texter, Grafiker usw.) der Verkaufsförderung noch gelegentlich ablehnend gegenüber, weil der öffentliche Widerhall relativ gering ist (Präsentationsunterlagen und Sales Folder erreichen nur eine kleine Zielgruppe). Außerdem ist eine „schöne" Anzeige leichter zu erarbeiten als eine erfolgreiche Verkaufsförderungs-Aktion. Nicht zuletzt aus diesen Gründen sind in der Vergangenheit spezielle Verkaufsförderungs-Agenturen entstanden, die sich einerseits intensiver als manche Werbeagenturen bemühen, aktuelle Distributions- und Handelsprobleme zu erkennen und Lösungen zu erarbeiten, welche zum zweiten aber auch die komplexe Detailarbeit im Verkaufsförderungs-Bereich nicht scheuen. Daneben gibt es inzwischen auch in zahlreichen Werbeagenturen Verkaufsförderungs-Abteilungen, die nach der gleichen Grundhaltung arbeiten. Wenn dennoch – wie erwähnt – die Entwicklung von Verkaufsförderungs-Kampagnen nur sporadisch an solche Dienstleister vergeben wird, so deshalb, weil potentielle Auftraggeber oft die erforderliche höhere Honorierung nicht akzeptieren wollen: Während nämlich bei der klassischen Werbung in der weitaus überwiegenden Zahl der Fälle eine Agenturprovision von 15% bzw. 17,5% durchaus ausreicht, bedingt eine sorgfältige und systematische Entwicklung von Verkaufsförderungs-Aktivitäten häufig höhere Kosten. Gerade die Erarbeitung von Materialien und Unterlagen für die Aktionsebenen Verkaufsorganisation und Handel, aber auch verschiedene Maßnahmen auf der Verbraucher-/Verwenderstufe sind durch die damit verbundenen Detailprobleme äußerst aufwendig und somit konstenintensiv. Da jedoch in den meisten Märkten die vorhandenen Absatz-

probleme immer diffiziler werden, erscheint das Hinzuziehen von Spezialisten der Verkaufsförderung sinnvoll. Im Arbeitsteam mit unternehmensinternen Branchen- und Produkt-Fachleuten entstehen nämlich unserer Erfahrung nach durchschlagende kommunizierende Aktionen und Maßnahmen.

Die qualitative Gestaltung des einzusetzenden Verkaufsförderungs-Instrumentes beinhaltet – wie erwähnt – eine kreative Umsetzung und Lösung der Aufgabenstellung. Damit wird deutlich, daß es auch bei der Verkaufsförderung überaus wichtig ist, kreativ zu sein[26]. Unter *Kreativität* ist hierbei das Erarbeiten einer einzigartigen Idee zu verstehen, um welche herum eine Aktion entwickelt wird, nicht jedoch das Suchen eines vom eigentlichen Absatzproblem losgelösten Einfalles oder Gags. Wir stimmen daher Butter zu, der meint[27]: „Es genügt immer weniger, das Richtige zu sagen. Es wird immer wichtiger, wie ich das Richtige sage." Vergleichbare Produkte/Leistungen mit ähnlicher Marketing-Strategie und -Zielgruppe können durchaus zu wenig unterscheidbaren Kommunikations-Ideen führen, der gestalterischen Umsetzung fällt es dann zu, den differenzierenden Unterschied zu erarbeiten. Die Vielzahl der me-too-Promotions und die darin erkennbare mangelnde Kreativität wurde bereits erwähnt.[28] „Als Ergebnis sieht man viel mausgraues Mittelmaß, solide und gleichförmig."[29]

Dieses Problem sei an einem realen Beispiel erläutert. Wir haben bei einer Durchsicht sämtlicher Wochenausgaben der Zeitschrift HÖR ZU des Jahres 1975 festgestellt, daß im Durchschnitt jedes Heft 11 Anzeigen mit Wettbewerbs- oder Gewinnspiel-Charakter enthielt. Obwohl es sich hierbei überwiegend um eine Kombination von Verkaufsförderung und Werbung handelte, erscheint bereits die Zahl derartiger Aktionen als eine Überstrapazierung dieses Verkaufsförderungs-Instrumentes, welche zur Interessenlosigkeit, Abgestumpftheit und mangelnden Produkt-/Leistungs-Treue des Verbrauchers beiträgt. Auch die gestalterische Umsetzung jedoch war oftmals nur-formal-kreativ. Sowohl Aufgabenstellungen wie Gewinnchancen (Preise) unterschieden sich häufig nur geringfügig. Verkaufsförderung zielt in solchen Aktionen unserer Meinung nach zu rational auf X- oder Y-Märkte, welche jedoch aus marktpsychologischer Sicht als eine Summe von Menschen zu verstehen sind, die gleichartige Probleme haben. Kommunikation und damit Verkaufsförderung müssen daher vor allem persönlich und interessant sein sowie einen emotionalen Bezug ermöglichen, um erfolgreich zu sein. Dies ist beispielsweise im Frühjahr 1976 der Martini + Rossi AG, Bad Kreuznach, gelungen, als sie – bei nur geringfügiger Medienunterstützung – mit der Verlosung einer sog. Martini-Traumin-

sel unvermutet hohe Rücklaufzahlen und auch diverse redaktionelle Beiträge und Reaktionen erzielte[30]. Risikoscheu und mangelnde Kreativität in der Verkaufsförderung zeigten sich sodann bereits im Folgejahr 1977 in einer von der TUI (TOURISTIC UNION INTERNATIONAL) geplanten Aktion mit fast identischem Inhalt, welche nicht mehr den Anreiz des Neuen und Ungewöhnlichen bot und – auch aus hier nicht näher zu erläuternden rechtlichen Problemen – weit erfolgloser verlief. Emotional bedingte Enttäuschungen bei Verbrauchern/Verwendern, Verkaufsorganisationen und Händlern, der fehlende Reiz der Innovation und die daher nicht befriedigten hoch gesteckten Erwartungen bei solchen me-too-Promotions führen zu negativen Begleiterscheinungen und Ergebnissen, wie zum Beispiel sinkenden Marktanteilen nach Ende der Aktion, erfolgreichen Störmanövern der Wettbewerber, geringeren Umschlagsgeschwindigkeiten und Lagerverstopfungen[31]. Unzufriedenheit mit der Verkaufsförderung allgemein ist eine bereits diskutierte weitere Folge.
Der Begriff der Kreativität ist zu einem in der Praxis gelegentlich mißbrauchten Schlagwort pervertiert, indem sich beispielsweise die gefundenen Ideen völlig verselbständigten und jeglicher emotionale Bezug zum Produkt verloren ging. Wir verstehen daher unter fruchtbarer Kreativität diszipliniertes Denken, auch mit Hilfe von Methoden der systematischen Ideenfindung, zur Schaffung einer zwar innovativen und die Zielgruppe faszinierenden, aber gleichzeitig logischen Lösung für ein Problem. Es erscheint somit zur Vermeidung von Mißverständnissen sinnvoll, von der Notwendigkeit einer *systematischen Kreativität* für die qualitative Gestaltung des einzusetzenden Verkaufsförderungs-Instrumentes zu sprechen.
Dabei stehen für die optische Umsetzung zwei grundsätzliche Möglichkeiten zur Verfügung: eine an die langfristige Themawerbung angelehnte oder sogar mit ihr identische Gestaltung, sowie eine eigenständige, optische Ähnlichkeiten vermeidende Umsetzung. Die Entscheidung hierüber kann nur im Einzelfall getroffen werden. Hänel diskutiert zwar einige generelle Vor- und Nachteile beider Wege, kommt jedoch ebenfalls zu keiner allgemein gültigen Lösung[32].
Bei der qualitativen Gestaltung der Verkaufsförderung ist es besonders wichtig, mit systematischer Kreativität neue Wege zu gehen und Ideen zu finden. So wurde beispielsweise in den USA für das Waschmittel „Woolite" der Textilfachhandel als Experte genutzt, während fast alle anderen Waschmittel den Lebensmittelhandel einsetzten. Gleichzeitig hat man die Hersteller von Pullovern usw. angesprochen, und es gab eine Reihe gemeinsamer Kampagnen mit wechselseitigen Hinweisen. Das Produkt wurde ein Mark-

terfolg. Die Erfolgswirksamkeit neuer Wege ist auch in Deutschland beobachtbar: Weil bei Scotch Whiskys alle Anbieter große Werbe-Etats einsetzten, wurde die Marke Ballantines über Verkaufsförderung profiliert. Das Produkt ist heute Marktführer bei Scotch Whiskys mit einem Anteil von 9%.[33]

4.5.3 Verkaufsförderungs-Pretests

Systematische Kreativität beinhaltet auch, daß in einer sich an die Entwicklung der Möglichkeiten der qualitativen Gestaltung anschließenden *Testphase* mit den Mitteln der Markt- bzw. Marketing-Forschung die zielgerichteten Wirkungsweisen der einzelnen Gestaltungsvarianten bewertet, gemessen und überprüft werden.
Erster Bestandteil dieser Testphase ist die Überprüfung der Aktion oder Verkaufsförderungs-Maßnahme auf wettbewerbsrechtliche Durchführbarkeit. Nicht selten sind hervorragend konzipierte Aktionen aus juristischen Gründen am Einspruch von Mitbewerbern, Verbraucherverbänden oder anderen Institutionen gescheitert. Wegen der Bedeutung der juristischen Überprüfung für die Durchführung einer Aktion widmen wir dieser Problematik einen eigenen Abschnitt (vgl. daher Kapitel 4.5.4).
Zur Überprüfung der Frage, ob für das zu lösende Absatzproblem eine geeignete Verkaufsförderungs-Maßnahme ausgewählt sowie eine optimale oder zumindest befriedigende kreative Lösung gefunden wurde, sollten *Verkaufsförderungs-Pretests* eingesetzt werden. Diese haben die Aufgabe, als Entscheidungshilfe bezüglich der zweckmäßigen Gestaltung und/oder des zweckmäßigen Einsatzes einzelner Verkaufsförderungs-Maßnahmen zu dienen. Auf allen drei Aktionsebenen variieren die Zielgruppenreaktionen auf Verkaufsförderungs-Aktivitäten sehr stark in Abhängigkeit von ihrer Ausgestaltung und Präsentation. So können Rücklaufraten für Coupons von 2% bis zu 25% beobachtet werden, je nach Wert des Coupons (im Verhältnis zum Produkt-Preis) und ihrer jeweiligen Distributionsart[34]. Ungeeignete Produktzugaben sind gelegentlich sogar für Umsatzeinbußen verantwortlich gewesen.
Pretests sollen daher die Verkaufsförderungs-Zielsetzung weiter präzisieren und das Risiko einer fehlerhaft konzipierten und gestalteten Aktion vermindern. Dies geschieht, indem vor allem folgende Elemente einer geplanten Verkaufsförderungsmaßnahme kritisch analysiert werden:

- Originalität, Einmaligkeit, Besonderheit
- Aufmerksamkeitswert, Anmutungsqualität und Akzeptanz der Verkaufsförderungs-Mittel
- Imagewirkungen und andere Folgeerscheinungen
- Terminplanung und angesetzte Vorbereitungszeiten
- Richtige und vor allem rechtzeitige Information von Verkaufsorganisation, Handel und Handelspersonal
- Mitwirkungswahrscheinlichkeit des Handels
- Möglichkeit einer optimalen Plazierung der konzipierten Verkaufsförderungs-Mittel
- Vorbereitete Methoden der Durchführungskontrolle während der Aktion
- Geplante Verfahren, nach der Aktion Abverkäufe und andere Ergebnisse regional sowie überregional zu erfassen.

Da an dieser Stelle nach der Optimalkombination für Verkaufsförderungs-Maßnahmen gefragt wird, liegt es nahe, theoretisch auf die Marginalanalyse zu verweisen. Dieser wissenschaftliche Ansatz ist jedoch für die praktische Verkaufsförderungs-Planung unergiebig[35].
Pretests basieren auf den wissenschaftlichen Erkenntnissen der Markt- und Marketingforschung, insbesondere den Verfahren der psychologischen Marktforschung. Nach den für Verkaufsförderung einzusetzenden Test-Methoden müssen quantitative, qualitativ-psychologische, psychometrische, experimentell-apparative, standardisierte und nicht-standardisierte Tests unterschieden werden[36]. Sie messen die verschiedensten Kriterien der Verkaufsförderungs-Wirkung wie Originalität, Glaubwürdigkeit, Anmutung, Akzeptanz, Image, Recall und Recognition bis hin zum optischen Kontakt. Die wichtigsten Verfahren seien im folgenden kurz diskutiert:

- *Markttests*
  Besteht die Aufgabe, die Gesamtkonzeption einer Verkaufsförderungs-Aktion zu überprüfen, so empfiehlt sich die Durchführung eines Markttests. Eine begrenzte Anzahl von Handelsgeschäften (z. B. 10 bis 25) wird in eine Experiment- und eine Kontrollgruppe aufgeteilt. In den Experiment- oder Testgeschäften kommt die geplante und zu überprüfende Verkaufsförderungs-Konzeption zum Einsatz, die Umsatz- und sonstigen Veränderungen werden erfaßt und mit den nicht durch die Aktion beeinflußten Ergebnissen in der Kontrollgruppe verglichen. Obwohl Repräsentanz im marktforschungsmethodischen Sinne nicht vorliegt, ist bei sorgfältiger Untersuchungsanlage bezüglich der Testregion

sowie der einbezogenen Geschäfte eine Verallgemeinerung der Ergebnisse auf das eigentliche Absatzgebiet zulässig. Markttests eignen sich vor allem zur Bewertung und Überprüfung folgender Instrumente der Verkaufsförderung:
- Zugaben
- Gutscheine
- Preisaktionen
- Display-Material
- Propagandisteneinsatz
- besondere Plazierungen.

In der Praxis stehen zum Beispiel der von der A.C. Nielsen Comp., Frankfurt, entwickelte „kontrollierte Markttest", der „Store-Test" der GfK, Nürnberg, und das GfK Mini-Testmarktpanel zur Verfügung. Auch die Rationalisierungsgesellschaft des Handels (RGH), Köln, bietet Testmöglichkeiten dieser Art an.

- *Kaufbereitschaftstests*

  Der Einfluß von Verkaufsförderungs-Aktionen auf die Kaufbereitschaft der in Frage kommenden Verbraucher/Verwender ist relativ leicht festzustellen. Gleichartige Stichproben erhalten die verschiedenen zu überprüfenden Verkaufsförderungs-Maßnahmen vorgeführt, oder einer Kontrollgruppe wird lediglich das Produkt ohne Verkaufsförderung präsentiert. In allen Fällen wird bei der gesamten Stichprobe die Kaufbereitschaft festgestellt. Je enger die korrelative Beziehung zwischen der Einstellungsdimension „Kaufbereitschaft" und den tatsächlichen Käufen (Verhaltensdimension) ist, desto eindeutiger kann auch auf Akzeptanz, Glaubwürdigkeit und Anmutungsqualität der Verkaufsförderungs-Maßnahme geschlossen werden. In Deutschland ist unter anderem das Institut für Verbrauchs- und Einkaufsforschung (IVE), Hamburg, für Kaufbereitschaftstests bekannt.

- *Motivtests*

  Nicht zuletzt aufgrund der durch die Notwendigkeit relativ großer Stichproben (pro Versuchsgruppe 150 bis 200 Personen) hohen Kosten von Kaufbereitschaftstests, wird der Versuch gemacht, über Motivtests Erfolgsprognosen für Verkaufsförderung durchzuführen. Psychologische Explorationen (Tiefeninterviews), Skalierungen und apparative Verfahren, die physiologische Größen messen, stehen zur Verfügung[37].

- *Qualitative Imagestudien*

  Statistisch signifikante Imageveränderungen aufgrund von Verkaufsförderungs-Wirkungen (semantisches Differenzial) zu messen, ist eines der komplexesten und zeitaufwendigsten Verfahren der Test- bzw. Prognosephase. Daher werden meist qualitative Imagestudien mit Stichproben von 20 bis 40 Personen pro Aussagegruppe durchgeführt. Solche psychologischen Tests gestatten zwar nur eine qualitative, d. h. die Einstellungs*richtung* charakterisierende Interpretation, ermöglichen jedoch auf diese Weise ein dennoch durchaus anschauliches Bild der Verkaufsförderungs-Wirkungen. Gleichzeitig sind diese Studien geeignet, die qualitative Komponente der Aufmerksamkeitswirkung (Beeindruckung, Zuwendung, Anmutung) zu messen[38], sowie Glaubwürdigkeit und Einstellung der Testpersonen zu den formal-ästhetischen Mitteln des Testobjektes zu überprüfen (Akzeptanz).

- *Gruppendiskussionen*
  Diese persönlich-mündliche Befragungstechnik ist besonders geeignet, die wichtigsten motivationalen Aspekte einer geplanten Aktion aufzudecken. Dies geschieht durch das Setzen von Reizen (Vorgabe von Informationen, Anzeigen, vorgesehenen Zugaben, provozierenden Fragen usw.), die der Diskussionsleiter einbringt. Gerade direkte Evidenzerlebnisse der Teilnehmer können registriert werden und Eingang in die endgültige qualitative Gestaltung finden.
  Der Erkenntniswert der Gruppendiskussion ist jedoch insoweit begrenzt, als dieses Verfahren ausführliche Prüf- und Absicherungsstufen nicht ersetzen kann. Selbst bei Durchführung von 4 bis 5 Diskussionsrunden ist nur eine Gesamtstichprobe von 25 bis 50 Personen zu erreichen, da die optimale Gruppengröße zwischen minimal 6 und maximal 10 Teilnehmern liegt.
  Gruppendiskussionen sollten in diesem Stadium der Planung daher nur in Verbindung mit anderen genannten Prüfmethoden genutzt werden.
- *Handelsgespräche*
  Strukturierte Interviews mit ausgewählten Handelspartnern gestatten eine Klärung der Frage, ob die konzipierten Informations- und Präsentationsunterlagen für Absatzmittler und deren Personal geeignet sind. Sie geben Auskunft über die Mitwirkungswahrscheinlichkeit der Wiederverkäufer, konkrete – auch terminliche – Möglichkeiten einer Sonder-, Zweit- oder Verbundplazierung am PoP sowie über die grundsätzliche Aufgeschlossenheit und Akzeptanzbereitschaft der Händler der geplanten Verkaufsförderungs-Aktion gegenüber.

Verkaufsförderungs-Aktionen sind – wie erwähnt – nicht nur auf außerökonomische (qualitative), sondern auch auf ökonomische (quantitative) Ziele

gerichtet. Letztere werden einmal bereits im Rahmen von Markttests berücksichtigt, zum zweiten können Verkaufsstatistiken sowie Nielsen- und GfK-Panel-Daten wertvolle Hinweise liefern. Schließlich sollte bei geplanten Verkaufsförderungs-Maßnahmen die Auswirkung auf die Gewinnsituation berücksichtigt werden. Im Rahmen von Pretests der Verkaufsförderung ist daher über die *Deckungsbeitragsrechnung* zu analysieren, welche Umsätze innerhalb des Aktionszeitraumes erzielt werden müssen, damit die Gewinnsituation des Produktes/der Leistung unverändert bleibt oder sogar verbessert wird. Diese Überlegung spielt vor allem bei Verkaufsförderungs-Maßnahmen in Form von Sonderpreisen, Display-Einsätzen, Produktverteilungen, Zugaben und ähnlichem eine wichtige Rolle. In diesen Fällen sind neben den reinen Aktionskosten auch eventuell reduzierte Verkaufspreise zu berücksichtigen[39].
Abschließend sei auf die Möglichkeiten des Einsatzes von Marketing-(Prognose-)Modellen, Simulations-Modellen, hochentwickelten Regressions-Analysen und anderen ökonometrischen Verfahren in der Pretestphase verwiesen. Obwohl sie zu überwiegendem Teil gegenwärtig das Stadium der eigenen wissenschaftlichen Überprüfung, insbesondere bezüglich ihrer Reliabilität (Verläßlichkeit) und Validität (Gültigkeit), noch nicht voll durchlaufen haben, werden sie wahrscheinlich zukünftig eine bedeutende Rolle auch bei Verkaufsförderungs-Tests übernehmen[40].

4.5.4 Juristische Überprüfung

Wesentlicher Bestandteil der Testphase der Verkaufsförderung ist – wie bereits erwähnt – die Klärung der mit geplanten Aktivitäten verbundenen rechtlichen Fragen. Bei jeder Verkaufsförderungs-Maßnahme besteht grundsätzlich die Gefahr, daß Wettbewerber oder andere Teilnehmer am Marktgeschehen (z. B. Verbraucherverbände) Störmanöver einleiten und einen Erfolg der Aktion zumindest teilsweise vereiteln. Daher hat im Stadium der Maßnahmen-Planung nach Auswahl der zieladäquaten Instrumente und der Fixierung ihrer qualitativen Gestaltung eine juristische Überprüfung der geplanten Kampagne zu erfolgen. Diese erstreckt sich vor allem auf die Klärung folgender Fragen:

- Ist die wettbewerbsrechtliche Zulässigkeit der konzipierten Verkaufsförderungs-Maßnahmen gewährleistet?
- Verstoßen geplante Aktivitäten gegen freiwillige Selbstbeschränkungsabkommen (z. B. Branchen- oder Verbandsrichtlinien)?

- Bietet die Aktion Ansatzpunkte für gezielte Störungen (z. B. einstweilige Verfügungen)?
- Welche Auswirkungen sind bei bestimmten Störmanövern auf die Abwicklung der geplanten Kampagne zu erwarten?

Umfangreiche Wettbewerbs-, Werbe- und Verkaufsförderungs-Kontrollen regeln in Deutschland die Methoden des Konkurrenzkampfes mit dem Ziel, unlauteres Verhalten der Marktteilnehmer zu verhindern. Die wichtigsten Kontrollinstrumente sind in Abb. 33 zusammengefaßt.
Die wettbewerbsrechtliche Zulässigkeit einer Verkaufsförderungs-Maßnahme hängt zunächst von der Einhaltung einer Vielzahl von Gesetzen und Verordnungen ab, da *ein* Gesetz, welches das die Verkaufsförderung betreffende Recht zusammenfassend bestimmt, nicht vorliegt. Im folgenden seien die einzelnen in die Verkaufsförderung eingreifenden Rechtsvorschriften genannt[41]:

- Gesetz gegen den unlauteren Wettbewerb (UWG)
- Zugabeverordnung (ZugabeVO)
- Gesetz über Preisnachlässe (RabattG) und Verordnung zur Durchführung des Gesetzes über Preisnachlässe (DVO RabattG)
- Verordnung über Preisangaben
- Regelung von Sonderveranstaltungen
- Gesetz zur Neuordnung und Bereinigung des Rechts im Verkehr mit Lebensmitteln, Tabakerzeugnissen, kosmetischen Mitteln und sonstigen Bedarfsgegenständen

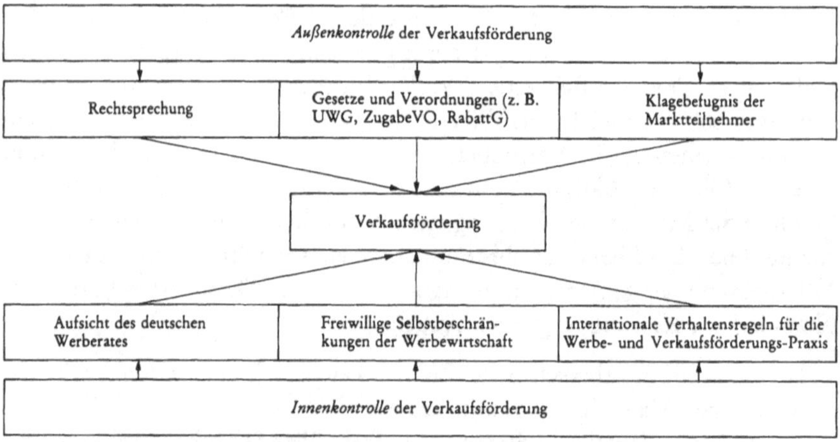

Abb. 33. Rechtliche Kontrollmechanismen der Verkaufsförderung

- Gesetz über die Werbung auf dem Gebiete des Heilwesens
- Landespressegesetze und Postzeitungsordnung
- Straßenverkehrsordnung
- Rennwett- und Lotteriegesetz
- Landesbauordnungen
- Allgemeine Gesetze (z. B. BGB, StGB, Gewerbeordnung)

Beschränkungen für Verkaufsförderung ergeben sich daneben aus einer aufgrund der vorhandenen Rechtsnormen ergangenen *Rechtsprechung*. Da die gesetzlichen Vorschriften oft zu allgemein gefaßt waren und viele Einzelfragen offen ließen, sowie aufgrund zahlreicher Klagen wegen vermeintlicher oder tatsächlicher Verstöße gegen positives Recht in Vergangenheit und Gegenwart, hat die Verkaufsförderung betreffende Rechtsprechung einen beträchtlichen Umfang erreicht. Sie bietet rechtspolitisch den Vorteil der Elastizität und Anpassungsfähigkeit an veränderte wirtschaftliche Situationen und Auffassungen. Hieraus ergibt sich jedoch für die Verkaufsförderungs-Planung eine gewisse Unsicherheit, da im Einzelfall die Grenzen des rechtlich Zulässigen nicht immer genau erkennbar sind[42].
Ein in enger Verbindung mit der Rechtsprechung zu sehendes drittes Element der juristischen Kontrolle in der Verkaufsförderung ist die Klagebefugnis der Marktteilnehmer. So können einmal *direkte Mitbewerber* (Hersteller von Waren, Handelsunternehmen, Anbieter von Dienstleistungen) Klage erheben; daneben steht eine gerichtlich geltend zu machende Forderung auf Unterlassung auch *Wirtschaftsverbänden* (Verbänden zur Förderung gewerblicher Interessen)[43] und solchen *Verbraucherverbänden* zu, deren satzungsgemäße Aufgaben die Wahrnehmung der Interessen der Verbraucher durch Aufklärung und Beratung umfassen[44]. Diese drei Gruppen können vor allem die sog. *einstweilige Verfügung* einsetzen, wie sie in der Zivilprozeßordnung beschrieben wird (§ 935, 940 ZPO). Ohne auf juristische Einzelheiten einzugehen, sei der Kern dieses Instrumentes kurz umrissen: Einstweilige Verfügungen sollen, bei Vermeidung eines meist langwierigen Prozesses, möglichst unverzüglich drohendes Unheil zumindest vorläufig abwenden. Dazu wird im Verfahren nicht nur vom Nachweis einer Verfehlung des Beschuldigten abgesehen, sondern auch eine generelle Eilbedürftigkeit unterstellt, so daß innerhalb weniger Stunden Verkaufsförderungs-Aktivitäten untersagt werden können.
Die bisher genannten Kontrollmechanismen wollen wir – wie bereits aus Abb. 33 ersichtlich – als *Außenkontrollen der Verkaufsförderung* charak-

terisieren, da es sich hierbei um Gesetze und Verordnungen sowie Verfolgungsmöglichkeiten von Verstößen handelt, die durch fremde Marktteilnehmer initiiert werden. Bei der *Innenkontrolle der Verkaufsförderung* geht es dagegen im wesentlichen um freiwillige Selbstkontrollen der Wirtschaft, welche ebenfalls die Verhinderung unlauterer Verkaufsförderungs-Praktiken zum Ziel haben.
Hierzu zählt zunächst die Arbeit des Deutschen Werberates, der die Selbstdisziplin der Werbewirtschaft fördern will. Seine Tätigkeit gilt in erster Linie der sog. „Grauzone unerwünschter, durch Aussagegehalt, Adressenkreis oder Begleitumstände anstößiger" Kommunikationstechniken[45]. Verhaltensregeln und freiwillige Selbstbeschränkungen dienen dazu, Fehlentwicklungen bei Werbung und Verkaufsförderung zu verhindern und beide Instrumente verbrauchergerechter werden zu lassen. Sie betreffen meist ganze Branchen und alle Stufen der Werbewirtschaft[46]. Zur Innenkontrolle der Verkaufsförderung sind weiter die 1973 von den 80 Mitgliedsländern der Internationalen Handelskammer (ICC) verabschiedeten „internationalen Verhaltensregeln für die Werbepraxis" zu rechnen. Schließlich verdient der im gleichen Jahre vom BDVT in Gemeinsamkeit mit der Internationalen Handelskammer in Paris entwickelte „International Code of Sales Promotion Practice" Erwähnung[47].
Im Rahmen der Maßnahmenplanung der Verkaufsförderung sollten diese Innen- und Außenkontrollmechanismen durch Überprüfung der geplanten Aktivitäten mit Hilfe erfahrener Wettbewerbsrechtsspezialisten Berücksichtigung finden. Auf diese Weise lassen sich juristische Fehler in der qualitativen Gestaltung, insbesondere der kreativen Umsetzung, rechtzeitig auffinden und korrigieren.
Zum zweiten gilt es, in der Maßnahmenplanung Daten zu sammeln, die über Störversuche der Vergangenheit im betreffenden Marktsegment Auskunft geben. Man erkennt, wie stark konkurrierende Interessen ausgeprägt sind und ob eine häufige Tendenz besteht, Gegenmaßnahmen einzuleiten. Sodann sollten die konzipierten eigenen Verkaufsförderungs-Aktivitäten aus der Perspektive der Konkurrenz analysiert werden, um festzustellen, welche möglichen Ansatzpunkte zu Störmanövern sich bieten. Dabei ist neben bzw. in Ergänzung von direkten juristischen Schritten die Möglichkeit eigener Verkaufsförderungs-Maßnahmen der Konkurrenz zu bedenken. Ein Erfolg wird solchen Maßnahmen jedoch nur beschieden sein, wenn es dem Wettbewerber gelingt, den bestehenden timelag zu überwinden. Weiterhin muß er in der Lage sein, die angebotene Palette der Verkaufsförderungs-Aktivitäten qualitativ (Argumente, die auf die konkre-

ten Probleme der Zielgruppe gerichtet sind) und quantitativ-finanziell (Konditionen) zu überbieten.
Die juristische Überprüfung und Simulierung möglicher Reaktionen der Marktteilnehmer erlaubt eine eindeutige Kalkulierung des Risikos und eine eventuell notwendige Revision der Verkaufsförderungs-Maßnahmen. Erst danach sollte der Planungsprozeß über die bereits beschriebene eigentliche Testphase und die quantitative Gestaltung der einzusetzenden Verkaufsförderungs-Instrumente fortgesetzt werden.
Abschließend soll bezüglich der wichtigsten Grundtypen von Verkaufsförderungs-Maßnahmen in Abb. 34 der juristische Rahmen und Gestaltungsspielraum aufgezeigt werden.

4.5.5 Quantitative Gestaltung der einzusetzenden Verkaufsförderungs-Maßnahmen – Kostenplanung und Budgetierung

Einzelne qualitativ ausgestaltete Verkaufsförderungs-Maßnahmen wirken erst durch die Intensität ihres Einsatzes am Markt. Dabei können verschiedene qualitative Gestaltungsvarianten bei unterschiedlichem quantitativen Aufwand durchaus dieselbe Gesamtwirkung am Markt erzielen, ebenso wie eine unterschiedliche Gesamtwirkung bei gleicher quantitativer Intensität des Einsatzes möglich ist. Damit ergibt sich die Notwendigkeit, zur Realisierung der in vorherigen Planungsschritten entwickelten Verkaufsförderungs-Ziele auf die qualitative Gestaltung der einzusetzenden Maßnahmen eine *quantitative Optimierungsphase* folgen zu lassen. Bestandteile dieser Planungsstufen sind

- Kostenplanung und Budgetierung sowie
- Zeit- und Ablaufplanung.

Das erste Element spezifiziert die geplanten Verkaufsförderungs-Maßnahmen bezüglich ihrer Kosten und damit der für sie anzusetzenden Budget- oder Etat-Mittel. Die Zeit- und Ablaufplanung bestimmt das Timing und die konkreten Durchführungsschritte einer Kampagne oder einzelner Verkaufsförderungs-Anstrengungen. Beide Bestandteile der quantitativen Planungsphase werden mit ihren Ergebnissen im Rahmen der Erfolgskontrolle der Verkaufsförderung als Meßgrößen heranzuziehen sein, wenn dort u. a. die tatsächlichen Ausgaben und die Zeitpunkte der Ausführung den geplanten monetären Größen und Durchführungsstufen gegenübergestellt werden (vgl. 4.7). Kostenplanung und Budgetierung sowie Zeit- und Ablaufpla-

Verkaufsförderungs-Grundtyp	Aktions-Inhalt	Rechtliche Zulässigkeit[48]
Wettbewerbe und Gewinnspiele (Preisausschreiben)	Hersteller, Handel oder Dienstleistungsunternehmen bieten zeitlich befristete Gewinnverlosungen an, um damit (z. B. in einer Verkaufsaktion) bestimmte Angebote zu fördern	Liegen keine besonderen wettbewerbswidrigen Umstände vor, sind Wettbewerbe und Gewinnspiele grundsätzlich zulässig. Zur Unzulässigkeit führende Umstände sind psychologischer Kaufzwang, übertriebenes Anlocken, Kopplung von Teilnahme und Warenbezug, irreführende Fragestellungen und Chancenungleichheit der Teilnehmer
Self-Liquidating-Offer	Beim Erwerb eines bestimmten Angebotes besteht die Möglichkeit, zusätzlich und zeitlich befristet ein weiteres Produkt (Leistung) zu einem besonders attraktiven Preis zu erstehen	Kopplungsangebote dieser Art sind grundsätzlich erlaubt, wenn beide Waren gesondert ausgepreist sind, der Preis für den Self-Liquidator in etwa dem tatsächlichen Verkehrswert entspricht und das Zusatzangebot eine gewisse Gebrauchsnähe zur Hauptware aufweist. Nicht zulässig sind branchenfremde sog. „Vorspannangebote" wegen des Vorliegens eines psychologischen Kaufzwanges, da nach der Rechtsprechung der Kaufanreiz nicht mehr vom Hauptprodukt ausgeht. Grundsätzlich befürwortet in letzter Zeit die deutsche Rechtsprechung hier eine weite Auslegung
Zugaben und Werbegaben	An den Erwerb eines Angebotes oder das Aufsuchen eines Geschäftes (z. B. bei der Neueröffnung) gekoppeltes oder frei erhältliches kostenloses Geschenk (Verteilung oder Verlosung)	Zugaben sind an den Erwerb eines bestimmten Angebotes gekoppelt und grundsätzlich unzulässig. Ausnahmen liegen nur bei Reklamegegenständen von geringem Wert und geringwertigen Kleinigkeiten vor. Gegenstände der ersten Gruppe müssen als solche durch einen unschwer erkennbaren Aufdruck gekennzeichnet sein, ihre Geringwertigkeit hat sich nach dem Verkehrswert und nicht den Herstellkosten zu ergeben. Sie müssen auch nach Aushändigung noch Gebrauchswert haben. Geringwertige Kleinigkeiten besitzen keinen Handels- oder Verkehrswert und dürfen im allgemeinen eine Werthöchstgrenze von DM 0,50 nicht übersteigen. Werbegaben sind nicht an den Erwerb eines Hauptangebotes gekoppelt, für sie gelten die allg. Grundsätze des UWG

Verkaufsförderungs-Grundtyp	Aktions-Inhalt	Rechtliche Zulässigkeit[48]
Produktproben und Verkostungen	Produktproben werden zeitlich befristet an alle potentiellen Kunden oder spezielle Zielgruppen durch Laden- oder Direktverteilung ausgegeben. Bei Verkostungen werden Kunden zum Probieren bestimmter Artikel im Handel aufgefordert	Die Vergabe einer Original-Packungseinheit ist nur zulässig, wenn allein sie eine sachgemäße Erprobung des Angebotes ermöglicht. Wird dabei jedoch der Wettbewerb der Warengruppe oder das Interesse der Allgemeinheit geschädigt (z. B. Marktverstopfung), ist die Verteilung von Original-Einheiten unzulässig. Kleinere Sonderpackungseinheiten sind erlaubt, wenn nur die erforderlichen Mengen abgegeben werden und der Probezweck deutlich zum Ausdruck kommt. Bezahlte Proben sind im Grundsatz ohne wesentliche Einschränkung zulässig
Sonderpreis-Aktionen	Bestimmte Güter oder Leistungen werden besonders preisgünstig oder sogar unter Einstandspreis abgegeben	Aktionen dieser Art sind wettbewerbsrechtlich zulässig, wenn der Ausnahmecharakter im Angebot deutlich wird, die Aktion nur vorübergehend während eines begrenzten Zeitraumes stattfindet, keine zusätzliche weitere Bindung des Kunden an den Lieferanten entsteht, ein begründeter Anlaß und eine entsprechende Bevorratung vorliegen
Vergabe von Gutscheinen	Bei Vorlage eines Gutscheines erhält der Kunde einen Preisnachlaß	Der Gutscheinwert darf 3% des Produktpreises nicht übersteigen
Treue-Rabatte und Rabattmarken	Für mehrmaligen Produktkauf oder Einkauf in bestimmten Geschäften werden Preisnachlässe gewährt	Treuerabatte sind nach § 13 der Durchführungsverordnung zum Rabattgesetz und Rabattmarken nach § 4 Rabattgesetz zulässig. Sie dürfen bis 3% des Kaufpreises ausmachen und nur in Geld bar ausgezahlt werden. Sog. Zusatz-Tauschaktionen sind unzulässig
Zweit-, Sonder- und Verbund-Plazierungen	Unter Verwendung spezieller Verkaufsständer werden Angebote zeitlich befristet herausgestellt	Aktionen dieser Art sind grundsätzlich zulässig. Eine wettbewerbswidrige Irreführung als Verstoß gegen § 3 UWG kann sich ergeben, wenn kein wirklicher Preisvorteil gewährt wird. Liegt jedoch ein anderer Zweck der Herausstellung vor, z. B. Neueinführung, Saisonaktion, Bedarfskopplung u. ä., so bleibt die Zulässigkeit erhalten. Verkaufsständer dürfen keinen Zweitnutzen für den Handel haben

Abb. 34. Der juristische Rahmen wichtiger Verkaufsförderungs-Grundtypen

nung kann man in Verbindung mit Pretests daher auch bereits als *Ergebnisplanung* in der Verkaufsförderung verstehen.

Wir haben bereits an anderer Stelle darauf verwiesen, daß der Planungsprozeß zum Teil in der Praxis durchaus simultan verläuft. Ein endgültiges Urteil bezüglich der Frage, welche Entscheidungen zuerst zu treffen sind und welche anderen Entschlüsse darauf aufbauen, fällt daher nicht immer leicht. Dieses Problem gilt auch für die Kosten- und Budgetplanung im Verhältnis zur Zeit- und Ablaufplanung. Viele Unternehmen erarbeiten zuerst das Verkaufsförderungs-Budget, um es sodann in einen detaillierten Zeit- und damit Durchführungsplan aufzugliedern. Es gibt jedoch Fälle, in denen ausgehend von den zeitlich fixierten Verkaufsförderungs-Zielen das zur Erreichung erforderliche Budget entwickelt wird. Unsere Diskussion behandelt beide Problemkreise sukzessiv: Zunächst wollen wir auf die Kosten- und Budgetplanung eingehen und den Verkaufsförderungs-Plan monetär fixieren, um ihn sodann im Rahmen der Zeit- und Ablaufplanung terminlich festzulegen[49].

Betrachtet man z. B. mit Hilfe der Deckungsbeitragsrechnung die (Marketing-) Kalkulation eines Produktes oder einer am Markt angebotenen Leistung, so wird deutlich, daß eine Erhöhung der Verkaufsförderungs-Aufwendungen den Gewinn vermindert, falls es nicht gelingt, über die

Tab. 3. Zusammenhang zwischen Verkaufsförderungs-Kosten und Deckungsbeitrag

Brutto-Erlöse		DM	xxxxxx
∕. Mehrwertsteuer			xx
∕. Erlösschmälerungen			xx
Netto-Erlöse		DM	xxxxxx
∕. Herstellungskosten			xxxx
∕. Umsatzvariable Marketingkosten (z. B. Provisionen, Versandkosten, . . .)			xxx
Deckungsbeitrag I		DM	xxx
∕. Direkt zurechenbare Marketing-Kosten:			
Werbung	xxx		
Verkaufsförderung	xxx		
Forschung-Entwicklung	xx		
Sonstiges	xx		
		Total	xxx
Deckungsbeitrag II (produktbezogen)		DM	xxx
∕. Overhead-Kosten (nicht mehr produktbezogen)			xx
Brutto-Ergebnis (vor Steuern)		DM	xx

Steigerung des Aufwandes den Deckungsbeitrag I überproportional zu erhöhen (Tab. 3).
Dieses Ziel kann über eine Steigerung der Netto-Erlöse (durch Verkaufsförderung initiierte Umsatzerhöhung) und/oder über Kostensenkung in anderen Bereichen (z. B. Verminderung des Aufwandes im persönlichen Verkauf durch Effektivitätssteigerung bei der gegenwärtigen Verkaufsorganisation über Schulung und Training) erreicht werden. Das Verhältnis von Verkaufsförderungs-Investitionen und Deckungsbeitrag wird noch durch einen weiteren, in der Praxis häufig übersehenen Faktor bestimmt[50]: Verkaufsförderung ist auch zur *langfristigen Steigerung* des Produktgewinnes einsetzbar.
Gerade in frühen Lebensphasen eines Angebotes ist es berechtigt, höhere Verkaufsförderungs-Aufwendungen zu tätigen (und möglicherweise dabei sogar negative Deckungsbeiträge in Kauf zu nehmen), um nach erfolgreicher Marktetablierung überproportionale Rückflüsse zu erzielen. Aus diesem Grunde sprechen wir von Verkaufsförderungs-*Investitionen*, damit im konkreten Entscheidungsprozeß nicht die Frage gestellt wird, „wieviel kostet die Verkaufsförderung?“ sondern „wieviel Geldmittel sollten in Verkaufsförderung investiert werden, um ein gewünschtes (auch monetäres) Ergebnis zu erreichen?“.
Hieraus ergibt sich folgerichtig die Feststellung, daß verschiedene in der Praxis geläufige Budget-Bestimmungsverfahren ungeeignet sind, da sich allein eine „an Marktanteils-, Absatz- und Kommunikationszielen orientierte Vorgehensweise in das geschlossene System der Marketing-Planung einfügt.“[51] Als unzulänglich klammern wir daher vor allem folgende Methoden zur Bestimmung des Verkaufsförderungs-Budgets aus der weiteren Diskussion aus:
Etatplanung nach bzw. im Verhältnis zu

- Vorjahresumsätzen oder Planumsätzen
- Vorjahres- oder Plangewinn[52]
- Finanzierungsmöglichkeiten
- Herstellungs- und/oder Vertriebskosten
- Branchengepflogenheiten (Verkaufsförderungsaufwendungen der Mitbewerber)
- klassischer Werbung und anderen eigenen Kommunikationsaufwendungen.

Auf die Unzulänglichkeiten dieser pauschalen und undifferenzierten Etatbestimmungsverfahren braucht nicht näher eingegangen zu werden. Allein die planvolle Ausrichtung des Verkaufsförderungs-Budgets nach den Verkaufsförderungs-Zielen (Task Method), welche selbst von Kommunikations-, Marketing- und Unternehmenszielen abgeleitet sind, macht Verkaufsförderung zu einem Instrument der Unternehmens- und Marketing-Politik.

Ausgangspunkt ist der *Verkaufsförderungs-Bedarf* der einzelnen Produkte/Leistungen, der je nach deren Kosten und Erträgen, der Art und Zeitdauer ihrer Absatzchancen sowie ihrem jeweiligen Beitrag zur Imagebildung des Unternehmens unterschiedlich sein wird. Die finanzielle Belastbarkeit der Erzeugnisse kann nicht entscheidendes Kriterium sein, gerade wenn wir auch langfristige Verkaufsförderungs-Wirkungen berücksichtigen wollen. Auf der Basis der für kurze, mittlere und lange Fristen festgelegten Verkaufsförderungs-Ziele und aufgrund von Wirkungs- und Erfolgsprognosen werden die zur Annäherung an die Ziele notwendigen Verkaufsförderungs-Maßnahmen bestimmt. Danach sind die Kosten dieser Aktivitäten zu ermitteln und zusammenzustellen. Unter Berücksichtigung einer Etatreserve (zur Sicherung der erforderlichen Elastizität des Einsatzes und um eventuelle Kostensteigerungen aufzufangen) ergibt sich das Gesamtbudget. Wir müssen erkennen, daß implizit in den genannten Einflußgrößen eine Reihe von weiteren Faktoren enthalten sind, die die Budgetbestimmung beeinflussen. Will der Verkaufsförderungs-Planer eine realistische Etatplanung vornehmen, sind vor allem folgende Einflußfaktoren zu berücksichtigen:

- generelle Bedeutung kommunikationspolitischer und speziell verkaufsfördernder Aktivitäten in der betreffenden Produktgruppe
- Lebenszyklusphase des zu planenden Artikels (Angebotes)
- Wettbewerbslage und Aufwendungen der Konkurrenz für Verkaufsförderung[53]
- finanzielle und kapazitätsmäßige Leistungskraft des eigenen Unternehmens[54]
- gesamtökonomische Umwelt[55].

Im Rahmen der Führungskonzeption des Marketing ist das geschilderte Vorgehen unter Einbeziehung dieser Faktoren der einzig logisch-systematische Ansatz zur Verkaufsförderungs-Budgetbestimmung. Allerdings bringt er in der praktischen Anwendung eine Reihe von Schwierigkeiten mit sich: So ist einmal der Gesamtplanungsprozeß aufwendiger und komplizierter als bei anderen Etat-Festsetzungsverfahren. Zum zweiten müssen überprüfbare Wirkungs- und Erfolgsprognosen vorliegen, um alternative Maßnahmen-Kombinationen bewerten zu können. Schließlich erfordert die Ziel-Methode eine ständige Abstimmung mit anderen unternehmensinternen Funktionsbereichen (Produktion, Finanzen, Verkauf, Kundendienst usw.). Das noch häufig vorherrschende sog. Ressort- oder Kästchen-Denken der Abteilungen steht hier hemmend im Wege. Dennoch gewinnt die zielbezogene Budgetbestimmungs-Methode in der Praxis Befürworter und auch Anwender, da sie in zunehmendem Maße als einzig korrekter Weg zur Verkaufsförderungs-Etatfestlegung anerkannt wird.

4.5.6 Quantitative Gestaltung der einzusetzenden Verkaufsförderungs-Maßnahmen – Zeit- und Ablaufplanung

Die Zuordnung der Verkaufsförderungs-Maßnahmen zu einzelnen Zeiträumen ist innerhalb der Zielsetzungen abhängig von

- Bedarfsschwerpunkten und Saisonschwankungen
- Durchführungsstufen der geplanten Aktion
- speziellen unternehmens- und marktbezogenen Ereignissen/Anlässen (Jubiläen, Messen, Ausstellungen, Einführungszeitpunkten von Neu-Produkten, Relaunch-Maßnahmen, usw.)
- kleineren Konjunkturbewegungen
- Wettbewerberaktivitäten und
- Handelsforderungen.

In diesem Planungsschritt sind daher bestimmte Zeitpunkte festzulegen, zu denen wichtige Entscheidungen gefällt werden müssen. Daneben gilt es, die Vielzahl der erforderlichen Einzelmaßnahmen und Ereignisse zeitlich zu fixieren. Informationen und Materialien sind zunächst an die eigene Verkaufsorganisation weiterzuleiten. Diese Aufgabe hat speziell auch für die Motivierung der Verkaufsmitarbeiter während der Durchführung der Aktion beträchtliche Bedeutung. Informationen und Materialien müssen daneben den Einkaufsabteilungen der Wiederverkäufer zugehen und dort präsentiert werden. Des weiteren sind die Händler selbst und ihr Verkaufspersonal zu erfassen. Direkte verbraucher-/verwenderbezogene Aktivitäten erfordern – nicht zuletzt auch aufgrund der evtl. einbezogenen Medienunterstützung – ebenfalls eine exakt terminierte Einsatzplanung. Zentrale Bedeutung hat auch die zeitliche Koordinierung von Ware und Verkaufsförderungs-Material am PoP, da dies die von einer Aktion ausgehende Wirkung wesentlich beeinflußt.

Klare Delegation von Verantwortung für einzelne Stufen des Verkaufsförderungs-Planes oder für die Gesamt-Aktion ist schließlich für einen reibungslosen Ablauf von besonderem Gewicht. Diese auf den ersten Blick selbstverständlich erscheinende Forderung erweist sich in der Praxis unter organisatorischen Gesichtspunkten oft als gravierendes Problem. Einmal ist bei der Durchführung von Maßnahmen in starkem Maße auch die Verkaufsabteilung angesprochen, welche somit bei der zeitlichen und ablaufmäßigen Planung einbezogen sein sollte. Zum anderen ist in vielen Unternehmen die Zuständigkeit für Verkaufsförderung nicht eindeutig definiert. Es sind daher für sämtliche geplanten Maßnahmen und Arbeitsschritte eindeutige Zuständigkeiten festzulegen.

Die zeitliche Durchführungsplanung ist in Form einer Terminliste zu fixieren, welche auch organisatorische Einordnung und verantwortungsmäßige Kompetenz regelt und offenlegt. Dies geschieht in einfachen Fällen über ein *Ablaufdiagramm*, das für jeden Arbeitsschritt und alle Einzelmaßnahmen die erforderliche Zeit als Balken, die geplanten Termine als Anfangs- und Endpunkte der Balken und die beteiligten sowie die verantwortlichen Stellen im Unternehmen zeigt (Abb. 35).

Beziehungen und Abhängigkeiten der einzelnen Stufen sind jedoch in einem solchen Ablaufdiagramm nicht oder nur schwer erkennbar, Verzögerungsfolgen nicht ablesbar, Kosten und erforderliche Kapazitäten kaum exakt zuzuordnen. Aus diesen Gründen erscheint es notwendig, zumindest bei umfangreicheren Verkaufsförderungs-Aktionen mit der *Netzplantechnik* als Optimierungsinstrument zu arbeiten.

Man unterscheidet bekanntlich tätigkeitsorientierte (z. B. CPM und MPM) und ereignisorientierte Netzpläne (z. B. PERT-Originalfassung)[56]. Obwohl sich in der Vergangenheit der Anwendungsschwerpunkt auf die tätigkeitsorientierte Darstellung verlagert hat, besitzen die ereignisorientierten Verfahren auch heute noch Bedeutung: Insbesondere die jeweilige Projektleitung wird Wert auf wichtige Ereignisse legen, die z. B. Zwischenergebnisse des Projekts kennzeichnen oder besondere Entscheidungsstufen beinhalten. Aufbauend auf den Verfahren der Terminplanung wurden Methoden der Kosten- und Kapazitätsplanung entwickelt, die – wie oben für die Verkaufsförderung gefordert – neben der Zeit als weitere Parameter Kosten und Produktionsmittel berücksichtigen. Beispiele hierfür sind etwa PERT/Cost und CPM/Cost.

Die in Abb. 36 enthaltenen Arbeitsschritte der Netzplantechnik weisen darauf hin, daß sich die Anwendung dieses Planungsinstrumentes nur auf Projekte mit sachlich definierbarem Anfang und Ende erstrecken kann. Das

Zeiten / Maßnahmen	Februar	März	April	Mai	Verantwortliche Stelle	Beteiligte Stellen
Festlegung der Zugabenart u. -menge	2.-13.				Produkt-Management (PM)	PM, Vertrieb
Festlegung der Verteilungsart	4.-17.				PM	PM, Vertrieb
Kalkulation u. Zielfixierung	18.2.-2.3.				PM	PM
Präsentation (intern) u. evtl. Revision		3.-8.			PM	PM, Vertrieb, Verkaufsorg.
Präsentation Handel		9.-31.			Vertrieb	Vertrieb, Verkaufsorganisation
Produktion		28.3.-20.4.			Produktion	Produktion, Einkauf, PM
Zustellung Handel			15.-28.		Vertrieb	Vertrieb, Verkaufsorganisation
Aktions- u. Durchführungszeitraum			29.4.-21.5.		PM	PM, Vertrieb, Verkaufsorganisation
Erfolgskontrolle				1.-31.	PM	PM, Vertrieb, Verkaufsorganisation

Abb. 35. Ablaufdiagramm einer Zugaben-Aktion (ausgewählte Arbeitsschritte)

ist insbesondere bei Verkaufsförderungs-Aktionen der Fall. Eine effiziente Nutzung setzt weiter ein umfangreiches und kompliziertes Vorhaben voraus, das über herkömmliche Planungsmittel, wie etwa Balkendiagramme (Gantt-Charts), line-off-balance-Techniken (LOB) oder Meilensteindiagramme nicht abzuwickeln ist. Auch diese Voraussetzung gilt gerade für die durch vielfältige Detail- und Einzelarbeitsschritte zu kennzeichnende Verkaufsförderung. Schließlich kommen die Vorteile der Netzplantechnik besonders dann zum Tragen, wenn – wie häufig in der Verkaufsförderung

– ein Projekt unter starkem Termindruck steht, mehrere Abteilungen des Unternehmens beteiligt sind und koordiniert werden müssen, oder wenn wenig Erfahrungen über den Projektablauf vorliegen[57].

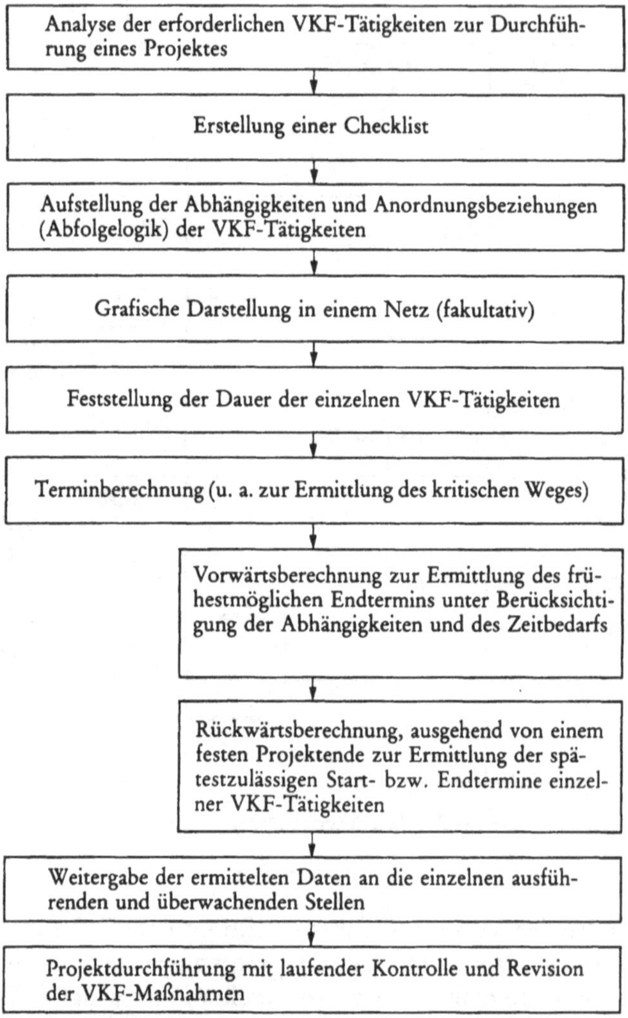

Abb. 36. Arbeitsschritte der Netzplantechnik im Rahmen eines Verkaufsförderungs-Projektes

4.6 Integration der Verkaufsförderung in das Marketing-Mix

Eines der Hauptprobleme in der Marketing-Planung liegt in der Zusammenführung der einzelnen Programmpläne (Werbung, Verkaufsförderung, Preis, Absatzwege, ...) zum vollständigen Marketing-Mix. Die spezifischen Resultate einer Promotion-Kampagne sind durchaus prognostizierbar (vgl. Abschnitt Pretests), im Rahmen der Gesamt-Strategie eines Unternehmens besteht aber ein Wirkungsverbund und damit eine Wechselwirkung *aller* absatzpolitischen Instrumente. Diese sind als umfassendes *Maßnahmenpaket* zu verstehen. Bei einer integrationslosen Zusammenführung der Einzelprogramme können verschiedene unerwünschte Nebenwirkungen auftreten. Nicht immer gelingt es, komplementäre Beziehungen zwischen den Marketing-Instrumenten zu schaffen, vielmehr wirken allein schon Werbung und Verkaufsförderung oft gegenläufig[58]. Unter Berücksichtigung auch angebots- und distributionspolitischer Maßnahmen wird ein Kombinations- oder Integrationsprozeß um so notwendiger, weil sich alle Marketing-Mix-Instrumente in ihrer Wirksamkeit ganz oder teilweise substituieren können. So ist beispielsweise eine auf Bildung eines Prestige- und Status-Images ausgerichtetete Produkt-, Preis- und Werbepolitik nicht mit Verkaufsförderungsmaßnahmen kombinierbar, die zum Beispiel über regelmäßige Sonderpreise kurzfristige Mehrverkäufe erreichen sollen. Bei einer nicht unbeträchtlichen Zahl von Markenartikeln kann dagegen gerade eine solche Strategie beobachtet werden, allerdings mit dem langfristigen Ergebnis einer eindeutig rückläufigen Marktposition bei Handel und Verbraucher und damit unvollständigen Zielerreichung[59].

Zweifelsohne brauchen nicht immer konträre Wirkungen von den verschiedenen Marketing-Instrumenten auszugehen. Dubin berichtet von einer experimentellen Studie, in der zwei repräsentative Gruppen von Frauen in Supermärkten mit Display-Material konfrontiert wurden[60]. Eine Teilstichprobe sah Verkaufsständer vor, die gestalterisch eng an die produktbezogene Themenwerbung angelehnt waren, die andere Gruppe von Frauen konnte lediglich ein Display betrachten, welches keinen Bezug zur Produktwerbung aufwies. Als Ergebnis wurde festgestellt, daß das themawerbungbezogene Display gegenüber dem eigenständig gestalteten Verkaufsständer eine um 100% gesteigerte Beachtung erzielte und die Anschlußkäufe sogar um 300% höher lagen.

Obwohl möglicherweise ein zwar eigenständig, aber besonders auffällig gestaltetes Display ebenfalls bessere Wirkungen erreicht hätte, wird doch deutlich, daß vorhandene Interdependenzen zwischen den Marketing-Instrumenten Berücksichtigung finden müssen. Damit gewinnt die *Integrationsphase* im Rahmen der Verkaufsförderungs-Planung beträchtliche Bedeutung. Sie setzt aufgrund der Unmöglichkeit, klare, allumfassende und langfristig gültige Gesetzmäßigkeiten zu ermitteln, eine intime Kenntnis der direkt-ökonomischen und psychologischen Zusammenhänge im Marketing-Mix voraus.

Theoretisch kann man das hier in Rede stehende Problem in eine mathematische Funktion eingeben, da es sich um die Feststellung der Veränderung einer Größe unter Variation eines zweiten Faktors handelt. In der Tat sind gerade in letzter Zeit diverse Versuche in dieser Richtung zu beobachten[61]. Sie weisen jedoch alle den Mangel auf, keine der Wirklichkeit adäquate Darstellung des Marktgeschehens zu ermöglichen. Die Vielzahl der Variablen und Interdependenzen und damit auch das Informationsproblem als Modell-Input verhindern eine mathematische Lösung einer solchen Globalfunktion. So wird zumindest auf absehbare Zeit für die praktische Integrationsplanung (auch in Großunternehmen) eine auf Intuition und Erfahrung basierende Entscheidungsfindung überwiegen. Diese jedoch kann über die Anwendung wissenschaftlich-fundierter Markt- und Marketing-Forschungsmethoden, insbesondere des Marktexperimentes (Store-Test, Testmarkt und ähnliches) systematisiert werden.

Nach der definitiven Auswahl der optimal erscheinenden Marketing-Politik und damit des endgültigen Marketing-Mixes, ist schließlich eine Phase der *Planüberarbeitung* einzuschalten; einmal bedingt durch die zwischen den Planungsschritten und der endgültigen Entscheidung und Realisierung liegende Zeitspanne, während der sich Marktsituation und/oder sonstige Variablen verändert haben können. Zum zweiten ist oft zu beobachten, daß im Rahmen der Erarbeitung speziell auch verkaufsfördernder Maßnahmen die ursprünglich als zielbezogene zugrunde gelegte sog. *Basisidee* eine entscheidende Wandlung erfahren hat. Wir haben auf das Problem der zu eigenständigen kreativen Umsetzung und den damit möglicherweise verbundenen Verlust einer engen emotionalen Bindung der Maßnahmen and das zu fördernde Produkt mehrfach hingewiesen. Die Planüberarbeitung hat die Aufgabe, diese als geistiges und oft optisches Band zu verstehende Verknüpfung gegebenenfalls wieder herzustellen.

4.7 Erfolgskontrolle der Verkaufsförderung

Wir haben den Management-Prozeß in einem Unternehmen als ein System interdependenter Aktivitäten beschrieben; hierzu zählt auch die Kontrolle und Überprüfung aller betrieblichen Bemühungen mit der Aufgabe der Sicherstellung ihres zielgerechten Ablaufes. Kotler definiert Kontrolle als einen Prozeß „der bewußten, schrittweisen Annäherung der tatsächlichen an die gewünschten Ergebnisse durch geeignete Maßnahmen.“[62] Obwohl diese Begriffsbestimmung noch wenig operational erscheint, wird deutlich, daß Kontrolle untrennbarer Bestandteil des gesamten Planungsprozesses in einem Unternehmen ist. Sie dient einerseits als Instrument zur parallelen und nachträglichen Überprüfung der Zielbezogenheit und Wirksamkeit geplanter und realisierter Maßnahmen, zum zweiten ist sie entscheidende Voraussetzung für in folgenden Planperioden zu erarbeitende Ziele und Handlungsalternativen. Die mehrfach angedeutete Interdependenz der Planungsstufen im Marketing wird erneut erkennbar: Ausgehend von einer operationalen Zieldefinition sind Maßnahmen (Aktionspläne) zu entwikkeln, die die Wege der Zielerreichung spezifizieren. Während und nach der Realisation findet eine Kontrolle statt, die Auskunft über den Zielerreichungsgrad gibt, Ansätze für Korrekturmaßnahmen liefert und sodann den Ausgangspunkt einer Zieldefinition für zukünftige Perioden darstellt. Die Bedeutung der Erfolgskontrolle liegt daher nicht nur im überprüften Plan selbst (Ziele, Strategien und Taktiken), sondern vielmehr in einem kontinuierlichen Planungs*prozeß*, der von laufend überprüften Daten ausgeht. Dieser aktive Prozeß – der für alle unternehmensinternen Planungsbereiche (Produktion, Finanzen, Marketing, Beschaffung usw.) im Grundsatz identisch ist – wird überlagert von einer ständigen parallelen Informations-Sammlung und -Analyse, die entscheidungsbegründend und -absichernd einzusetzen ist.[63] So bedarf der Kontrollprozeß einer Vielzahl von Daten und Informationen, die den relativen und/oder absoluten Zielerreichungsgrad transparent werden lassen. Bezogen auf die Verkaufsförderung sollen im folgenden die erforderlichen Informationen dargestellt und diskutiert werden. Eine zweite Hauptfrage in der Verkaufsförderungs-Kontrolle ist neben der Klärung der *Art* der zu berücksichtigenden Erfolgskriterien (was ist zu messen?) in der systematischen Suche und Anwendung geeigneter *Methoden* der Datensammlung und Analyse zu sehen (wie ist zu messen?). Auch hierauf wird detailliert einzugehen sein.

Vorab sei jedoch auf einige *grundsätzliche Probleme* der Erfolgskontrolle der Verkaufsförderung hingewiesen: Wir haben mehrfach, zuletzt im Rahmen der Integration der Verkaufsförderung in das Marketing-Mix, die Notwendigkeit eines sorgfältig abgestimmten Gesamt-Marketing-Instrumentariums betont, um möglichst komplementäre statt substitutive Wirkungen zu erzielen. Als Resultat ergibt sich ein Marketing-Ergebnis, das *zur Zeit* weder in seiner Gesamtheit noch in Teilen präzise dem Einsatz *einzelner* Marketing-Instrumente (z. B. der Verkaufsförderung) zuzurechnen ist.[64] Betrachten wir zur Erläuterung dieser Situation das folgende (fiktive) Beispiel: Ein Konsument erwirbt in einem Supermarkt eine Pakkung einer speziellen Teemarke. Lassen wir – in Vereinfachung der komplexen Realität – angebots- und distributionspolitische Marketing-Maßnahmen außer acht, so fällt allein bereits die Entscheidung schwer, welche spezifische kommunikationspolitische Aktivität diesen Kauf herbeiführte. Jeder der folgenden Faktoren kann nämlich für den Kaufentschluß verantwortlich gewesen sein:

- Das Handelsunternehmen offeriert dieses Produkt zu einem besonders attraktiven Preis, der durch kurzzeitige Sonderkonditionen des Herstellers begründet ist
- zum Zeitpunkt des Einkaufs gab es Verkostungsmöglichkeiten im Laden, die den Käufer von Qualität und Geschmack überzeugten (Propagandisteneinsatz des Herstellers)
- der Konsument sah vor dem Einkauf eine Anzeige für dieses Produkt in einer Zeitschrift und/oder einer Tageszeitung und/oder am Vorabend im Fernsehen
- ein Regalstopper, eine Verkaufsgondel, ein besonders attraktives Displaystück erregte seine Aufmerksamkeit im Laden
- die wiederverwendbare geschmackvolle Verpackung (z. B. Metallschachtel) reizte ihn
- er sah Wochen vorher eine Anzeige für das Produkt und erinnerte sich erst am Regalplatz wieder daran
- die Zugabe in Form eines kleinen und einfachen, aber reizvollen Gesellschaftsspieles interessierte ihn
- der Konsument wollte an einem Gewinnspiel teilnehmen und glaubte, dafür bestimmte Produktaussagen von der Packung zu benötigen
- er war auf Produkt und Hersteller durch eine Spende für einen Kinderhort seines Wohnortes aufmerksam geworden.

Diese Liste der durch den Hersteller des gekauften Produktes initiierten Kaufgründe kann noch beliebig verlängert werden. Bereits diese wenigen Beispiele lassen jedoch den Schluß zu, daß allein schon im Kommunikations-Mix eines Unternehmens, selbst wieder Teil des Gesamt-Marketing-Mix, eine Vielzahl von Kräften zur Wirkung kommen können. Jeder Versuch, bestimmten Einzelinstrumenten eine direkte ökonomische Effektivität zuzuweisen, erfordert eine eindeutige, valide und verläßliche, isolierte Messung des jeweiligen Umsatz- und /oder Gewinnbeitrages. Diese Prüfung muß darüber hinaus auch noch relativ schnell, einfach und zu vertretbaren Kosten durchführbar sein. Es sei schon jetzt (im Vorgriff auf Abschnitt 4.7.2) darauf hingewiesen, daß bisher keine Kontrollinstrumente zur Verfügung stehen, die *allen* genannten Anforderungen genügen.

Während also bereits die durch den Initiator einer Verkaufsförderungs-Aktion eingebrachten und den Kaufentschluß beeinflussenden Faktoren nicht voll isolierbar sind, kommen gleichzeitig weitere – von ihm unbeeinflußte – Größen zur Wirkung. Kaufauslösende Umstände mögen daneben in unserem Beispiel zusätzlich u. a. in folgenden Gegebenheiten gelegen haben:

- Der Konsument hat seine bevorzugte Marke gewechselt, da er mit der Qualität des bisher gekauften Wettbewerbsproduktes nicht mehr zufrieden war
- die Konkurrenten haben ihre Preise erhöht, die gekaufte Marke dagegen nicht
- die normalerweise von unserem Käufer bevorzugte Marke war im Regal nicht vorrätig
- die Werbung der bisherigen Marke mißfiel dem Konsumenten, und er beschloß, eine andere Marke zu erwerben
- er ließ sich von einem Bekannten von der Qualität des Produktes überzeugen
- die Packungsgrößen der Konkurrenz entsprechen nicht seinen Konsumgewohnheiten
- das Handelsunternehmen führte zum Zeitpunkt des Kaufes eine Verbundplazierung mit bedarfsverwandten Artikeln durch (z. B. Gebäck, Kandiszucker, Büchsenmilch o. ä.), die ihn auf das im Regal stehende Produkt aufmerksam machten.

Es wird deutlich, daß Verkaufserfolge nicht nur vom eigenen Marketing-Mix, sondern daneben von einer Vielzahl weiterer Faktoren beeinflußt werden, wie z. B. dem Marketing-Mix der Wettbewerber, der Marketing-Politik des Handels und den grundsätzlichen und spezifischen Wünschen, Zielvorstellungen, Motiven, Einstellungen und Verhaltensweisen der Verbraucher/Verwender. Diese Einflußgrößen können direkt und unmittelbar, aber auch indirekt und mittelbar zur Wirkung kommen. Sie fügen der Erfolgskontrolle der Verkaufsförderung eine weitere Problemdimension zu. Schließlich sei auf einen dritten erschwerenden Faktor hingewiesen, die strategische Verkaufsförderungs-Wirkung. Wir verstehen darunter den kumulierenden Effekt verkaufsfördernder Maßnahmen und die Tatsache, daß zum Zeitpunkt t_1 getätigte Käufe auf Verkaufsförderungsaktionen in der Periode t_{-1} und/oder t_{-2} usw. zurückzuführen sein können. Gerade die an anderer Stelle begründete Möglichkeit und Notwendigkeit, Verkaufsförderung auch als imagebildendes, strategisches Instrument im Marketing zu nutzen und nicht ausschließlich für taktische Zwecke einzusetzen, führt im Rahmen der Erfolgskontrolle zu einer dritten Problemdimension: der Isolierung zeitlich verzögerter Verkaufsförderungs-Wirkungen. Im folgenden wollen wir untersuchen, welche Informationen erforderlich sind und zur Verfügung stehen sollten sowie welche Meßverfahren und -techniken eingesetzt werden können, um die genannten Erfolgskontrollaufgaben zu lösen.

4.7.1 Informationen für die Erfolgskontrolle der Verkaufsförderung

Mit der Frage nach den für die Verkaufsförderungs-Erfolgskontrolle notwendigen Informationen und Daten ist das Problem der Erfolgsdimensionen und -kriterien einer Aktion angesprochen.
In der betriebswirtschaftlichen Literatur werden diese Erfolgsdimensionen häufig zu zwei Gruppen zusammengefaßt:[65] Als *ökonomischen (quantitativen) Erfolg* bezeichnet man die Erreichung ökonomischer Ziele, als *außerökonomischen (qualtiativen) Erfolg* die Erreichung außerökonomischer Ziele. Ökonomische Ziele sind dabei unmittelbar und direkt auf Kaufhandlungen gerichtet und damit umsatz- und/oder gewinnbezogen; die zweite Zielgruppe strebt nur mittelbar und indirekt diese Ergebnisse an, z. B. über eine Verbesserung der Argumentations- und Angebotstechnik von Verkaufsorganisation und/oder Handel, Vertiefung der Produktkenntnis, Akzeptanz, Beeindruckung, Interesse, Erinnerung usw. bei Verbrauchern/Verwendern. Der Meinung einiger Autoren[66], daß die Messung des ökonomischen Erfolges nur eine *Scheinmessung* sei, da die Kommunikationsinstrumente in ihrer jeweiligen Wirkung nicht bestimmbar seien, können wir uns nicht anschließen. Im vorigen Abschnitt wurde zwar deutlich, daß die Vernachlässigung des Ganzheitsaspektes des Marketing-Mix ein durchaus berechtigter Einwand gegen alle ökonomischen Erfolgs-

messungen ist, dennoch darf nicht übersehen werden, daß durch Kommunikations-Maßnahmen initiierte Umsatz- oder Gewinnänderungen wesentliche Kriterien der ökonomischen Kommunikationswirkung darstellen. Ihre Außerachtlassung und Negierung würde die Aufgaben der gesamten Kommunikations-Politik und damit auch der Verkaufsförderung aushöhlen. Das Grundproblem einer verursachungsgemäßen Abgrenzung kommunikativer Aktivitäten soll nicht verkannt werden, und wir haben auch angedeutet, daß die Herstellung von Zusammenhängen zwischen einzelnen Marketing-Mix-Elementen und ökonomischen Zielgrößen wie Umsatz, Gewinn und Marktanteil *zur Zeit* kaum möglich ist[67]. Das bedeutet jedoch lediglich, daß die *bisherigen* Meßtechniken unbefriedigend sind. „Genau so unbefriedigend ist aber als Konsequenz die Beschränkung auf die außerökonomischen Erfolge und die Erklärung des wirtschaftlichen Werbe- (und Verkaufsförderungs-, die Verf.) erfolgs zum Scheinproblem"[68].
Daher halten wir es für erforderlich, auch ökonomische Erfolgsdimensionen als zu erhebende und zu analysierende Informationen und Daten zu formulieren sowie nach entsprechenden Meß- und Analysemethoden zu suchen. Da außerdem der Begriff des ökonomischen Erfolges durch die Reduktion auf ausschließlich monetäre Größen sehr pauschal und zu wenig spezifiziert erscheint, wollen wir die beiden grundsätzlichen Verkaufsförderungs-Erfolgskriterien stärker differenzieren. Für eine umfassende und systematische Erfolgskontrolle der Verkaufsförderung ist die Erhebung und Analyse folgender Informationen und Daten erforderlich:

I. Ökonomische Erfolgsdimensionen der Verkaufsförderung

A. Aktionsebene Verkaufsorganisation
- getätigte Aktionsumsätze
- eingeräumte Sonderkonditionen
- gewährte Naturalrabatte
- sonstige aktionsbezogene monetäre Leistungen an den Handel
- Zahl und Struktur der im Aktionsdurchgang besuchten Handelsunternehmen und -betriebe (z. B. Filialen)
- Zahl und Struktur der durch die Verkaufsorganisation zur Beteiligung an einer Aktion gewonnenen Handelsunternehmen und -betriebe (numerische und gewichtete Distribution)
- Zeitpunkt, Zahl und räumliche Plazierung aufgestellter Displays und Verkaufsständer, bezogen auf Sonder-, Zweit- und Verbundplazierungen

- Marktanteilsveränderung
- Zahl und Struktur der Geschäfte, in denen das Aktionsprodukt nicht vorrätig war (Out-of-stock-Geschäfte)
- Gewinnung neuer Kunden
- zeiträumlicher Einsatz der Verkaufsorganisation
- Merchandising-Einsätze (z. B. Propagandisten)

B. Aktionsebene Absatzmittler

- Getätigte Aktionseinkäufe pro Geschäft
- getätigte Aktionsumsätze pro Geschäft
- Preisverhalten vor, während, nach der Aktion
- Abverkauf im Zeitverlauf (Marktanteilsveränderungen)
- Lagerveränderungen
- Umschlagsgeschwindigkeit
- Plazierungen
- numerische und gewichtete Distribution
- Zahl und Struktur der an der Aktion beteiligten Geschäfte
- Zahl und Struktur neu gewonnener Handelskunden
- Out-of-stock-Geschäfte
- Neuaufnahmen des Produktes ins Handelssortiment (Listung),
- Zahl der eingelösten Coupons, ausgegebene Produktproben und/oder Zugaben
- sonstige aktionsbezogene Wirtschaftlichkeitskennziffern im Handel[69] (Rohertrag insgesamt und bezogen auf qm Verkaufsfläche, anteilige Raumkosten, Kapitalbindungskosten, Personalkosten, Bruttonutzenziffer [Aufschlag × Umschlag]
- je nach Aktionsinhalt: Beteiligung an Wettbewerben und Gewinnspielen, Schulungs- und Trainingsveranstaltungen; Besuch von Ausstellungen und Messen; Nutzung von speziellen Händler-Informationen und -Beratungen, technischen Verkaufsförderungsmitteln wie Dia-Projektoren, Blinkleuchten, Punktstrahlern usw. (jeweils nach Zahl und Struktur der Handelsunternehmen).

C. Aktionsebene Verbraucher/Verwender

- Kauf des Aktionsangebotes (Zeitpunkte, Mengen, Einkaufsstätten)
- Marktanteil und Verbraucher-(Feld-)Anteil
- Zahl der angeforderten und eingereichten Coupons
- je nach Aktionsinhalt: Beteiligung an Produktprobenvergabe, Gewinnspielen und Wettbewerben, Rückkaufangeboten, Probeaufstellungen von Maschinen, Tauschaktionen, Self-liquidating-offers und

Kombinationsangebote; Anforderungen von Zugaben, Sammelzugaben (z. B. Bilderserien), Handbüchern, Konsumideen und Rezepten; Teilnahme an Schulungsveranstaltungen, Produkt-Klubs, Kunden-Beiräten, unterhaltenden Veranstaltungen usw. (jeweils nach Zahl und Struktur der Verbraucher/Verwender)
- Bekanntheitsgrad des Produktes / der Leistung und Informationsgrad über das Angebot (bezüglich Produktversprechen, Leistungs- und Nutzenbreite usw.)
- Veränderung des Kauf- und/oder Konsumverhaltens (z. B. saisonale Verschiebung, Veränderung der gekauften Packungseinheiten und Produktmengen, Variation bezüglich Einkaufsstättenwahl und Konsumintensität, Markenwechsel)
- Gewinnung von Empfehler-Instanzen (Meinungsbildner)

D. Aktionsebenenunabhängige Erfolgsdimensionen
- erzielter Deckungsbeitrag des Produktes/Angebotes/Leistung
- Reaktionen anderer Marktteilnehmer
- Eigene Medienunterstützung und Wettbewerber-Aktivitäten
- Auswirkungen auf ausgewählte Substitutionsprodukte (Konkurrenz) und andere Artikel des eigenen Sortiments

II. Außerökonomische Erfolgsdimensionen der Verkaufsförderung

A. Aktionsebene Verkaufsorganisation
- Erhöhung der Warenkenntnis
- Verbesserung von Verkaufs- und Argumentationstechnik
- Erhöhung des Einsatzwillens und Stimulierung der Verkaufsanstrengungen
- Verbesserung der Marktkenntnis
- Festigung der Kundenbeziehung
- Intensität und Überzeugungskraft bei der Beratung der Kunden

B. Aktionsebene Absatzmittler
- Erhöhung von Produkt- und Marktkenntnis
- Verbesserung von Verkaufs- und Argumentationstechnik
- Intensität und Überzeugungskraft bei der Beratung von Verbrauchern/Verwendern
- Festigung der Beziehungen zum Lieferanten
- Veränderung der Einstellungs- und Verhaltens-Dimensionen der Absatzmittler gegenüber dem Lieferanten (Image)

C. Aktionsebene Verbraucher/Verwender
- Aufmerksamkeitswirkung (Apperzeption)
- Beeindruckung und Interesse
- Erinnerung
- Vorstellungen und Gefühle (Imagination und Affektion)
- Zuneigungs- und Bevorzugungsgrad (Akzeptanz und persönliche Bedeutsamkeit)
- Verständlichkeit der Aktionsinhalte
- Vitality (Lebendigkeit, Frische und Neuartigkeit der Aussage)
- Veränderung der Einstellungs- und Verhaltens-Dimensionen gegenüber Produkt/Leistung (Image) und/oder Handel

D. Aktionsebenenunabhängige Erfolgsdimensionen
- Redaktionelle Beiträge und Reaktionen zur Verkaufsförderungs-Maßnahme
- Einstellungs- und Verhaltensänderung sonstiger Marktteilnehmer (Verbraucherverbände, staatliche Institutionen usw.)
- Imageveränderung der Firma (Hersteller/Dienstleistungsunternehmen/Handel)

Soweit möglich und sachlogisch sinnvoll, sind die ökonomischen und außerökonomischen Informationen und Daten für die Erfolgskontrolle vor der Verkaufsförderungs-Aktion, während ihrer Durchführung und nach Beendigung der Maßnahme zu erheben (ex-ante, parallel, ex-post). Die Ex-ante-Informationen werden zu einem beträchtlichen Teil aus Pretests ableitbar sein; Parallel- und Ex-post-Daten müssen über Meßtechniken erhoben werden, auf die im folgenden einzugehen ist.
Für alle Informationen der Erfolgskontrolle halten wir zusätzlich die Erarbeitung *grundsätzlicher Beurteilungskriterien* für erforderlich, da die rein zahlenmäßige (quantitative) und psychologische (qualitative) Erfassung und Registrierung nicht ausreicht. Eine produkt- und marktadäquate Interpretation und Analyse hat sich anzuschließen. Grundsätzliche Beurteilungs- und damit Analysekriterien sind als generelle sowie spezifische *Gewichtungsfaktoren* für den Erfolg einer Verkaufsförderungs-Aktion zu verstehen. Da bei einer Vielzahl der für Erfolgskontrollzwecke erforderlichen Informationen und Daten kein oder nur ein sehr geringer Zusammenhang zwischen dem zu analysierenden Produkt (Leistung) und den für einen Erfolg der Aktion mitverantwortlichen sonstigen Marktgegebenheiten hergestellt werden kann, sind nach Erhebung des Informationsmaterials Beurteilungskriterien als Gewichtungsfaktoren einzuführen, die eine reali-

stische (also produkt- und marktgerechte) Interpretation gestatten. Solche Analysekriterien können sein:

- Handelt es sich bei dem betrachteten Aktionsartikel um ein sog. low-interest-product?[70]
- Ist das geförderte Produkt ein Impulskaufartikel?
- Welche grundsätzliche sortimentspolitische Bedeutung besitzt im Handel die Warengruppe, der das geförderte Produkt (Leistung) angehört?
- Welche grundsätzliche Bedeutung besitzt diese Warengruppe für Verbraucher/Verwender?
- Kann durch den saisonalen und/oder konjunkturellen Zeitpunkt der Aktion eine Relativierung des absoluten Erfolges notwendig werden?
- Ist bei der betrachteten Warengruppe insgesamt von Degeneration/Stagnation/Wachstum auszugehen?
- Wie sind Marktbedeutung und Ruf (Image) der Firma einzuschätzen?
- Welche grundsätzlichen Produktvorteile und/oder -nachteile zeichnen das geförderte Produkt gegenüber Wettbewerberartikeln aus (z. B. Innovation oder me-too-Produkt)?

Es wird bereits an dieser Stelle erkennbar, daß der gesamte Kontrollprozeß aufwendig, umfangreich und komplex ist. Dies ergibt sich jedoch notwendigerweise aus der Forderung, mit der Erfolgsmessung auch und gerade eine Grundlage für die Planungen zukünftiger Perioden zu schaffen.

4.7.2 Meßmethoden für die Erfolgskontrolle der Verkaufsförderung

Verkaufsförderung als Kommunikations-Instrument im Marketing wendet sich an drei Aktionsebenen (Zielgruppen): Verbraucher/Verwender, Wiederverkäufer (Handel) und die eigene Verkaufsorganisation. Die Botschaftsinhalte sind nach der jeweiligen Intensität der dahinterstehenden Verkaufsabsichten abgestuft: Am schwächsten in den Belebungsmaßnahmen (Publicity Promotions), am stärksten in Sonderpreisaktionen für Verbraucher/Verwender, Sonderkonditionen für den Handel und Zusatzprovisionen für die Verkaufsorganisation. Auf sämtlichen Aktionsebenen und bei allen Botschaftsinhalten kann die Verkaufsförderungs-Kontrolle Wirkungen beobachten und die Maßnahmenplanung steuern helfen. Die Methoden der Verkaufsförderungs-Kontrolle müssen analysieren, ob die Kommunikations-Zielsetzung erfüllt worden ist, d. h. die Verfahren sind so anzulegen und einzusetzen, daß überprüft werden kann[71],

- ob die Kommunikationsaufgabe (bezüglich der Botschaftsinhalte) gelöst worden ist;
- ob eventuell unbeabsichtigte Nebenwirkungen (positiver oder negativer Art) aufgetreten sind;
- ob die vorgesehene(n) Zielgruppe(n) erreicht worden ist (sind);
- ob das Angebot ins richtige Assoziationsfeld gestellt worden ist;
- ob die Zahl der Anstöße und Kontakte ausreichend war;
- ob eine Einstellungs- und/oder Verhaltensänderung initiiert worden ist.

Der Einsatz adäquater Verkaufsförderungs-Kontrollmethoden setzt voraus, daß vor Beginn einer Aktion möglichst alle Kommunikations*risiken* eliminiert worden sind: Es ist so weit als möglich zu überprüfen, inwieweit den Aktionsmitteln solche Kommunikationsinhalte mitgegeben worden sind, die wirklich übertragen werden sollen, ob die kreative Umsetzung zum Produkt paßt und sich in das gesamte Marketing-Mix harmonisch einfügt und ob schließlich die zu kommunizierenden Sach- und Beeinflussungsinformationen für die Zielgruppe(n) verständlich dargestellt worden sind. Dies ist Aufgabe der Verkaufsförderungs-Erfolgs*prognose,* die – wie dargelegt – in Form von Pretests zu nutzen ist. Nur bei Einsatz solcher relativ kostengünstigen und kurzfristig anwendbaren Verfahren, erscheint es sinnvoll, parallel und ex post zur Durchführung der Verkaufsförderung auch die Möglichkeiten der Erfolgs*kontroll*methoden wahrzunehmen. Die hier zur Anwendung gelangenden Meßinstrumente sind nämlich viel zu zeitaufwendig und kostenintensiv, um z. B. die Zweckmäßigkeit eines Verkaufsförderungs-Mittels zu prüfen. Mit ihnen „sollte man vernünftigerweise nur optimal praktizierbare Lösungen im Ernstfall der Marketing-Kampagne" testen[72].
Im folgenden wollen wir diese Meßmethoden zur Festlegung des Verkaufsförderungs-Erfolges aufzeigen (Abb. 37 und 38). Entsprechend der obigen Differenzierung in ökonomischen und außerökonomischen Erfolg trennen wir nach

- Verfahren, die ermitteln sollen, inwieweit ökonomische Verkaufsförderungs-Ziele erreicht wurden und
- Verfahren, die ermitteln sollen, inwieweit außerökonomische Verkaufsförderungs-Ziele erreicht wurden.

Da in der Literatur – wie erwähnt – die Messung des ökonomischen Erfolges der Kommunikation weitgehend als Scheinmessung abgelehnt wird, konzentriert man sich vor allem auf die zweite Gruppe von Kontroll-

instrumenten. Diese werden meist sehr ausführlich und mit ihren jeweiligen Vorteilen und Problemen abgehandelt. Allerdings haben sich im Gegensatz zur Meinung vieler Betriebswirtschaftler eine Reihe von Verfahren zur Messung auch des ökonomischen Erfolges herausgebildet und in der Praxis etabliert. Einige davon sind inzwischen durchaus zu Standard-Instrumenten in der Werbe- und Verkaufsförderungs-Erfolgskontrolle geworden. Daher erscheint es zweckmäßig und notwendig, diese bisher nur vereinzelt und unvollständig dargelegten, zum Teil jedoch ebenfalls bereits ausgereiften Methoden kurz aufzuzeigen. Aufgrund ihrer Untersuchungsansätze stellen sie eine wichtige und wertvolle Ergänzung des Verkaufsförderungs-Kontrollinstrumentariums dar.
Alle Meßverfahren sind einer Beurteilung auf drei Ebenen zu unterwerfen:

- *Objektivität* als die Unabhängigkeit der Erfolgskontrollmethode von der messenden Person (Versuchsleiter, Auswerter, Analytiker)
- *Reliabilität* als die Zuverlässigkeit des Messens
- *Validität* als die Gültigkeit des Gemessenen.

Die Abbildungen 37 und 38 beschreiben in knappen Worten das Vorgehen der einzelnen Verfahren und enthalten jeweils kurze kritische Würdigungen unter Berücksichtigung der drei genannten Beurteilungskriterien. Da es sich um Übersichten handelt, die die vorhandenen, möglichen Ansätze der Verkaufsförderungs-Erfolgskontrolle aufzeigen sollen, sind einige Aussagen sehr allgemein gehalten und teilweise recht pauschal getroffen. Die einzelnen Verfahren verlangen zum besseren Verständnis ein weitergehendes Studium der Fachliteratur, hierfür findet der Leser in den Anmerkungen entsprechende Hinweise.
Welche geringe Verbreitung systematische Erfolgskontrollmethoden in der Praxis gefunden haben, wird auch aus der auf Initiative der Verfasser vom BDVT, Arbeitskreis Verkaufsförderung, durchgeführten und bereits an anderer Stelle erwähnten Primär-Erhebung deutlich. Erfahrungsaustausch, Coupon-Rücklaufkontrollen, Umsatzmessungen von Aktionsdurchgängen, Sichtkontrollen und Auswertung von Nielsen-Daten sind die häufigsten Nennungen.
Praktische Erfahrungen mit den genannten Verfahren zur außerökonomischen Verkaufsförderungs-Kontrolle liegen fast nur bei Nutzung der sog. klassischen Kommunikations-Medien vor, die jedoch in der Verkaufsförderung nicht immer die wichtigsten Botschaftsträger darstellen. Es wäre zu wünschen, daß umfangreiche Untersuchungen das Erkenntnisfeld in der

Meßverfahren und Erhebungsmethoden	Vorgehen	Kritische Würdigung
Erinnerungskontrolle (Recall), z. B. Gallup-Impact-Test	In der Vergangenheit liegendes Wahrnehmungsverhalten der Befragten (Probanden) gegenüber verschiedenen Medien soll durch Vorlage bestimmter Erinnerungshilfen (Karten, Listen, Anzeigen usw.) in das Bewußtsein zurückgerufen werden. Es wird sodann nach Inhalten und Eindrücken (Assoziationen) gefragt.	Nicht vollständig standardisierbar, so daß Mängel in Objektivität und Zuverlässigkeit auftreten können. Gültigkeit beeinträchtigt dadurch, daß nicht nur Erinnerung, sondern bereits Wirkung im Sinne von Eindrücken und Assoziationen gemessen werden. Für Verkaufsförderung nur nutzbar bei Einsatz klassischer Medien.
Wiedererkennungsprüfung (Recognition), z. B.: Starch-Test, Net-Ad-Produced-Purchases-Test	Durch Vorlage bestimmter Botschaftsträger soll ermittelt werden, ob die Befragten Kontakt mit einer Verkaufsförderungs-Maßnahme hatten.	Als Haupteinwand muß gelten, daß diese Verfahrensgruppe statt Erinnerung vor allem Interesse der Befragten an einer Maßnahme oder sogar am Produkt/Leistung selbst erhebt. Außerdem sind diese Methoden bei nichtklassischen Medien kaum einsetzbar.
Inhaltsanalysen (Contentanalysen)	Es soll sowohl der Inhalt (Information, Unterhaltung usw.) als auch die Form (Text, Bilder, Hörbares, Sichtbares) einer Verkaufsförderungsbotschaft systematisch und meist quantitativ erfaßt werden. Informationstheoretische, psychologische und soziologische Kriterien bilden den Schwerpunkt einer Bestandsaufnahme des objektiven Angebotes (Auszählen von Häufigkeiten nach einem Kategorien- und Klassifikationssystem).	Informationsgehalte sind bisher noch nicht einwandfrei meßbar und unterschiedliche Formen kaum in einem vergleichbar erscheinenden einheitlichen Klassifikationssystem unterzubringen. Validität und Objektivität sind daher nur bei Vermeidung „hineininterpretierender" Kategorisierung zu erzielen. Reliabilität dürfte kaum gegeben sein. Verfahren stellen eine wichtige Voraussetzung für die Analyse von Reaktionen dar (z. B. bei Einstellungsmessungen).
Einstellungsmessung, z. B.: EQ-Skalen (Emotional Quotient), Kaufbereitschaftstests, Akzeptanz- und Glaubwürdigkeitstests, Persuationstests,	Die Versuchspersonen sollen in ihrer Einstellung zur Verkaufsförderungsbotschaft u./o. zum Angebot selbst analysiert werden. Dies bezieht sich v. a. auf Attraktivität, persönliche Bedeutsamkeit, Verständlichkeit und Akzep-	Grundlegendes Problem der meisten genannten Verfahren ist der noch nicht vollständig geklärte Zusammenhang zwischen Einstellung und Verhalten (Handlung). Auch Objektivität ist bei qualitativen Explorationen nicht immer gewährleistet. Zuverlässigkeitsprobleme entfallen weitge-

Meßverfahren und Erhebungsmethoden	Vorgehen	Kritische Würdigung
Simulation von Verhaltensweisen (Schwerin- und Coupon-Tests) projektive Methoden, Copy-Tests, psychologische Tests (apparative Verfahren)	tanz. Es wird meist der Versuch einer Einordnung der verschiedenen Einstellungen auf einem psychologischen Kontinuum vorgenommen, das durch unterschiedliche Skalenwerte der zu analysierenden Erfolgsdimension bestimmt ist.	hend. Die Methoden stellen in ihrer Gesamtheit nach dem gegenwärtigen Erkenntnisstand die am weitesten fortgeschrittenen Meßinstrumente für außerökonomische Verkaufsförderungswirkung dar.

Abb. 37. Verfahren zur Messung des außerökonomischen Verkaufsförderungs-Erfolges[73]

Zukunft erweitern, da sich hier aussichtsreiche Möglichkeiten zur weiteren Effizienzsteigerung dieser Meßverfahren und damit zu einer Optimierung des Verkaufsförderungs-Einsatzes bieten.

Ergänzend sei angemerkt, daß die Grenzen zwischen Verfahren zur Messung des außerökonomischen und des ökonomischen Erfolges durchaus fließend sind, da zum Beispiel projektive Tests, wie etwa Untersuchungen zur Kaufbereitschaft, auf den Übergang von psychologischer zu ökonomischer Wirkung der Verkaufsförderung zielen.

Einer teilweisen gesonderten Darstellung bedürfen die Verfahren zur Messung des Verkaufsförderungs-Erfolges auf der Aktionsebene Verkaufsorganisation. Die ökonomischen Erfolgs-Dimensionen sind direkt im Rahmen der zuletzt genannten Methoden kontrollierbar. Insbesondere Auswertungen betriebsinternen Materials, Distributions-Indizes, Panel-Daten und Sichtkontrollen kommen zur Anwendung. Die außerökonomischen Erfolge bedürfen dagegen zusätzlicher spezifischer Verfahren[75], die differenziert einzusetzen sind zum

- Messen von Produkt-, Fach- und Marktwissen, z. B.:
  - schriftliche Übungen
  - Vorher-Nachher-Tests
  - Fragebögen
  - Planspiele und Fallstudien
  - Simulationen
- Messen von Verhaltensweisen, z. B.:
  - Video-Beobachtungen

Meßverfahren und Erhebungsmethoden	Vorgehen	Kritische Würdigung
Paneluntersuchungen	Auf Handels- u./o. Verbraucher-/Verwender-Ebene in regelmäßigen Abständen durchgeführte Erhebungen zur Messung von Abverkäufen, Preisen, Konsumintensitäten, Umschlagsgeschwindigkeiten, Lagerbeständen usw.	Handelsgruppenspezifisch auswertbar. Bei gewährleisteter Repräsentanz methodisch einwandfrei; zeit- und kostenintensiv.
Experimentelle Tests, z. B. Gebiets-Verkaufs-Tests, Mini-Markt, Splitrun-Tests	Bildung und Abgrenzung von repräsentativen Versuchs- und Kontrollmärkten. Durchführung einer Verkaufsförderungsaktion nur im Versuchsmarkt und parallele sowie nachträgliche Kontrolle z. B. der Umsatzergebnisse (Vergleich der Differenzen).	Für fast alle Verkaufsförderungs-Maßnahmen geeignet. Einziges Kontroll-Instrument, das eine weitgehende Isolierung des Erfolges einer Aktion erlaubt. Methodisch aufwendig sowie sehr zeit- und kostenintensiv.
Sonderuntersuchungen, z. B. Promotion-Index der A.C. Nielsen Comp., Nielsen-Prisma, Nielsen-Modell Sabine, Distributions-Indizes (GfK und Nielsen)	Regelmäßige Registrierung von Verkaufsförderungs-Aktivitäten aller Wettbewerber einer Produktgruppe am PoP (Aktionspreise, Sonderplazierungen, Propagandisteneinsatz, Produktprobenvergabe usw.)	Nur PoP-Maßnahmen kontrollierbar. Bei Repräsentanz methodisch einwandfrei. Handelsgruppenspezifisch auswertbar. Relativ kostenintensiv.
Sichtkontrolle	Bei einer repräsentativen Auswahl von Geschäften wird am PoP die Stärke der Aktionstätigkeit, die Breite der Mitwirkung, die Plazierungsqualität usw. ermittelt.	Objektivität, Reliabilität und Validität sind gegeben. Keine Aussage über Umsätze, Deckungsbeiträge usw. möglich.
EDV-Messung im Handel	Beim Warenausgang werden die einzelnen Artikel maschinell identifiziert und der artikelweise Abverkauf zur Verarbeitung und Analyse gespeichert.	Besonders geeignet zur Messung der Substitutionswirkung von Aktionen. Verfahren aber bisher kaum nutzbar, da die Installation von elektronischen Kassenterminals noch wenig fortgeschritten ist.

Meßverfahren und Erhebungsmethoden	Vorgehen	Kritische Würdigung
Statistische Auswertung unternehmensinternen Materials	Routinemäßig erfaßte und gespeicherte Daten des Rechnungswesens werden zur Erfolgsmessung über Kennzahlen herangezogen. Z. B.: Umsätze aus Couponeinlösungen in Beziehung zu Kosten der Coupon-Aktion.	Strenge Kausalität zwischen Verkaufsförderungs-Einsatz und ökonomischer Wirkung nicht nachweisbar. Über Regressionsanalysen sind aber zumindest Tendenzaussagen möglich. Unter Berücksichtigung von externen Angaben (z. B. maschinenlesbare Standarddaten von Marktforschungsinstituten) kann außerdem eine Verknüpfung von monetären und nicht-monetären (qualitativen) Wirkungsdaten (Bekanntheitsgrad, Einstellungswerte usw.) vorgenommen werden.
Medienspiegel, z. B. A.C. Nielsen Comp. oder Schmidt & Pohlmann	Analyse der wichtigsten Aktionsmedien durch Sichtkontrolle der Verbreitung bestimmter Produkte und der jeweiligen Wettbewerber sowie ihrer Aktionspreise in Anzeigen, Spots usw.	Methodisch einwandfrei, aber begrenzt auf klassische Medien. So ist z. B. eine Handzettelkontrolle kaum möglich.

Abb. 38. Verfahren zur Messung des ökonomischen Verkaufsförderungs-Erfolges[74]

- Feldkontrollen durch Begleitung der Verkaufsorgane
- Demonstrationen

• Messen der Motivation, z. B.:
- persönliche Gespräche
- Stimmungsbarometer
- projektive Verfahren.

Insgesamt wird für die Erfolgskontrolle auf allen drei Aktionsebenen deutlich, daß es *das* generelle Verfahren nicht gibt. Es bleibt eine Frage der jeweiligen Aufgabenstellung der Verkaufsförderung, aber auch unter Berücksichtigung der Einschätzung der Objektivität, Zuverlässigkeit und Gültigkeit der verschiedenen Methoden, ob man zur Überprüfung der Verkaufsförderungs-Wirkung ein einzelnes Verfahren isoliert einsetzt oder mehrere Meß-Methoden in Kombination verwendet. „Letzteres bietet ja nicht nur die Möglichkeit, ein Ergebnis am anderen zu kontrollieren, sondern, was oft wichtiger ist, gestattet, ein Wirkungsprofil zu erstellen"[76],

Erfolgsdimensionen der Verkaufsförderung (Informationen und Daten) / Meßmethoden		Erinnerungs-kontrolle	Wiedererken-nungskontr.	Einstellungs-messung	Inhaltsana-lysen	Sonderverfahren		
						Wissens-tests	Verhalt. Tests	Motivat. Tests
Aktionsebene Verk.-Organis.	Waren- und Marktkenntnis					■		
	Einsatzwillen u. Stimulierung der Verkaufsanstrengungen						■	■
	Kundenbeziehungen						■	
	Intensität u. Überzeugungskraft bei Kundenberatung, Verkaufstechn.					■	■	■
Aktionsebene Handel	Produkt- und Marktkenntnis	■				■		
	Verkaufs- und Argumentations-technik						■	■
	Überzeugungskraft bei Kunden-beratung			■			■	
	Beziehungen zu Lieferanten und Kunden			■			■	
	Einstellungs- und Verhaltens-dimensionen gegenüber Liefe-ranten (Image)			■			■	
Aktionsebene Verbraucher/Verwender	Aufmerksamkeitswirkung	■	■					
	Beeindruckung und Interesse	■	■	■				
	Erinnerung und Wiedererkennung	■	■					
	Imagination und Affektion			■				
	Zuneigungs- und Bevorzugungsgrad			■				
	Verständlichkeit der Aktions-inhalte			■	■			
	Vitality				■			
	Einstellungs- und Verhaltens-dimensionen gegenüber Produkt/Leistung und Handel			■				

	Meßmethoden / Erfolgsdimensionen der Verkaufsförderung (Informationen und Daten)	Erinnerungs-kontrolle	Wiedererken-nungskontr.	Einstellungs-messung	Inhaltsana-lysen	Sonderverfahren		
						Wissens-tests	Verhalt. Tests	Motivat. Tests
	Redaktionelle Beiträge und Reaktionen zur Aktion				■			
Aktionsebenen-unabh. Erf.-Dim.	Imageveränderungen Hersteller und Handel			■				■
	Einstellungs- und Verhaltens-änderung sonstiger Markt-teilnehmer			■	■			

Abb. 39. Eignung der Meßmethoden zur Erfassung einzelner Informationen und Daten in der außerökonomischen Verkaufsförderungs-Erfolgskontrolle

die Verkaufsförderungs-Wirkung also in Teilaspekten zu kontrollieren. Wir wollen daher in Abb. 39 und 40 in Matrixform die zur Verfügung stehenden Meß-Methoden den für Verkaufsförderungs-Erfolgskontrolle erforderlichen Informationen und Daten gegenüberstellen, um die Geeignetheit der einzelnen Verfahren zur Analyse bestimmter Erfolgs-Dimensionen aufzuzeigen.

Abschließend sei erneut hervorgehoben, daß eine Isolierung der Verkaufsförderungs-Wirkung und damit eine Untersuchung des Einflusses von Verkaufsförderung unabhängig von anderen Effekten gegenwärtig kaum möglich ist. Lediglich experimentelle Untersuchungsanordnungen sind zur Herstellung eines kausalen Zusammenhanges zwischen Einsatz der Verkaufsförderung und ihrer Wirkung geeignet. Aufgrund der mit diesen Verfahren verbundenen Kosten und wegen des erforderlichen Zeitbedarfes zur Untersuchungsanlage und -durchführung können sie jedoch gegenwärtig kaum zur Nutzung gelangen. Es steht allerdings zu erwarten, daß das experimentelle Design aktueller wird, wenn in den nächsten Jahren verschiedene technische Neuerungen (wie zum Beispiel computerkontrollierte Registrierung von Käufen) Verhaltensweisen und Reaktionen auf Verkaufsförderungs-Impulse schneller und kostengünstiger erfaßbar machen.

Erfolgsdimensionen der Verkaufsförderung (Informationen und Daten) / Meßmethoden		Sicht-kontrolle	EDV-Messung im Handel	Stat. Auswertg. untern. Mat.	Medien-spiegel	Panelunter-suchungen	experiment. Tests	Sonderunter-suchungen
Aktionsebene Verkaufsorganisat.	Aktionsumsätze	■	■	■		■	■	■
	Besuchte Handelsunternehmen			■				
	Sonderkonditionen, Rabatte, andere monetäre Leistungen			■				■
	An Aktion beteiligte Handels-unternehmen	■				■	■	■
	Zahl, Zeitpunkt, Plazierung von Displays und anderen Verkaufs-hilfen	■				■	■	■
	Out-of-Stock-Geschäfte	■	■			■	■	■
	Gewinnung neuer Kunden			■				■
	Zeiträumlicher Einsatz	■	■			■	■	■
	Marktanteilsveränderung		■			■		■
	Merchandising-Einsätze	■		■		■		■
Aktionsebene Handel	Aktionseinkäufe pro Geschäft		■	■		■		■
	Aktionsumsätze pro Geschäft		■			■		■
	Preisverhalten in der Aktion	■	■		■	■		■
	Marktanteilsveränderungen		■			■		■
	Lagerveränderungen	■	■			■	■	■
	Umschlagsgeschwindigkeiten		■			■	■	■
	Plazierungen	■				■		■
	Num. und gew. Distribution					■		■
	An Aktion beteiligte Handels-unternehmen	■		■		■		■

Erfolgsdimensionen der Verkaufsförderung (Informationen und Daten) / Meßmethoden		Sicht-kontrolle	EDV-Messung im Handel	Stat. Auswertg. untern. Mat.	Medien-spiegel	Paneluntersuchungen	experiment. Tests	Sonderuntersuchungen
Aktionsebene Handel	Gewinnung neuer Kunden			■				■
	Neu-Listungen			■				■
	Wirtschaftlichkeitskennziffern		■	■		■		■
	Mitwirkung an speziellen Handelsaktionen	■			■	■		■
Aktionsebene Verbraucher/Verwend.	Kauf von Aktionsangeboten		■			■	■	■
	Marktanteilsveränderungen		■			■		■
	Bekanntheitsgrad					■	■	
	Informationsgrad					■	■	
	Kauf- und Konsumverhalten	■	■			■	■	■
	Gewinnung von Empfehlerinstanzen					■		■
	Teilnahme an Aktionen	■	■			■	■	■
Aktionsebenenunabh. Erfolgsdimensionen	Medienunterstützung und Wettbewerbsaktivitäten	■			■			■
	Deckungsbeitrag für Produkt/ Angebot/Leistung		■	■				
	Reaktionen anderer Marktteilnehmer	■			■	■		■
	Auswirkungen auf ausgewählte Substitutionsprodukte der Konkurrenz und andere Artikel des eigenen Sortiments		■	■		■	■	■

Abb. 40. Eignung der Meßmethoden zur Erfassung einzelner Informationen und Daten in der ökonomischen Verkaufsförderungs-Erfolgskontrolle

Anmerkungen

[1] Vgl. z. B. Tillman, R. / Kirkpatrick, C. A.: Promotion ... A.a.O., S. 455.

[2] Das hier in Umrissen geschilderte Planungssystem findet inzwischen in der Literatur allgemeine Akzeptanz und wird detailliert beschrieben von Stern, M.: Marketing-Planung ... A.a.O., S. 31 ff. Vgl. auch Battelle-Institut: Probleme und Methoden ... A.a.O., Abschnitt 15, S. 8 ff.

[3] An dieser Stelle erfolgt ein genereller Überblick über die Ablaufplanung der Verkaufsförderung. In den einzelnen Abschnitten des 4. Kapitels werden diese Phasen detailliert dargestellt.

[4] Eine solche Wirkung zeigte beispielsweise eine 1977 von der Firma Cadbury in Großbritannien durchgeführte Verkaufsförderungs-Aktion. Eine an den Produktkauf gekoppelte Zugabe (handwerklich gefertigte Haushaltsgegenstände) war lediglich in einer Auflage von 50 000 Stück hergestellt worden; in den ersten drei Wochen des Aktionszeitraumes gingen bereits über 200 000 Bestellungen ein. Mit einer umfangreichen und kostenintensiven „Entschuldigungskampagne" versuchte Cadbury sodann, die aufgebrachten Besteller zu besänftigen und Imageeinbußen zu vermeiden.

[5] So zeigen Marktuntersuchungen, daß z. B. die Vergabe von Bildersammelpunkten und anderen Wiederkaufbelohnungen die Markentreue gegenüber kleineren Anbietern deutlich steigert, während gleiche Aktivitäten des Marktführers sogar zu Image*verlusten* führen.

[6] Vgl. hierzu auch Cristofolini, P. M.: Verkaufsförderungsplanung und -durchführung. In: Marketing-Enzyklopädie Bd. 3. München 1975, S. 251 f.

[7] Lazo, H. / Corbin, A.: Management in Marketing. New York–Toronto–London. 1971, S. 10.

[8] Zur Bedeutung von Entscheidungshilfen vgl. auch Kuß, A.: Der Stellenwert von Entscheidungshilfen im Marketing, sowie Haedrich, G.: Informationssystem und Marketing-Planung. Beide Aufsätze finden sich in: Operationale Entscheidungshilfen für die Marketing-Planung. Haedrich, G. Bd. 3 der Reihe „Marketing Management". Hrsg. Haedrich/Kuß/Thies. Berlin–New York. 1977. S. 17 ff. bzw. S. 25 ff.

[9] Vgl. hierzu Groß, G.: Was kann die EDV im Vertrieb? In: absatzwirtschaft. Heft 20. 1970, S. 37 ff; Biedermann, E.: Wie der Außendienst zur Informationsbeschaffung dienen kann. In: Die absatzwirtschaft, Heft 14, 1970, S. 15 ff.

[10] In der Literatur liegen verschiedene, sich häufig ergänzende Zusammenstellungen der für die Marketing-Planung erforderlichen Informationen vor. Bei der Erarbeitung von Abb. 29 wurden berücksichtigt: Stock, U.: Check-List für Marketing-Planung. In: Neue Betriebswirtschaft, 23. Jahrgang, Febr. 1970, S. 20 ff.; Kapferer, C. / Disch, W.: Absatzprognose. Köln-Opladen, 1966, S. 68 ff.; Ihde, H. / v. Kilisch-Horn, H. H.: DYNA-Marketing-Fragenkartei. Leitfaden für die Marketing-Analyse. Düsseldorf, 1969.

[11] Zu speziellen Fragen dieser Quellen der Marktforschung vgl. Linker, W. / Wettschureck, G.: Marktforschung im Marketing. Hrsg. Behrens, K. Chr. und Bundesverband Deutscher Marktforscher (BVM), Bd. 5, Wiesbaden 1972, S. 317 ff.

[12] Zu den Methoden der Marktforschung im einzelnen vgl. z. B.: Behrens, K. Chr. (Hrsg.): Handbuch der Marktforschung, Bd. 1 Wiesbaden, 1974; Linker, W. / Wettschureck, G.: Marktforschung im Marketing. A.a.O., Bd. 4–12; Kellerer, H.: Statistik im modernen Wirtschafts- und Sozialleben. 2. Aufl., München, 1965; Meyer, C. W.: Marktforschung und Absatzplanung. 2. Aufl., Herne–Berlin, 1969; Battelle-Institut: Probleme und Methoden ... A.a.O., Kap. 4.

[13] Vgl. S. 41.
[14] Diese Problematik erkennt auch Poth, L.G.: Der Werbefachmann, Karrieren im Marketing. Neuwied 1977, S. 29.
[15] Vgl. hierzu auch Haedrich, G.: Werbung als Marketinginstrument. A.a.O., S. 63.
[16] Wir wählen den Ausdruck „Zielvorgaben", um deutlich zu machen, daß erst im Ablauf der Zielplanung Wunsch und Wirklichkeit in Einklang gebracht werden. Nur durch Einbeziehung der Realität entsteht die Ziel*setzung* i. e. S.; bis zu diesem Zeitpunkt kann daher lediglich von Ziel*vorgaben* als Ergebnis der Wunschvorstellungen gesprochen werden.
[17] Haedrich, G.: Werbung als Marketinginstrument. A.a.O., S. 36.
[18] Daher ist es um so erstaunlicher, daß dieser Begriff noch immer nicht Eingang in die einschlägige Literatur gefunden hat.
[19] Haedrich, G.: Längerfristige Planung der Verkaufsförderung. Teil I: Marketingtheoretische Einordnung. In: FfH-Mitteilungen. Hrsg. Forschungsstelle für den Handel, Berlin, Heft 3, März 1976, S. 2.
[20] Vgl. hierzu Simon, H.-J.: Durch operationale Zielplanung die Werbewirkung verbessern. In: w+v, Nr. 19, 1976, S. XVI.
[21] Poth, L. G.: Der Werbefachmann . . ., a.a.O., S. 26.
[22] Vgl. hierzu auch Abschnitt 4.7 (Erfolgskontrolle).
[23] Vgl. zum organisatorischen und personellen Rahmen der Verkaufsförderung z. B. Birkigt, K.: Verkaufsförderung, a.a.O., S. 65 ff.
[24] Zur Bedeutung des Briefings in der Kommunikations-Planung allgemein vgl. Schütte, M.: Quo vadis Marketing (9), Mist rein, Mist raus. In: w+v, Nr. 10, 1977, S. 10.
[25] Vgl. hierzu auch Cristofolini, P. M.: Briefing für Verkaufsförderung. In: anbiet-technik information aus der Verkaufsförderung, Heft 3, Juli 1977, S. 10 ff.
[26] In diesem Sinne auch Birkigt, K.: Die systematische Entwicklung einer Verkaufsförderungs-Kampagne – Ein Leitfaden – In: Handbuch der Verkaufsförderung, Hrsg. Linnert, P., Hamburg 1973, S. 150.
[27] Butter, W.: Mit der Kreativität gegen Desinteresse, Teil 1. In: w+v, Nr. 16, 5. April 1977, S. 6.
[28] Vgl. Kapitel 1.2 (Verkaufsförderung aus der Sicht der Hersteller).
[29] Butter, W.: Mit der Kreativität . . ., a.a.O., S. 6.
[30] Vgl. zu einer ähnlich kreativen Verkaufsförderungs-Aktion S. 66.
[31] In diesem Sinne auch Haller, P. / Stempel, R. O.: Verkaufsförderung heute – Faustregeln und Fallbeispiele. Eine Serviceplan-Dokumentation. München 1975, S. 6.
[32] Vgl. Hänel, G.: Verbraucher-Promotions, a.a.O., S. 164 f.
[33] Die genannten Beispiele wurden vorgestellt von Wilck, H. (Marketingleiter Höhn & Höhn) und Haenggli, C. (Marketing-Manager Bols Spirituosen) auf der BDW-Herbst-Arbeitstagung, Düsseldorf, im Rahmen einer Diskussionsveranstaltung zum Thema „Werbung und Verkaufsförderung im Kampf um das Marketing-Budget" am 1. 11. 1977.
[34] Vgl. zu diesen Zahlenangaben Strang, R. A.: Sales Promotion . . ., a.a.O., S. 122.
[35] Diese Meinung vertritt auch Poth, L.: Der Werbefachmann, a.a.O., S. 30.
[36] Vgl. hierzu auch Gröll, W. / Oelker, F. P.: Erst testen, dann werben! In: absatzwirtschaft, Heft 11, 1974, S. 117 ff.
[37] Letztere konnten sich außerhalb der USA mit Ausnahme von Lesebeobachtungen mit versteckten Kameras und Tachistoskops jedoch kaum durchsetzen.
[38] Die quantitative Komponente (Zahl der potentiellen Käufer, bei denen Aufmerksamkeit

erweckt wurde) wird in Posttests nachträglich überprüft, da bei qualitativen Studien die Stichproben zahlenmäßig zu gering sind, um signifikante Aussagen zu ermöglichen.

[39] Kurzzeitig und unter besonderen Konstellationen können natürlich andere Ziele (Verbesserung der gewichteten Distribution, Bekanntheitsgraderhöhung, Imageveränderungen u. a.) größere Bedeutung erlangen, so daß das Gewinnziel in den Hintergrund tritt. Vgl. zur Deckungsbeitragsrechnung in der Verkaufsförderung Kap. 4.5.5.

[40] Vgl. zu den genannten methodischen Ansätzen u. a.: Little, J.D.C.: Modelle und Manager: Das Konzept eines Decision Calculus. In: Operationale Entscheidungshilfen für die Marketingplanung, a.a.O., S. 201 ff.; Strang, R. A.: Sales Promotion . . ., a.a.O., S. 122; Wenzel, W. / Stöwsand, H.: Einsatzmöglichkeiten ökonometrischer Verfahren. In: Interview und Analyse. Hrsg. Bundesverband Deutscher Marktforschung (BVM), Nr. 5, Mai 1977, S. 102 ff.

[41] Zu den genannten Gesetzen und Verordnungen vgl. *Gesetz gegen den unlauteren Wettbewerb (UWG)*: Das UWG soll alle Marktteilnehmer und die Allgemeinheit vor unlauteren Wettbewerbspraktiken schützen und so den Wettbewerb als wesentlichen Bestandteil der marktwirtschaftlichen Ordnung erhalten. Es wurde 1909 erlassen und ist inzwischen mehrfach geändert worden. Vgl. RGBl., S. 499 und BGBL I, S. 469. Die *Zugabeverordnung (ZugabeVO)* wurde 1932 als Notverordnung erlassen und enthält Vorschriften im Zusammenhang mit der Vergabe von Zugaben (Waren und Leistungen). Auch die ZugabeVO ist inzwischen mehrfach verändert worden. Vgl. RGBL. I, S. 121 sowie die amtlichen Erläuterungen zur ZugabeVO, veröffentlicht in RAnz, Nr. 6 vom 12. 3. 1932. Vgl. auch BGBL I, S. 469; unlautere Rabattgewährung gegenüber dem Letztverbraucher, aber auch in den verschiedenen Stufen der Absatzpipeline, soll durch das *Gesetz über Preisnachlässe (RabattG)* und seine *Durchführungsverordnung* verhindert werden. Vgl. RGBl I, S. 1011 sowie RGBl I, S. 120; vgl. auch BGBL I, S. 469; Verordnung über Preisangaben, vgl. BGBL, S. 461;

Regelung von Sonderveranstaltungen: Vgl. Anordnung des Reichswirtschaftsministeriums betreffend Sonderveranstaltungen vom 4. 7. 1935, RAnz, Nr. 158 sowie Verordnungen des Bundeswirtschaftsministers über Sommer- und Winterschlußverkäufe vom 13. 7. 1950, BAnz, Nr. 135, außerdem Musteranordnungen der Länder, betreffend Aus-, Räumungs- und ähnliche Sonderverkäufe. Letztere beruhen überwiegend auf dem Musterentwurf des Reichs- und preußischen Wirtschaftsministers (vgl. Runderlaß vom 19. 10. 1935 – V 20181/35) gemäß § 7 b UWG;

Gesetz zur Neuordnung und Bereinigung des Rechts im Verkehr mit Lebensmitteln, Tabakerzeugnissen, kosmetischen Mitteln und sonstigen Bedarfsgegenständen: Vgl. BGBL, S. 1945;

Gesetz über die Werbung auf dem Gebiete des Heilwesens: Vgl. BGBL, S. 604;

In den *Landespressegesetzen* und der *Postzeitungsordnung* wird gefordert, redaktionellen Text und Anzeigen in periodischen Druckschriften deutlich zu trennen;

die *Straßenverkehrsordnung* verhindert verkehrsbeeinträchtigende Werbeveranstaltungen. Vgl. BGBL, S. 1565; vgl. zum *Rennwett- und Lotteriegesetz* RGBL I, S. 393; in den einzelnen *Landesbauordnungen* sind Regelungen für Form und Ausmaß von Außenwerbeanlagen enthalten (im Regelfall in den jeweiligen § 15, Abs. 4);

Zu den *allgemeinen Gesetzen* zählen einzelne Vorschriften des Grundgesetzes (Art. 1, 2, 5, 12, 14) des bürgerlichen Rechts (§ 637 ff., 763, 826), des Strafrechts (§ 184 ff., 286, 331 ff.), der Gewerbeordnung (§ 56a, Abs. 2, Satz 2) und der Steuergesetze.

[42] Diese Meinung vertritt auch Pralle, P.: Die Wertwerbung, a.a.O., S. 266.

[43] Hierzu zählen z. B. auch die Industrie- und Handelskammern (IHK) sowie die Zentrale zur Bekämpfung des unlauteren Wettbewerbs, Frankfurt/Main. Eine solche Forderung auf Unter-

lassung kann zunächst über die sog. *Abmahnung* geltend gemacht werden. Vgl. zu diesem Begriff z. B.: o. V.: Abmahnung bei unlauterem Wettbewerb. In: LZ, Nr. 5, 3. 2. 1978, S. 74.

[44] Z. B. Verein zum Schutz der Verbraucher gegen unlauteren Wettbewerb, Berlin.

[45] Nickel, V.: Werbung in Grenzen. Hrsg. Zentralausschuß der Werbewirtschaft e. V. (ZAW), Bonn-Bad Godesberg 1977, S. 57.

[46] Z. B. sind bisher Regeln für folgende Bereiche entstanden: Werbung vor und mit Kindern in Funk und Fernsehen, Werbung und Verkaufsförderung für alkoholische Getränke, Heilmittel, Tabakwaren, Busen- und Potenzmittel mit unfallriskanten Bildmotiven, in Sport-Austragungsstätten (Grundsätze). Vgl. hierzu im einzelnen Nickel, V.: Werbung in Grenzen, a.a.O., S. 69 ff.

[47] Vgl. zu Text und Inhalt der Vereinbarung über Werbung Nickel, V.: Werbung in Grenzen, a.a.O., S. 85 ff. Bezüglich der internationalen Regeln zur Verkaufsförderung vgl.: Internationale Verhaltensregeln für die Verkaufsförderungspraxis. Broschüre der Internationalen Handelskammer. Deutsche Ausgabe. Köln 1973.

[48] Vgl. hierzu auch o. V.: Was sagen die Richter zu Werbung und Aktionen? In: LZ. Nr. 36, 9. 9. 1977, S. XLII ff.; Bülow, P.: Verkaufsförderung im Wettbewerbsrecht, Teil 1 bis 3. In: W+V, Nr. 24–26, 1977, S. VIII, X, VI f. Zur aktuellen Rechtssprechung vgl. z. B.: Wettbewerbe und Gewinnspiele: BGH in GRUR 59/139, BGH in WRP 73/209, BGH in GRUP 73/591 u. 74/156, BGH in GRUR 73/418; Self-Liquidating-Offer: BGH 23/365, 375 in GRUR 62/415 ff., BGH in NJW 76/2013; Zugaben und Werbegaben: BGH in GRUR 68/649, BGH in WRP 72/41, OLG Düsseldorf in WRP 74/415; Produktproben: BGH 43/278, BGH 23/365; Sonderpreise: OLG-Frankfurt in WRP 77/108 (noch nicht rechtskräftig), BGH in GRUR 75/33 ff., Kammergericht Berlin in WRP 76/471; Gutscheine: BGH in WRP 73/23 f., BGH in GRUR 74/345.

[49] Wegen der Bedeutung dieses zweiten Arbeitsschrittes innerhalb der quantitativen Gestaltung der Verkaufsförderung wählen wir für diesen Problemkreis einen eigenen Abschnitt. Vgl. daher im folgenden Kapitel 4.5.6 (Zeit- und Ablaufplanung).

[50] So geht z. B. Peckham mit keinem Wort auf diese Möglichkeit der Verkaufsförderung ein. Vgl. Peckham, J. O.: Marketing-Rad, Speiche 3 und 4: Handels- und Verbraucherpromotion. Eine fundierte Analyse der beiden wichtigen Promotionstypen. Nielsen-Beobachter, Heft 2, 1977.

[51] Haedrich, G.: Werbung als Marketinginstrument, a.a.O., S. 61.

[52] Hier scheint zunächst ein Widerspruch zu unseren obigen Ausführungen zu bestehen, da wir von Ziel- und damit auch Gewinnorientierung gesprochen haben. Die hier kritisierte Methode betrachtet Verkaufsförderung jedoch nicht als *Mittel* zur Gewinnerzielung. Vielmehr ist der Gedanke maßgebend, Verkaufsförderung aus laufenden Überschüssen zu bezahlen, also in *Abhängigkeit* vom Gewinn zu sehen.

[53] Zu Beginn der obigen Aufzählung sprachen wir von „Berücksichtigung" der genannten Einflußgrößen. Wir glauben nicht an die Wirksamkeit der blinden Imitation oder undifferenzierten Übernahme dessen, was der Wettbewerb einsetzt und aufwendet. Andererseits kann der Verkaufsförderungs-Planer nicht völlig die Aktivitäten der Konkurrenz ignorieren. Diese sollten deshalb durchaus als *ein* Faktor unter mehreren Eingang in eigene Überlegungen finden.

[54] Diese Einflußgrößen spielen u. a. in der taktischen (kurzfristigen) Etatplanung eine Rolle. Einmal setzen vorhandene Geldmittel eine natürliche Begrenzung, zum zweiten dürfen produktionsbezogene Möglichkeiten nicht unberücksichtigt bleiben. Der durch Verkaufsför-

derung initiierte Bedarf könnte die vorhandenen Produktionskapazitäten kurzfristig übersteigen und so getätigte Verkaufsförderungs-Aufwendungen unrationell werden lassen. Vgl. in diesem Zusammenhang auch Fußnote 4, S. 202.

[55] Wir wollen nicht im einzelnen eine Diskussion über zyklisches und antizyklisches Verhalten in der Verkaufsförderung führen. Es mag der Hinweis ausreichen, daß der Verkaufsförderungs-Planer diese unterschiedlichen Ansätze in seine planerischen Überlegungen einbeziehen sollte.

[56] CPM = Critical Path Method; MPM = Metra Potential Method; PERT = Programm Evaluation and Review Technique. Vgl. zu einer ausführlichen Diskussion dieser Verfahren Zimmermann, H. J.: Netzplantechnik, Berlin 1971 und Waschek, G. / Weckerle, E.: Die Praxis der Netzplantechnik, Baden-Baden 1967.

[57] Vgl. zum Einsatz der Netzplantechnik auch Thies, G. / Haedrich, G. / Kuß, A.: Projektkontrolle mit Netzplantechnik. In: Absatzwirtschaft, Heft 10, 1974, S. 114 ff. sowie Pflaum, D. / Kunze, G. F.: Moderne Verkaufsförderung, a.a.O., S. 148 ff.

[58] Vgl. hierzu u. a. Tuck, R. T. J. / Harvey, W. G. B.: Do Promotions undermine the brand? In: ESOMAR Papers, Esomar/Wapor Congress 1971, Book II.

[59] Vgl. hierzu beispielsweise Prestel, G.: Verkaufsförderung ruiniert eine Marke schneller als Werbung sie aufbauen kann. Eigenveröffentlichung ohne Ortsangabe, 1975.

[60] Vgl. Dublin, R.: How POP is Measured in a Test Supermarket. In: Market Promotion, Sept.-Oct. 1970, S. 28.

[61] Vgl. z. B. Gensch, D. H. / Welam, U. P.: An Optimum Budget Allocation Model for Dynamic, Interacting Market Segments. In: Management Science, Vol. 20, No. 2, 1973; Little, J. D. C.: A Model of Adaptive Control of Promotional Spending. In: Operations Research, No. 14, 1966, S. 1075 ff.

[62] Kotler, Ph.: Marketing Management, a.a.O., S. 742.

[63] Vgl. hierzu Abschnitt 4.2.1 und speziell Abb. 26, S. 139.

[64] Diese Meinung vertreten auch Tillman, R. / Kirkpatrick, C. A.: Promotion . . ., a.a.O., S. 523.

[65] Vgl. z. B. Döppner, H. W.: Verkaufsförderung . . ., a.a.O., S. 316 ff., Haedrich, G.: Werbung . . ., a.a.O., S. 98, Nieschlag et. al.: Marketing . . ., a.a.O., S. 369 ff.

[66] Vgl. insbesondere Haedrich, G.: Werbung . . ., a.a.O., S. 98.

[67] Vgl. S. 183.

[68] Poth, L.: Der Werbekaufmann, a.a.O., S. 39.

[69] Diese Größen sind nur bei enger kooperativer Aktionsdurchführung für einen Hersteller zugänglich. Handelsunternehmen sollten sie bei Verkaufsförderungs-Aktionen grundsätzlich erfassen.

[70] Wenn ja, so sind auch niedrige absolute Erfolge relativ hoch zu bewerten.

[71] Vgl. hierzu auch Landgrebe, K. P.: Anzeigenumfeld und Anzeigenwirkung. Vermutete und nachweisbare Einflüsse des Werbeträgers Zeitschrift auf Umfang und Art der Wirkung des Werbemittels Anzeige. Hrsg. Spiegel-Verlag, Hamburg 1976, S. 12.

[72] Landgrebe, K. P.: Spiegel-Dokumentation Eff-Kurve. Kommunikationsprozesse und Werbewirkung gemessen an 32 Kampagne. Hrsg. Spiegel-Verlag, Hamburg 1974, S. 19.

[73] Vgl. als weiterführende Literatur zu den genannten Verfahren im einzelnen u. a.: Koeppler, K.-F. et. al.: Werbewirkungen definiert und gemessen. Velbert 1974; Thiel, D.: Untersuchungsansätze in der Werbeerfolgskontrolle. In: Operationale Enscheidungshilfen für die Marketing-Planung, a.a.O., S. 236 ff.; Lucas, D. B. / Britt, St. H.: Messung der Werbewir-

kung. Essen 1966; Poth, L.: Der Werbekaufmann, a.a.O., S. 36 ff.; Kroeber-Riel, W.: Moderne Technik in der Kommunikationsanalyse. In: Marketing-Journal, 1977, Sonderausgabe BDW-Congress, S. 258 ff.

[74] Vgl. als weiterführende Literatur zu den Verfahren der Messung des ökonomischen Verkaufsförderungserfolges u. a.: Döppner, H. W.: Verkaufsförderung, a.a.O., S. 320 ff.; Thomas, K.: Verkaufsförderungsaktionen im Handel. Erfolgsanalyse unter Berücksichtigung der wichtigsten Planungs- und Durchführungsdaten. Nielsen-Beobachter Nr. 2 und 3, Frankfurt 1968; Köhler, R. / Böhler, H. / Heinzelbecker, K.: Nutzen Sie Ihr Rechnungswesen für die Werbe- und Verkaufsförderungspolitik. In: Marketing-Journal Nr. 6, 1976, S. 578 ff.; Pflaum, D. / Kunze, G. F.: Moderne Verkaufsförderung, a.a.O., S. 183 ff.; Sieberts, H.: Erfolgskontrolle bei Verkaufsaktionen: Was bewirkt die Aktion eigentlich wirklich? In: LZ Nr. 5 vom 1. 2. 1977, S. VIII ff.; Schmidt, H. Ch.: Nielsen-Prisma – Das Nielsen-Promotion-Untersuchungsprogramm. In: Nielsen-Beobachter Nr. 1, 1977, S. 16 ff.

[75] Vgl. hierzu u. a.: Schneider, A. F.: So messen wir den Trainingserfolg. In: Marketing-Journal Nr. 5, 1977, S. 539 ff.; Müller-Schwarz, J. / Reibold, D. K.: Messen Sie Ihre Seminarleistung. In: Marketing-Journal Nr. 5, 1977, S. 544 ff.; Balke, W.: Ergebnisse überprüfbar machen. In: Manager-Magazin Nr. 12, 1975, S. 96 ff.

[76] Koeppler, K.-F. et. al.: Werbewirkung . . ., a.a.O., S. 158.

5. Fallbeispiel – Verkaufsförderung für Dugena

5.1 Informationen über Dugena

Um die Verkaufsförderungs-Maßnahmen besser beurteilen zu können, sollen vorab einige Daten über die Dugena Uhren und Schmuck eG gegeben werden.
Dugena ist eine Genossenschaft von 1835 Uhren- und Schmuck-Fachhändlern in Deutschland und weiteren 414 im europäischen Ausland – Belgien, Dänemark, Frankreich, Luxemburg, Niederlande, Norwegen, Österreich, Schweden, Schweiz (Stand 28. 10. 1977).
In der Regel sind diese Fachgeschäfte Familienbetriebe – sie werden meist von einem Uhrmachermeister oder einem Juwelier geleitet.
Der Sitz der Zentrale ist Darmstadt. Eine Genossenschaft von heute muß mehr bieten als nur den günstigen Einkauf in den Bereichen Uhren und Schmuck. Deshalb versteht sich die Zentrale als Dienstleistungs-Zentrum für ihre Fachhändler. Ein Aufgabenschwerpunkt heißt Marketing. Dazu gehören Marktforschung und Markt-Analyse, Produktplanung, Verkaufsförderung, Werbung und PR, aber auch Ladenbauberatung und Weiterbildung der Mitglieder, beispielsweise in Warenkunde über die neuen Quartz-Uhren, in Verkaufstechniken, in Mitarbeiterführung usw.
Mitglieder-Gremien setzen sich zusammen aus den regionalen Bezirksversammlungen, jährlicher Generalversammlung anläßlich der Dugena-Messe, Junioren-Kreisen, Marktforschungs- und Einkaufskommissionen, Qualitätskommissionen und dem Vertrauensleute-Gremium. Die 76 Vertrauensleute der Bezirke und die 10 Aufsichtsräte werden von den Mitgliedern gewählt und haben ständigen Kontakt mit der Zentrale in Darmstadt.
Die jährlich einmal im Mai stattfindende internationale Dugena-Fachmesse (exclusiv für Mitglieder) hat sich im Laufe der Jahre als größte Ausstellung für Uhren und Schmuck in Europa profiliert. Weitere Einkaufsmöglichkeiten bestehen durch schriftliche oder telefonische Direktbestellungen bei der Zentrale oder Kauf auf den Ausstellungen anläßlich der Bezirksversammlungen. Zusätzlich werden die Dugena-Mitglieder regelmäßig in ihren Fachgeschäften von rund 30 Außendienstmitarbeitern der Zentrale besucht und bei Ein- und Verkauf beraten.
Neben den verschiedensten Fachabteilungen gibt es auch eine Deko-Abteilung, die Dekorateure können gegen Entgelt angefordert werden.

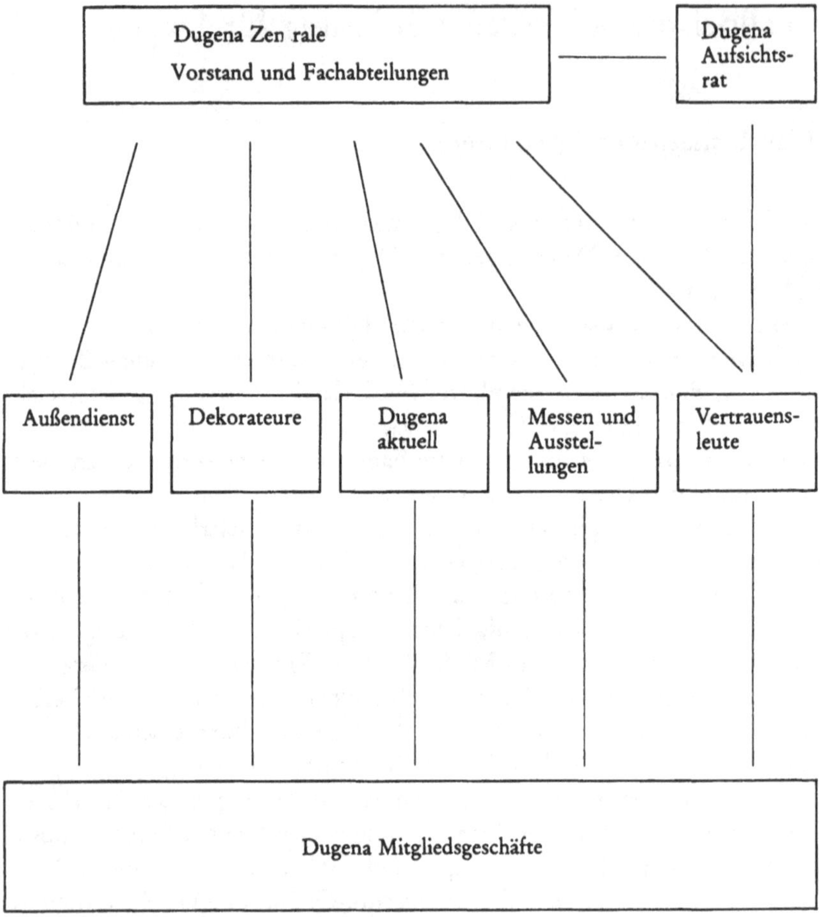

Abb. 41. Dugena Kommunikations-System

Zur Kommunikation dienen Rundschreiben und die Hauszeitung „Dugena aktuell", die monatlich erscheint. In der „Dugena aktuell" können auch die Fachhändler über ihre Wünsche und Probleme schreiben.
Die Dugena-Mitgliedsgeschäfte sind in Groß- und Kleinstädten zu finden und von den Umsatzgrößen her sehr unterschiedlich. Die Mitglieder kaufen nicht ausschließlich bei Dugena, sie ergänzen ihr Sortiment beispielsweise mit Uhren besonderer Technologie wie von Seiko, führen Schmuckartikel von anderen Großhändlern und haben oft auch Bestecke von Wilkens und BSF im Sortiment. Bemerkenswert in vielen Geschäften ist der hohe

Umsatzanteil an Großuhren – gemeint ist die Skala von Weckern bis zu Standuhren.
Die Mitbewerber sind andere Fachgeschäfte wie Zentra – eine Genossenschaft –, aber auch Filial-Fachgeschäfte wie Wempe und Christ. In den letzten Jahren sehr stark geworden sind die Waren- und Versandhäuser mit ihren Fachabteilungen, und selbst branchenfremde Läden wie Tchibo und Eduscho bieten von Zeit zu Zeit bei Sonderaktionen Uhren und Schmuck *preiswert* an.
Die folgenden Ausführungen beschreiben die Aktivitäten der Jahre 1976/77. Sie resultieren aus einer engen Zusammenarbeit zwischen Vorstand und Marketing-Abteilungen der Dugena-Zentrale mit einer Werbe-Agentur (Die Werbe Euro-Advertising, Düsseldorf) und einer Verkaufsförderungs-Agentur (anbiet-technik Service für Verkaufsförderung, Essen).

5.2 Analyse und Aufgabenstellung

Die Agenturen erhielten eine komplette Mitgliederliste und hatten Gelegenheit, Gespräche mit Dugena-Fachhändlern in Groß- und Kleinstädten zu führen. Es wurden einige Außendienst-Mitarbeiter begleitet, um Reaktionen zum Warensortiment festzustellen. Die Dugena-Zentrale hat verständlicherweise Interesse, das ganze Sortiment zu fördern und nicht nur einige wenige Produkte.
Zusätzlich führte ein Marktforschungs-Institut im Mai und Juni 1976 Interviews bei Inhabern von Uhren- und Schmuck-Fachgeschäften durch. Nur ein Teil der Gesprächspartner waren Mitglieder der Dugena.
Die besuchten Unternehmen gehörten überwiegend zu den Fachgeschäften der gehobenen Mittelklasse. In kleineren Städten waren es sogar die führenden Häuser. Die Geschäftsräume befanden sich in guten oder sehr guten Einkaufslagen, oft Fußgängerzonen. Den Interviews lag ein 27 Fragen umfassender Leitfaden des Instituts zugrunde.
Aus den Befragungen einige Ergebnisse in Stichworten:

- Der Bekanntheitsgrad des Namens Dugena übertrifft nach Meinung der besuchten Fachhändler den aller anderen Uhrenanbieter bei weitem. Dugena wird eindeutig als Uhrenmarke angesehen und nicht als Bezeichnung von Uhren- und Schmuck-Fachgeschäften.
- Dugena Uhren werden von den Kunden des Fachhandels als Markenuhren bezeichnet. Diesem Argument mißt der Handel große Bedeutung bei.

- Der Werbung wird als verkaufsvorbereitende und verkaufsunterstützende Maßnahme generell ein sehr hoher Stellenwert eingeräumt.
  Bei lokalen Aktivitäten setzen die Fachhändler neben der Schaufenstergestaltung zum Teil auch andere Maßnahmen wie Kataloge, Prospekte und Kinowerbung ein.
- Eine exakte Trennung zwischen Werbe- und Verkaufsförderungs-Maßnahmen ist für den Fachhändler sehr schwierig. In den Interviews wurden beispielsweise Preisausschreiben als „Kinkerlitzchen" bezeichnet.
- Das Verteilen von Prospekten wird positiv eingestuft, aber die damit verbundenen hohen Kosten kritisiert.

Um die Fachhändler nicht zu überfordern, wurden für die Befragung über Schmuck andere Geschäfte ausgesucht. Diese Händler wurden im nächsten Schritt – im Juni und Juli 1976 – befragt:

- Schmuck wird zwar von allen Altersgruppen und sozialen Schichten der Bevölkerung gekauft, ohne daß sich sehr eindeutige Schwerpunkte des Kaufverhaltens einer bestimmten sozio-demographischen Gruppe klar herausbilden.
- Bei älteren Personen spielt nach Meinung der Fachhändler die Vorstellung des Erwerbs eines Wertanlage-Objekts eine nicht unwesentliche Rolle.
- Jüngere Leute lassen sich dagegen in erster Linie von modischen Erwägungen leiten. Sie erwerben Schmuckstücke, die einem aktuellen Trend entsprechen. Der Wert dieser Objekte liegt in der Regel unter dem der von älteren Kunden bevorzugten Stücke.
- Obwohl die Dugena-Zentrale ein speziell für diese Fachgeschäfte gestaltetes Sortiment anbietet (Kollektion Blue-Fire-Diamant-Schmuck), wird dies nicht unter der Marke Dugena verkauft. Es erscheint den Befragten zweifelhaft, ob im Schmuckmarkt die Etablierung einer Marke ebenso möglich ist, wie es Dugena im Uhren-Sektor gelungen ist. Positive Überstrahlungen von den Uhren in Richtung Schmuck werden jedoch erwartet.

Den Händlerbefragungen schlossen sich Gruppengespräche mit Verwendern an, und zwar sowohl Männer als auch Frauen, die primär der Mittelschicht angehörten und sich im Alter zwischen 25 und 45 Jahren befanden.

Einige der Ergebnisse:

- Im Vergleich zu anderen Uhrenmarken sind Dugena Uhren weder besonders preiswert noch besonders teuer. Sie nehmen eine mittlere Position so um DM 150,– ein. Nachteilige Vorstellungen sind mit Dugena nicht verbunden. Dugena wurde von allen Befragten als Uhrenfabrik gesehen.
- Ein Vergleich der Anzeigenwerbung von verschiedenen Uhrenherstellern ergab wenig neue Aufschlüsse für Werbe-Strategien. Über Verkaufsförderung konnten so gut wie keine Aussagen gemacht werden.
- Einige der Befragten hatten auch gehört, daß Dugena Schmuck herstellt. Hierin wird kein Nachteil gesehen, sondern eher ein Vorteil, weil Schmuck- und Uhrenherstellung irgendwie zusammen passen. Die Erfahrungen in dem einen Bereich würden im anderen nützen.

Nach Vorlegen der Untersuchungsergebnisse bildeten die beiden Agenturen im Herbst 1976 eine „Projektgruppe Dugena“, der Werbe- und Verkaufsförderungsberater, aber auch Gestalter und Texter angehörten. Alle Mitarbeiter der Projektgruppe hatten noch einmal die Möglichkeit, Einzelgespräche mit Dugena-Fachhändlern zu führen.
Die Ergebnisse der Analysen und Recherchen wurden in Kurzform aufgelistet.

- Dugena ist heute in der Vorstellung der meisten Verwender eine Uhren-Hersteller-Marke.
- Dugena ist aber in Wirklichkeit eine Genossenschaft, die Kleinuhren, Großuhren und Schmuck in ihrem Sortiment führt.
- Das Problem für Dugena wie für den gesamten Uhren- und Schmuck-Fachhandel heißt: Abwanderung der Käufer zu Warenhaus-Konzernen und Billig-Anbietern.
- Die Aufgabe ist also, diese Abwanderung an die Warenhaus-Konzerne zu stoppen und darüber hinaus anderen konkurrierenden Fachgeschäften Kunden abzunehmen.
- Erschwerend kommt noch hinzu, daß es nicht *den* Dugenisten gibt, sondern daß in der Genossenschaft 1835 individuelle Fachgeschäfte für Uhren und Schmuck in Deutschland zusammengeschlossen sind.
- Außerdem besteht beim Verwender eine sogenannte „Schwellenangst“ gegenüber Fachgeschäften: Man geht nur in ein solches Geschäft, wenn man wirklich die Absicht hat, etwas zu kaufen und wenn man weiß, daß es da zu finden ist. Oder wenn die Entscheidung für das, was man kaufen will, schon durch Dekorationen im Schaufenster prinzipiell gefällt ist.

- Das Problem ist also, potentielle Käufer in die Geschäfte zu bekommen – anders als beim Warenhaus, wo man ja sowieso öfter einkauft und unverbindlich durch die Uhren- und Schmuck-Abteilung gehen und sich informieren kann, meist sogar, ohne daß man von einem Verkäufer angesprochen wird.

Aus diesen Tatbeständen leitete sich die Aufgabenstellung für Werbung und Verkaufsförderung ab.

- Mehr Kundenkontakte für jedes einzelne Dugena-Fachgeschäft. Die Aufgabe aller Marketing-Instrumente ist es, mehr Leute häufiger aus Anlässen, die zu schaffen sind, in die Geschäfte zu bringen.
- Die Marke Dugena zu aktualisieren über Anlässe und Anregungen, um den Markenbegriff Dugena mit neuen Inhalten zu füllen.
- Nicht nur einzelne Artikel, sondern das ganze Sortiment an Uhren und Schmuck zu fördern.
- Die Dugena-Fachhändler stärker an die Dugena-Zentrale zu binden.
- All dies macht neue strategische Gedanken notwendig – ein anderer Inhalt für die Marke, eine neue Positionierung für das Dugena-Fachgeschäft müssen gefunden werden.
- Die Vorschläge müssen Empfehlungen für den Gesamtbereich kommunikativer Maßnahmen – Werbung, Verkaufsförderung, Public Relations – einschließen.

5.3 Kommunikations-Strategie

Dugena soll ein Markenbegriff mit stets aktuellen Inhalten werden. Aktuell bezieht sich auf die Technik, auf das Styling und das Material aus dem Uhren- und Schmuckbereich.
Das Dugena-Fachgeschäft muß ein neues Profil finden zwischen den übrigen 6000 anderen Uhren- und Schmuck-Fachgeschäften einerseits und den Waren- und Versandhaus-Konzernen andererseits. Bei dieser Positionierung sollen alle positiven Merkmale des Fachgeschäftes erhalten bleiben.
Die Schwellenangst der Verwender muß abgebaut werden, potentielle Käuferschichten sollen veranlaßt werden, das Dugena-Fachgeschäft häufiger zu besuchen durch ständige Aktualität und interessante Angebote.
Der Image-Aspekt „Fachhändler für Uhren und Schmuck" muß gesichert werden. Das geht natürlich nicht allein durch Kommunikation. Es müssen alle Marketing-Instrumente koordiniert eingesetzt werden, und vor allem

müssen die Dugena-Fachhändler dazu gewonnen werden, die neue Strategie regional zu unterstützen.
In der Kommunikation bedeutete das eine enge Verzahnung zwischen Werbung und Verkaufsförderung, unterstützt durch PR-Maßnahmen.
Die Vorgabe hieß, Anlässe zu nutzen. Es boten sich die verschiedensten Anlässe an:

- Aus Sicht der Dugena-Zentrale (vom Produkt abgeleitet).
- Aus Sicht des einzelnen Fachgeschäftes.
- Aus Verwendersicht – das kann nach Zielgruppen unterschiedlich sein.
- Nach dem Kalender (Muttertag usw.).

In der gemeinsamen Planungsarbeit wurde immer wieder vorgeschlagen, daß Dugena-Fachgeschäfte mehr bieten müssen als andere Läden. Kundenkontakte sollten durch besondere Zusatzartikel (Frequenzerhöher) verstärkt werden. Deshalb wurde aus verschiedenen Vorschlägen als Absender für alle Maßnahmen ausgewählt:

„Dugena-Fachgeschäfte – Ihre Experten
für Uhren, Schmuck und gute Ideen“

Diese Aussage war eine der Konstanten für die Kommunikation. Eine andere war die rote Dugena Dreiecks-Uhr. Diese Außenuhr ist an fast allen Dugena-Fachgeschäften zu finden. Sie mußte in allen Medien wie beispielsweise in Illustrierten-Anzeigen erscheinen und so auf die Dugena-Fachgeschäfte hinweisen.

Abb. 42. Dugena-Außenuhr

Außerdem hat die Dreiecks-Uhr ihr Pendant in der stilisierten Darstellung als Güteplombe an den Dugena Uhren.
Weiter wurde beschlossen, einen einheitlichen Dugena-Schriftzug mit exakter Vorgabe für die Zusatzfarbe Rot zu verwenden.
Für die Art der Darstellung zeigten Pre-Tests sehr deutlich, daß Uhren und Schmuck nicht „nackt“ gebracht werden sollten, sondern zusammen mit situativen Darstellungen. In solchen Bildern wurden die Artikel begehrlicher.
Eine der Aufgaben hieß, die Kundenkontakte für die Fachgeschäfte zu erhöhen. Es sollten viele neue Ideen zu verschiedenen Anlässen geboten werden. Das bedeutete eine große Zahl von Motiven für Werbung und Verkaufsförderung.
Um deutlich zu machen, wie schnell die Zeiten wechseln, wurde vorgeschlagen, den Zeit-Begriff in allen Maßnahmen zu bringen. Nach mehreren Überlegungen und Überprüfungen fiel die Entscheidung für Aussagen, die sich entweder aus dem Anlaß oder aus dem Produkt ergeben wie

Winter-Zeit
Smoking-Zeit
Mode-Zeit
Digital-Zeit
Schenk-Zeit etc.

Und all diese Vorschläge verdichteten sich zu einer gemeinsamen Werbe- und Verkaufsförderungs-Kampagne, die sich von Mitbewerber-Maßnahmen unterschied.

5.4 Verkaufsförderungs-Konzeption

Für die Erarbeitung der Vorschläge hatte die Verkaufsförderungs-Agentur rund 9 Wochen eingeplant. Ein Großteil der Zeit war erforderlich für die gemeinsame Findung einer Kommunikations-Strategie zusammen mit der Werbe-Agentur. Erst danach konnten die Einzelmaßnahmen in Angriff genommen werden.
Die Dugena-Kampagne für 1977 und die folgenden Jahre sah die nahtlose Verzahnung von Verkaufsförderung mit Werbung und PR vor. Das sagt sich leichter als es getan ist. Besonders problematisch war die Findung von Motiven, die sich sowohl in Illustrierten-Anzeigen als auch für Schaufenster-Blickfänge einsetzen lassen.

Die Hauptaufgaben der neuen Dugena-Verkaufsförderung:

- im Bereich der Dugena-Zentrale:
  - das Kommunikations-System zu den Dugena-Fachgeschäften verbessern,
  - Forcierung des Einkaufs der Mitglieder,
  - Teilnahme der Fachgeschäfte an Verkaufsförderungs-Aktionen, die mit Werbung unterstützt werden,
- im Bereich Dugena-Fachhändler:
  - besondere Aktionen, um mehr Kunden in die Geschäfte zu bekommen,
  - attraktivere, kostengünstigere und schnellere Dekoration der Schaufenster,
  - motivierende Information für das Verkaufspersonal,
- im Bereich Verwender:
  - neue Anlässe und Ideen von Dugena,
  - Service-Leistungen, die andere Fachgeschäfte nicht bieten.

5.4.1 Schaufenster-Dekoration

Geplant war, daß jedes Werbe-Motiv ein Pendant als Dekomittel haben sollte. Damit konnte eine breitere Palette an Blickfängen als bisher zur Verfügung gestellt werden.
Vorgeschlagen wurde ein Blickfang, bestehend aus einem Leuchtkasten im Format 40 × 50 cm. Dieses Format hatte sich für die durchschnittlichen Dugena-Fachgeschäfte als besonders geeignet herausgestellt. Von Aktion zu Aktion sollten die Bilder auszuwechseln sein. Es wurden strahlend helle Groß-Dias auf Folie getestet – sie ließen sich problemlos einschieben und auch herausnehmen.
Das Schaustück sollte so konstruiert werden, daß der Leuchtkasten nahtlos in ein Warentablett überging. Auf diesem Tablett wurden die beworbenen Artikel gezeigt.
Nun konnte ein Schaustück allein für ein Schaufenster nicht ausreichen. Für Zusatz-Dekorationen sollte es Materialien im Baukasten-System geben. Vier Kunststoffkoffer zu den Jahreszeiten Frühling, Sommer, Herbst und Winter konnten zur Verfügung stehen. Sie sollten mit Standardmitteln ausgestattet sein – am Beispiel des Winter-Sets:

- Dugena-Zeichen in Gold und Silber (wegen der festlichen Gestaltung zu

Abb. 43. Dugena Leuchtkasten mit Dia-Wechsel

Weihnachten sollte in diesem Fall auf das rote Dugena-Zeichen verzichtet werden),
- Samt-Deko-Vorlagen,
- Geschenkpäckchen zur Dekoration,
- Mistelzweige
- und eine Broschüre mit verschiedenen Deko-Tips.

In dieser Broschüre sollten Hinweise auf „Leihartikel" gegeben werden, die von Nachbargeschäften zu besorgen waren.
Zum Start der neuen Kampagne und auch während des Jahres mußten Signale außen am Schaufenster auf neue Aktivitäten hinweisen. Aktionsmittel mit Fernwirkung wie stark farbige Fensterstreifen sollten prospektive Kunden auffordern, die Schaufenster zu betrachten und die Geschäftsräume zu betreten.

5.4.2 Verkaufsraum

Was im Schaufenster an Produkten gezeigt wird, muß im Verkaufsraum noch attraktiver präsentiert werden. Dazu wurde ein neues Shop-in-the-Shop-System vorgeschlagen – die „D-Boutique".

Für die unterschiedlichen Dugena-Fachgeschäfte sollte es einen Thekenaufsteller und zwei Kombi-Größen dieser Boutique geben. Die Dugena-Fachhändler hatten so die Möglichkeit, zunächst mit einem kleinen Element zu beginnen, das später zu einem verkaufsaktiven Shop-in-the-Shop ergänzt werden konnte.
Die Gestaltung der „D-Boutique" wurde so gewählt, daß ein Teil der Produkte offen, ein anderer verschließbar – je nach Wert – gezeigt werden konnte.
Es war darauf geachtet worden, daß sich die „D-Boutique" nahtlos in die neue Ladenkonzeption einpaßte, die von Dugena-Innenarchitekten entwikkelt worden war.

5.4.3 Dugena-Fachhändler Informationen

Zum Start der neuen Kampagne 1977 sollte jedes der Dugena-Mitglieder einen Chef-Planungskalender in Leder mit eingeprägtem Namen auf dem Vorderdeckel erhalten. Neben einem Kalendarium waren für jede Woche Aktions- und Verkaufstips vorgesehen. Fest eingedruckt waren alle Dugena-Aktionszeiträume, und es gab auch Vorschläge, wie man beispielsweise Artikel aus einer Kunstgalerie ausleiht und sie im Schaufenster ausstellt.
Es wurde eine interessante und wertvolle Gestaltung gewählt, damit dieser Planer täglich benutzt wird.
Im Chef-Kalender waren auch alle Einschalttermine der Werbung eingedruckt. Schwerpunkt-Aktionen mit neuen Artikeln wurden zunächst nur in Rot gekennzeichnet.
Vor jeder Hauptaktion sollten zusätzlich zum Chef-Kalender zwei gleiche Poster in einer Versandrolle verschickt werden. Eins der Poster war für den Aushang im Personalraum gedacht, das andere konnte auseinandergetrennt und als Leporello-Prospekt bei den Verkaufsunterlagen abgelegt werden.
Im oberen Teil zeigte das Poster die Aktionsartikel mit den Verkaufsargumenten und Publikumspreisen, im mittleren Teil wurde die Media-Werbung mit dem Streuplan vorgestellt. Sie wurde ergänzt um die Regional-Werbemaßnahmen, die jedem Dugena-Fachhändler zur Verfügung standen, also Anzeigenmatern, Kino-Dias und Verteil-Prospekte. Im unteren Teil des Plakats wurden mehrere Beispiele für die Schaufenster-Dekoration und die Verkaufsraumgestaltung gezeigt.
Eine den Postern beigefügte Postkarte, auf der die Aktionsmittel und Deko-Materialien nur angekreuzt zu werden brauchten, sollte die Bestellung erleichtern.

5.4.4 Motivation des Verkaufspersonals

Neue Artikel im Sortiment und neue Angebotstechniken fordern mehr von den Verkäufern. Deshalb sollte für die Motivation schon zum Start der Kampagne gesorgt werden. Zunächst mußte das *Warum* erläutert werden – am sinnvollsten in einem persönlichen Gespräch des Dugena-Fachhändlers oder des regionalen Vertrauensmannes mit den Angestellten des Fachgeschäftes.
Für jeden der neuen Artikel sollte jeder der Verkäufer und der Verkäuferinnen eine Argumentationskarte erhalten, um auf die Kundenfragen schneller reagieren zu können.
Weiter wurde vorgeschlagen, mit „Programmierten Unterweisungen" die Fachberatung bei neuen Aktionen zu verbessern.
Das Durcharbeiten dieser „Programmierten Unterweisungen" sollte mit kleinen Preisen belohnt werden und die Verkäufer und Verkäuferinnen sogar Diplome und Anstecknadeln erhalten.

5.4.5 Standard-Maßnahmen

Eine optisch ähnliche Außen- und Innengestaltung von vielen Dugena-Fachgeschäften hat eine addierende Wirkung in der Kommunikation. Ein Vorschlag in dieser Richtung war ein Katalog für den preisgünstigeren Einkauf für alle Dinge der Geschäftsausstattung. Es wurden Einkaufstips gegeben für technische Hilfen vom Leuchttransparent bis zum Verkaufsregal. Das Angebot wurde erweitert um Schaufensterstoffe aus verschiedenen Materialien mit eingewebten und aufgedruckten Dugena-Zeichen, Auslegeteppiche für den Verkaufsraum, Uhren- und Schmuck-Vorlagetabletts, Beleuchtungskörper und Punktstrahler für die Kollektion usw.
In der Praxis hatte sich eine Angebotsform mit DIN A 4 Einzelblättern als gut erwiesen. Auf je einem Blatt wurden der Vorschlag und mehrere Anwendungsbeispiele gezeigt. Auch Liefertermine und Einkaufspreise wurden genannt.
Für die Bestellung gab es Dispo-Listen mit Durchschreibpapier (Kopien für die Unterlagen des Dugena-Fachhändlers).
Neben den nationalen Hauptaktionen wurden weitere Dia-Blickfänge für individuelle Aktivitäten in den „Zwischen-Zeiten" zur Verfügung gestellt. Das sollten Groß-Diapositive sein, die nicht aus der Illustrierten-Serie

stammten, sondern beispielsweise einen regionalen Anlaß betonten wie Geschäftsjubiläum oder Kirmes.
Zur Forcierung des Dugena Uhren- und Schmuck-Sortiments sollten weitere Zusatzartikel beitragen wie zum Beispiel besondere Etuis oder auch Glückwunschkarten, die exklusiv nur in Dugena-Fachgeschäften erhältlich sind.
Ein anderer Vorschlag war ein kleiner Taschenkalender als Zugabe, in dem die Geburtstage aller Verwandten und Bekannten notiert werden konnten. In diesem Kalender eingedruckt waren Vorschläge für Dugena Uhren und Schmuck, gestaffelt nach Preisgruppen.
In der Verkaufsförderungs-Konzeption wurde betont, daß zu Beginn der neuen Kampagne die Dugena-Fachhändler nicht überfordert werden dürften. Ausgewählt wurden vor allem Verkaufsförderungs-Maßnahmen, die schnell, kostengünstig und unkompliziert waren. Aber sie mußten dem Niveau von Uhren- und Schmuck-Fachgeschäften entsprechen.
Die Dugena-Verkaufsförderung mußte langfristig angelegt sein und neben ihrer Priorität „den Verkauf zu fördern“, auch Image-Aspekte berücksichtigen.

5.5 Durchführung der Maßnahmen

Die Verkaufsförderungs-Strategie war akzeptiert worden – bei den Einzelmaßnahmen ergaben sich aber noch einige Korrekturen in der Zusammenarbeit mit der Dugena-Zentrale und den Marketing-Abteilungen Schmuck, Kleinuhren und Großuhren.
Im Januar 1977 sollte die erste Aktion starten. Zur Gestaltung und zum Druck der Mittel reichten 5 Arbeitswochen nur knapp aus.

5.5.1 Informationen an Dugena-Mitglieder

Es war vorgeschlagen worden, daß jeder Dugena-Fachhändler einen Chef-Planungskalender mit einer kompletten Aktionsübersicht für das Jahr 1977 erhält. Diese Planungsunterlage war aus zwei Gründen nicht realisierbar:

- Bei einem Versand an die 1835 Dugena-Fachgeschäfte bestand die Gefahr, daß diese Informationen auch an Mitbewerber, vor allem auf dem Uhrensektor, gelangten. So hätten eventuell Aktivitäten in der zweiten Jahreshälfte von der Konkurrenz unterlaufen werden können.

- Außerdem konnten nicht 12 Monate im voraus die genauen Artikelmengen, zum Beispiel im Bereich modischer Schmuck, fest disponiert werden. Oft ergeben sich durch die Mode kurzfristig Trends, auf die mit Aktionen und auch dem entsprechenden Warenangebot gezielt reagiert werden muß.

Wegen der langen Besuchsintervalle kam eine Information der Dugena-Fachhändler über den Außendienst der Zentrale nicht infrage. Der Außendienst und die Dekorateure sollten aber zusätzlich unterstützt werden.
In gemeinsamen Gesprächen fiel die Entscheidung für eine schriftliche Schnell-Information. Sie sollte in der täglichen Post besonders auffallen, deshalb wurde ein Folder im Außenformat DIN A 4 mit rotem Umschlag gestaltet. Bei zwei Testaussendungen erregten die roten Außenflächen auch bei größeren Postmengen Aufmerksamkeit.
Um die Wichtigkeit zu betonen, wurde als Titel gewählt:

Dugena Chefsache

An die erste Information, die Ende Dezember 1976 in den Fachgeschäften eintraf, wurde zur Verstärkung ein Brief des Dugena-Vorstandes auf der Titelseite angeheftet. Im Innenteil des Folders zeigten viele Bilder die Aktion, zugeordnet waren kurze textliche Beschreibungen.

Abb. 44. Aussendung Dugena Chefsache

Im ersten Folder der Aktion „Winter-Zeit" mußten etwas ausführlichere Erläuterungen gegeben werden. Nach der roten Titelseite „Dugena Chefsache" stand auf den Seiten 2 und 3:

„Wir haben uns mit Fachleuten aus den verschiedensten Bereichen beraten, um für Sie die richtigen Anlässe, die richtige Sprache zu den Verbrauchern, die richtige Werbung und die richtige Verkaufsförderung zu finden – und auch die richtigen Ideen, die wir als Ergänzung zu unserem Uhren- und Schmuck-Sortiment haben müssen.

Daraus resultiert unser 10-Punkte-Programm für 1977:

(1) *Permanente Aktivität über das ganze Jahr*
Wir müssen bei den Verbrauchern immer im Gespräch sein – durch natürliche Anlässe wie Ostern und Pfingsten, aber auch durch neue Ideen-Tips für die Winter-Zeit, Vorschläge für die Mode-Zeit etc. Unsere Kunden sollen sich in den Dugena-Geschäften orientieren: ‚Erst mal sehen, was Dugena hat.'

(2) *Mit neuen Angebots-Ideen aktuell sein*
Neue Trends müssen wir früher als andere erkennen und fördern. Ja noch mehr – wir müssen beispielsweise Mode-Trends mit auslösen.

(3) *Uhren, Schmuck und ... gute Ideen gemeinsam präsentieren*
Unser Sortiment muß so aufgebaut sein, daß ein neuer Artikel aus anderen Bereichen der Branche unsere Uhren und unseren Schmuck mit verkaufen hilft.
Es muß alles darauf angelegt sein, die Kundenfrequenz zu erhöhen – unsere Kunden müssen öfter als bisher zu uns kommen.

(4) *Verschiedene Verbraucher-Zielgruppen ansprechen*
Durch Untersuchungen und Marktforschungs-Analysen wissen wir, wer was will. Die neue Werbe-Konzeption nimmt auf die Zielgruppen-Strategie Rücksicht. Aber das reicht nicht aus – auch die Dugena-Fachgeschäfte müssen flexibel sein und alle Werbeanstöße für den Mehrverkauf nutzen.
Um es deutlich auszudrücken: Dugena-Fachgeschäfte müssen offen sein. Fachgeschäfte, in die man gern hineingeht, auch um sich zu informieren. Die Dugena-Quartz-Infothek war dafür ein gutes Beispiel.

(5) *Aufmerksamkeitsstarke Werbung im Fernsehen und in den Zeitschriften*
Die Werbekampagne orientiert sich an der neuen Zeit. Sie hat als Basis die Aussage ‚Dugena-Fachgeschäfte. Ihre Experten für Uhren,

Schmuck und . . . gute Ideen'. Damit profiliert sie die Dugena-Fachgeschäfte, ohne das bisherige Image ‚Dugena = Uhrenhersteller' zu gefährden.
Die Kampagne sieht mehrere starke Aktionsschwerpunkte vor, wird aber dennoch den Verbrauchern das gesamte Jahr 1977 über präsent sein.

(6) *Deko-Material mit den Werbe-Motiven*
Die Motive aus den Illustrierten-Anzeigen und aus dem Fernsehen übertragen wir ins Schaufenster. Damit erreichen wir die Mehrfach-Ansprache der gleichen Zielgruppen und somit eine addierende Werbewirkung.
Der Erfolg wird sich aber nur einstellen, wenn die Motive aus der Werbung zu den jeweiligen Schwerpunkten in allen Dugena-Fachgeschäften zu sehen sind!

(7) *Individuelle Deko-Themen zur Auswahl*
Außer zu den großen Schwerpunkt-Aktionen gibt es weitere besondere Motive. Sie sind in den Zeiten zwischen den großen Aktivitäten nach Wahl einzusetzen.

(8) *Leichtere und schnellere Schaufenster-Gestaltung*
Ein Schaufenster zu dekorieren, bedeutet für Sie viel Zeit. Deshalb haben wir ein neues System entwickelt. Es laufen bei mehreren Display-Herstellern Tests.

(9) *Zusatz-Dekorationen im Baukasten-System*
Zu dem neuentwickelten Display gibt es bei allen Schwerpunkt-Aktionen handliche Sets, um ein oder auch mehrere Schaufenster zu gestalten. Damit wird nicht nur Ihre Arbeit erleichtert, sondern wir werden auch darauf achten, daß Ihre Schaufenster von Aktion zu Aktion wechselnde, starke Akzente erhalten. Damit auch nach außen Signale gegeben werden – in den Dugena-Fachgeschäften gibt es wieder etwas Neues.

(10) *Ihre Verkäufer werden motiviert*
Und jetzt vielleicht das Wichtigste. Was nützt die beste Werbung, die schönste Dekoration – wenn es nicht zum Kaufabschluß kommt? Bitte informieren und motivieren Sie Ihre Mitarbeiter.
Diese Broschüre gibt Ihnen eine erste Übersicht. Wir werden Ihnen in Zukunft zu jeder Aktion alle Aktionsartikel mit Argumenten vorstellen, die überregionale Werbung zeigen, Ihnen Dekovorschläge und Tageszeitungs-Matern wie Ideen für Ihre regionalen Maßnahmen geben."

Auf den Seiten 4 bis 7 wurden die ersten Illustrierten-Anzeigen und Fernseh-Spots gezeigt und die Gestaltung erklärt. Dann folgten auf den Seiten 8 und 9 die Abbildungen aller Artikel aus den Bereichen Uhren und Schmuck mit exakten Verkaufsargumenten, Einkaufs- und Verkaufspreisen.

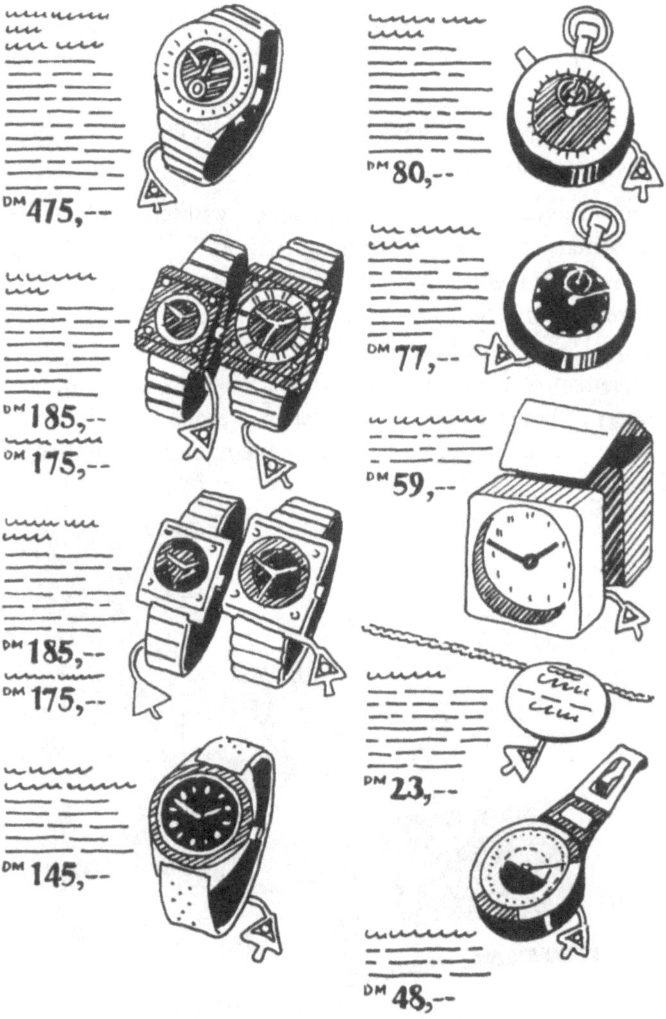

Abb. 45. Angebot der Aktionsartikel

Auf den Seiten 10 und 11 wurde ein Vorschlag für die Schaufenster-Dekoration gegeben. Selbstverständlich war diese Abbildung mehrfarbig angelegt, um ein attraktives optisches Bild zu vermitteln. Seite 12 – die Rückseite – hatte wieder die gleiche rote Fläche wie auf der Vorderseite und enthielt die Anschrift der Dugena-Zentrale mit den Telefonnummern der Abteilungsleiter für Werbung und für Dekoration.

In den Folder eingelegt war ein Bestellformular mit NCR-Durchschreibekopie für das Dugena-Mitglied. Dieses Bestellformular enthielt nicht nur die Auflistung der Aktionsartikel, sondern selbstverständlich auch alle Dekomaterialien, so daß die komplette Aktion in einem Paket ausgeliefert werden konnte.

Im Laufe der nächsten Monate wurden die Mappen

Dugena Chefsache

immer bekannter. Die Dugena-Mitglieder wußten: „Hier kommen die neuen Informationen über die nächste Aktion."

Bei kleineren Aktivitäten enthielten die Mappen sofort die Deko-Mittel wie beispielsweise Aufsteller im Format 18 × 29 cm. Auf diese Weise wurde zum Beispiel ein Deko-Stück für Smoking-Diamanten angeboten. Solche kleinen Diamanten können nicht nur auf Smokingschleifen, sondern auch auf Tüchern, Damenblusen etc. getragen werden. Zur Erleichterung der Warenorder gab es in jeder Aussendung ein Bestellformular mit Durchschreibe-Kopie.

Abb. 46. Aussendung mit Klein-Display

Abb. 47. Verschiedene Dugena-Chefsachen

Jede der Chefinformationen brachte Abbildungen und zeigte die genauen Termine für die Werbung in Illustrierten und im Fernsehen, gab Modetips, vor allem, wenn es sich um Schmuck handelte, und betonte die wichtigsten Verkaufsargumente. Bei einigen besonders erklärungsbedürftigen Artikeln waren Einzelblätter mit Argumentationskarten für die Fachverkäufer beigefügt.

Ab der 5. Aussendung im März 1977 ergab sich durch Rückfragen bei Dugena-Fachhändlern ein Problem. Zwar fielen die roten Folder in der täglichen Postflut auf, aber manche der Mitglieder vermuteten, daß nochmals auf die gleiche Aktion hingewiesen wird, und sie legten die Broschüren beiseite, ohne sie zu lesen.

Es mußte also bereits auf der Titelseite ein Unterscheidungsmerkmal zu sehen sein – die Mappen sollten von Aktion zu Aktion bereits in der Gestaltung des Außenumschlages variieren, ohne aber den Seriencharakter zu verlieren.

Ab der 6. Aussendung wurde der Titel der Maßnahmen mit auf die Außenseite übernommen und zusätzlich grafisch hervorgehoben. Unter der Überschrift „Dugena Chefsache“ wurden nun wechselnd große Schriften, Stempel, Abbildungen einer Uhr oder Fotos der Dekoration gezeigt.

Auf Wunsch vieler Dugena-Mitglieder wurde der Inhalt nochmals gestrafft, so daß der Innenteil bei einigen Foldern nur aus einer Textseite und einer Bildseite bestand. Es zeigte sich klar: Je präziser und kürzer die Information, desto größer die Chance, daß sie gelesen und in die Tat – sprich

Schaufenster-Dekoration und verstärkte Verkaufsaktivität – umgesetzt wird!

Zur Information über die Verkaufsförderung im Jahr 1977 wurden insgesamt 15 Dugena Chefsachen an die Mitglieder verschickt. Es waren im einzelnen

- 6 große Aktionen mit Verkaufsförderung und Media-Werbung:

Winter-Zeit	Stopp-Uhren, wasserdichte Uhren, Wecker, Bewegungszähler, Namensanhänger
Renovier-Zeit	Großuhren, also Standuhren, Küchenuhren, Wanduhren und passend dazu Bilder im Mahagoni-Rahmen
Mode-Zeit	Damenarmbanduhren mit eleganten Lederarmbändern, im Set mit Ledergürteln, Armreifen, Flakons und Anhänger
Digital-Zeit	Ein breites Angebot der verschiedenen Digital-Uhren mit Metall- und Lederarmbändern
Tropica-Zeit	Die Einführung einer neuen Dugena Herren-Armbanduhren-Serie
Schenk-Zeit	Verschiedene Artikel aus den Bereichen Kleinuhren, Großuhren und Schmuck für das Weihnachtsgeschäft

- 1 kleine Aktion für Smoking-Diamanten
- 4 Koop-Aktionen in Zusammenarbeit mit der Internationalen Gold-Corporation und De Beers (Diamanten) für Schmuck
- 1 Deko-Übersicht mit Auflistung aller Zusatzmaterialien für die Zwischen-Zeiten – also Aufsteller, Poster und andere Deko-Mittel
- 1 Werbemittel-Angebot mit Beschreibung der Dugena-Prospekte für Uhren und Schmuck, Kino-Dias und Zugaben
- 1 Matern-Angebot für die regionale Werbung mit ein- und zweispaltigen Anzeigen
- 1 Vorschlag für das neue Shop-in-the-Shop-System.

Mit den 15 Aussendungen im gleichen System und Format erhielten die Dugena-Fachhändler eine lückenlose Information über alle Dugena-Verkaufsförderungs-Maßnahmen. Den Mitgliedern wurden Vorschläge für die Übertragung der überregionalen Dugena-Werbung auf die Schaufenster gegeben, sie konnten rechtzeitig die Aktionsware bestellen und ihren Mitarbeitern die richtigen Verkaufsargumente übermitteln.

Zur Verstärkung der Motivation hatte der Außendienst der Zentrale die Aufgabe, mit der roten „Dugena Chefsache" als Sales Folder zu arbeiten und auf die nächsten Aktivitäten hinzuweisen.

5.5.2 Schaufenster-Gestaltung

Die Konzeption konnte verwirklicht werden. Mit vier verschiedenen Display-Herstellern wurden gemeinsam Leuchtkästen konstruiert, die ein Farb-Dia im Format 40 × 50 cm aufnehmen können. Die Vorgabe an die Produzenten hieß, daß der Leuchtkasten in einen Warenträger übergehen muß, um direkt unter dem Blickfang die Aktionsartikel zeigen zu können. Der Leuchtkasten selbst wurde drehbar konstruiert, so daß sich sowohl hochformatige als auch querformatige Bilder einsetzen lassen. Auf dem Warenträger liegt eine mit Stoff bezogene Platte, die ausgewechselt werden kann, um in der Farbgebung eine Abstimmung auf die Ware oder auf das Groß-Dia zu erreichen.
Mit den vier unterschiedlichen Leuchtkästen schloß sich ein Praxistest an, das heißt Aussehen der Displays und Praktikabilität (Wärmeentwicklung usw.) wurden über zwei Wochen von Verkaufsförderern und Dekorateuren beurteilt. Danach schlossen sich die Preisverhandlungen an. Die Entschei-

Abb. 48. Leuchtdia der Aktion Mode-Zeit

dung fiel auf einen Hersteller, der die fachlichen Vorgaben erfüllte und zusätzlich besonders preisgünstig war. Dennoch gab es eine Reihe von Korrekturen, ehe das komplette Display mit Leuchtröhren für rund DM 100,– pro Stück produziert werden konnte.

Die Leuchtdias im Format 40 × 50 cm wurden in einer Auflage von 2000 Exemplaren auf Folie gedruckt. Hier hieß die Vorgabe, daß die Bilder sowohl beleuchtet als auch unbeleuchtet gut sichtbar sein müssen. Bei einer Auflage von 2000 Stück lag der Stückpreis bei ca. DM 5,–.

Zwar ist die Ausstattung der Geschäfte mit Leuchtkästen eine Investition in Höhe von DM 100,– je Schaufenster, aber pro Aktion brauchte nur je DM 5,– für ein neues Dia kalkuliert zu werden. Außerdem war von Vorteil, daß sich das Bild mit wenigen Handgriffen auswechseln ließ, ohne daß wie früher ein Teil des Schaufensters ausgeräumt werden mußte, wenn ein neuer Blickfang aus Holz oder Kunststoff hineingestellt wurde.

Das neue Schaustück wurde als Ideen-Display bezeichnet, weil es nicht nur

Abb. 49. Mappe mit ausgestanzten Großuhren

den Austausch von Dias zuließ, sondern auch das Auswechseln der Warenpodeste in verschiedenen Farben ermöglichte und zusätzlich Vorrichtungen zum Aufstecken neuer Blenden und Stanzformen hatte.
Bei den Aufnahmen für die Dias mußte darauf geachtet werden, daß die Motive zu den Illustrierten-Anzeigen paßten. Auch die Texte mußten abgestimmt werden. Längere Textblöcke konnten nicht übertragen werden. So ist beispielsweise bei einer Aktion nur der Titel wie „Renovier-Zeit" und der Dugena-Schriftzug einkopiert worden. Dennoch wurde bei der Gestaltung erreicht, daß Werbung und Schaufenster-Blickfang übereinstimmten. Nun ist ein Dia mit Leuchtkasten zu wenig, um ein ganzes Schaufenster zu gestalten. Deshalb wurde bei jeder Aktion überlegt, welche Zusatzmittel interessante Akzente setzen könnten.
In der Aktion „Renovier-Zeit" sollten verschiedene Heim- und Standuhren forciert werden. Dazu gab es als Frequenzerhöher eine Planungshilfe für die Kunden der Dugena-Fachgeschäfte: eine große Mappe mit acht verschiedenen mehrfarbig gedruckten und ausgestanzten Großuhren in 1/1 Größe zum Ausprobieren für zu Hause. Diese Mappen konnten gegen Zahlung eines kleinen Kostenbeitrages im Dugena-Fachgeschäft gekauft werden.
Die ausgestanzten Uhren eigneten sich außerdem hervorragend zur Dekoration und konnten auch an die Schaufensterscheiben geklebt werden. Ein weiterer Fensterkleber gab in Pinselschrift die Aufforderung „Renovier-Zeit" (Und wenn schon renoviert wird, wie wär's mit einer neuen Heim- oder Standuhr?). Die beiden Personen aus dem Fernsehspot und der Illustrierten-Anzeige wurden wieder auf das Groß-Dia übertragen, das nach wie vor der Haupt-Blickfang für das Schaufenster sein sollte.
Oder bei der Aktion „Digital-Zeit": Um den technischen Look von Digital-Uhren zu betonen, wurde im Fernsehspot eine Szene in einem Flughafen gedreht. Um dieses Motiv ins Schaufenster zu übertragen, wurden Klappaufsteller mit Flugzeugen und einer Flughafenszene entworfen. Gemeinsam mit dem Groß-Dia, das wiederum die Personen zeigte, konnte im Schaufenster die gleiche Atmosphäre wie in der Werbung erreicht werden.
Ein anderes Beispiel – Aktion „Schenk-Zeit": In der Illustrierten-Anzeige wurde neben verschiedenen Uhren und Schmuckstücken ein Mal-Set mit Christbaumkugeln offeriert. Dugena-Fachgeschäfte – Ihre Experten für Uhren, Schmuck und . . . gute Ideen – wollen mithelfen, auch individuell den Weihnachtsbaum zu schmücken. Deshalb wurde ein Set mit Christbaumkugeln angeboten, das selbst gestaltet werden konnte. In der Illustrierten-Anzeige war ein Mädchen abgebildet, das diese Kugeln bemalte.

Und dieses Motiv wurde als Blickfang auf das Groß-Dia in der Schaufenster-Dekoration übertragen.
Weiter waren in der Illustrierten-Anzeige und in der Tageszeitungs-Beilage goldene Geschenkpäckchen mit roten Schleifen zu sehen. Diese Päckchen wurden auch auf die Schaufenster-Dekoration übertragen, und zwar sowohl hängend als Päckchenketten als auch als Warenträger. So kam im Schaufenster die richtige „Schenk-Zeit"-Stimmung auf. Die roten Schleifen wurden zusätzlich in Form eines großen Außenklebers umgestaltet, so daß das Fenster auch weit sichtbar wie ein Geschenkpaket aussah.
Bei allen Dekorationen wurde Wert darauf gelegt, daß nicht nur die Nahwirkung der Schaufenster-Dekoration überzeugte, sondern auch die Fernwirkung beispielsweise durch die Außenkleber erhöht wurde. Mehrere Versuche an Schaufenstern zeigten, daß unterschiedlich gestanzte und farblich von Aktion zu Aktion variierende Scheibenkleber den flüchtigen Passanten sofort den Eindruck vermittelten – hier gibt's was Neues zu sehen.
Bei allen Verkaufsförderungs-Maßnahmen wurde darauf geachtet, gemeinsam mit der Media-Werbung eine Gestaltungslinie und eine zentrale Aussage über alle Aktionsmittel durchgängig einzusetzen.
Neben diesen Aktionen gab es für die Dugena-Mitglieder frei wählbare, fast neutral gehaltene Schaustücke – aber immer mit dem Dugena-Schriftzug –,

Abb. 50. Schaufenster-Dekoration Schenk-Zeit

um spezielle regionale Maßnahmen zu verwirklichen. Um diesen Aktivitäten Spielraum zu geben, wurden für die Bereiche Uhren, Schmuck und Großuhren verschiedene Verteil-Prospekte, Kino-Dias und Tageszeitungsmatern angeboten. Außerdem war eine breite Palette von Zugaben erhältlich. Um den Einsatz zu erleichtern, gab es zu allen Angeboten Aktionsvorschläge und Tips.

5.5.3 Shop-in-the-Shop

Bereits Ende 1976 waren erste Skizzen zu verschiedenen Präsentationshilfen für den Verkaufsraum vorgestellt worden. Ausgewählt wurde ein Shop-in-the-Shop-System, das den Namen „D-Boutique" erhielt („D" abgeleitet von Dugena).
Die besten der grafischen Entwürfe wurden gemeinsam mit einer Ladenbaufirma in Muster umgesetzt. Anhand dieser Prototypen konnten nun Verhandlungen mit weiteren Herstellern geführt und Lieferzeiten wie Kalkulationen überprüft werden. Die Entscheidung fiel für ein Unternehmen mit zentralem Standort (kurze Lieferwege) und ausreichend großer Produktions-Kapazität.
In der „D-Boutique" sollten die Frequenzerhöher, besondere Schmuckstücke, modische Uhren und weitere ergänzende Artikel angeboten werden. Gezeigt werden mußten vor allem Geschenk-Ideen. Es sollte für die Kunden der Dugena-Fachgeschäfte zur Gewohnheit werden, immer erst einen Blick in die „D-Boutique" zu werfen, wenn ein Schenk-Anlaß bevorstand, wenn Besonderes gewünscht wurde, wenn man eine gute Idee suchte.
In den vorausgegangenen Monaten wurden bereits einige Artikel angeboten, die sich auch für die „D-Boutique" eignen würden, wie beispielsweise die Smoking-Diamanten („Smoking-Zeit"), Schiffsmotive im Mahagoni-Rahmen („Renovier-Zeit"), Sets mit Damenuhren und dazu passenden Gürteln („Mode-Zeit"). Die „D-Boutique" sollte mithelfen, aus Hin-und-wieder-Kunden Stammkunden zu machen.
Das Shop-in-the-Shop-System wurde mit variablen Elementen angelegt – schwarzer Rahmen im Format 80 cm breit, 225 cm hoch, ausgestattet mit Glasböden und Stellagen sowie verschließbaren Vitrinen. Die Top-Schilder mit der Aufschrift „D-Boutique" waren auszuwechseln und konnten wahlweise silberfarben oder goldfarben bestellt werden.

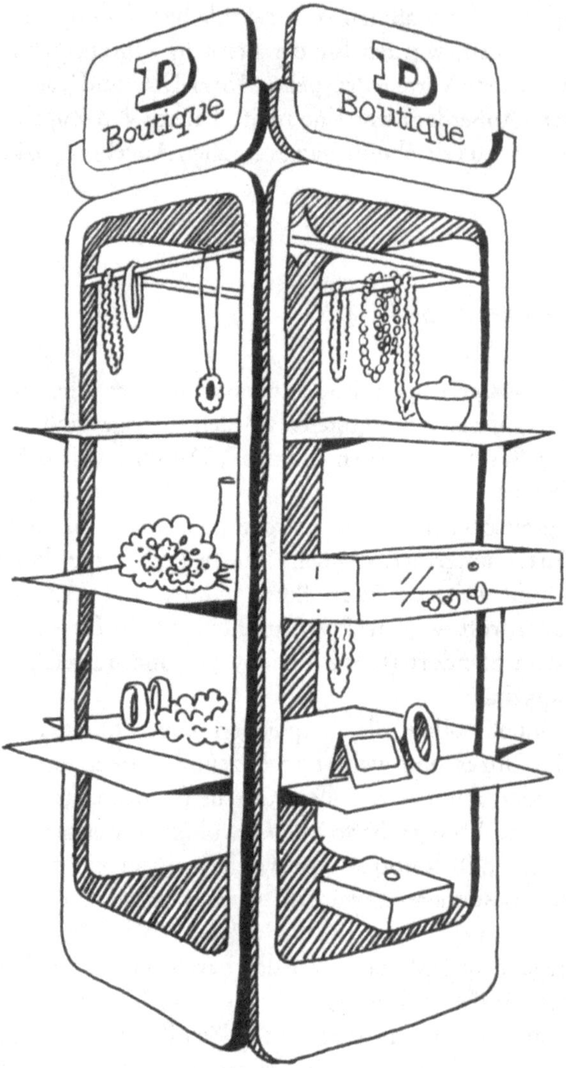

Abb. 51. Dugena D-Boutique

Die Elemente ließen sich zu einem freistehenden Shop zusammenfügen, sind aber auch als Wandelelemente zur Gestaltung einer Ecke oder im Zickzack als Wandflächen-Präsentation zu verwenden. Es sei erwähnt, daß in Zusammenarbeit mit der Ladenbaufirma eine Reihe von kleineren technischen Problemen gelöst werden mußten.
Auf der internationalen Dugena-Messe 1977 in Wiesbaden hatten die Dugena-Mitglieder Gelegenheit, die „D-Boutique" zu begutachten, und einige der Fachhändler reagierten spontan – sie wollten sofort bestellen.
Auf dieser Messe wurden nicht nur „D-Boutique"-Systeme vorgestellt, sondern auch bereits geeignete Zusatzartikel gezeigt und auf die richtige Dekoration hingewiesen. Es mußte zum Beispiel darauf geachtet werden, daß sich nicht zu viele starke Farben auf eine Fläche der „D-Boutique" konzentrierten, sondern mehrere Blickpunkte entstanden. Ein Teil des Sortiments sollte gestellt, der andere wie Schals und Ketten gehängt werden. Nur die wertvollsten Schmuckstücke kamen in die abschließbare Vitrine. Denn eine offene Dekoration regt stärker zum Kauf an.
Während der Arbeiten an der „D-Boutique" erhielt die Verkaufsförderungs-Agentur eine neue Aufgabe: Wie kann man Großuhren im Dugena-Fachgeschäft attraktiver präsentieren?
Neben verschiedenen Alternativen wurde auch der Versuch unternommen, die Elemente der „D-Boutique" für Großuhren zu verwenden. In Farbe und Art der Gestaltung mußte sich aber diese Warenpräsentation stark unterscheiden. Deshalb wurden die Rahmen in Dugena-Rot gespritzt – sie erhielten je nach Ausführung Lochplatten oder mit Rupfen oder Teppichboden bezogene Platten im Beigeton. Der Vorschlag wurde akzeptiert, denn die Elemente unterschieden sich trotz gleicher Form stark voneinander und vor allem, es konnte eine kostengünstigere Fertigung bei der größeren Auflage erreicht werden.
Der Großuhren-Corner sollte helfen, Heimuhren und dazu passende Zusatzartikel auch auf kleinstem Raum optimal zu zeigen. Die Einzelelemente ließen sich ebenfalls als freistehender Shop, als Zickzack-Wand oder als Eck-System plazieren. Besonders vorteilhaft war die Eck-Plazierung mit dem Einsatz von Drehtafeln. So konnten Ecken im Verkaufsraum optimal genutzt werden. Denn die Uhren wurden bis in die Ecke hineingehängt, eine Tafel im Rahmen war davor plaziert, sie ließ sich drehen und auf beiden Seiten mit Uhren bestücken.
Die Tafeln selbst wurden so gestaltet, daß sie sich von Zeit zu Zeit mit einem anderen Stoff oder einer neuen Tapete beziehen lassen.
Die Kopfschilder waren auszuwechseln. Es gab 6 Variationen:

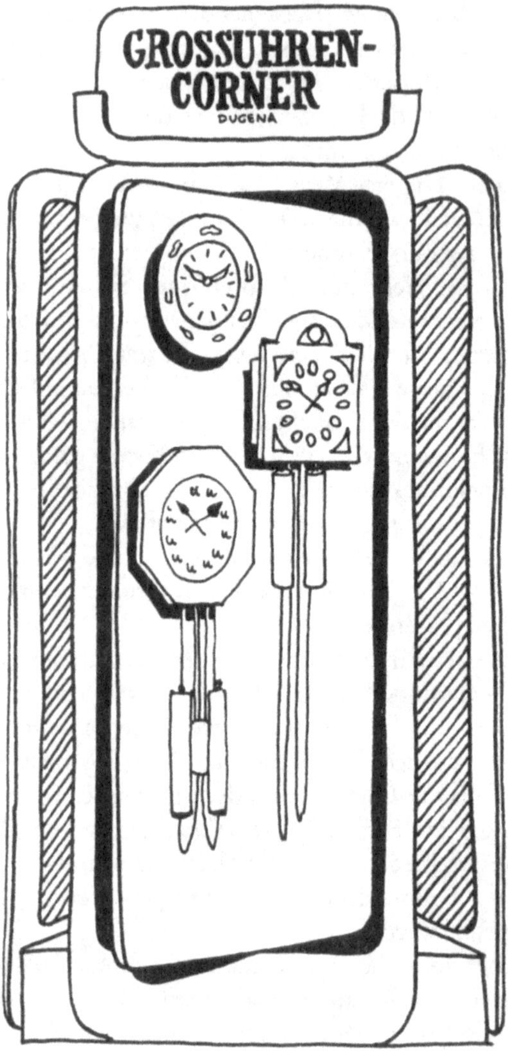

Abb. 52. Dugena Großuhren-Corner Eckplazierung

Großuhren-Corner
Für Ihre Diele
Für Ihr Wohnzimmer
Für Ihre Küche
Für Ihr Eßzimmer
Für Ihren Kamin

Wie beim „D-Boutique"-System war jedes Element 80 cm breit und 225 cm hoch inclusive des Kopfschildes.
Mit der „D-Boutique" und dem „Großuhren-Corner" wurden exclusiv für Dugena weitere Marken-Merkmale geschaffen. Gemeinsam mit der großen elektrischen Außenuhr zeigen sie, hier ist ein Dugena-Fachgeschäft.
Die Information über „D-Boutique" und „Großuhren-Corner" erfolgte wieder mit einer Dugena Chefsache. Auf der Titelseite war als Aufmerksamkeits-Erreger ein Metall-Rollband mit Dugena-Aufdruck geklebt. Dieses Maßband sollte anregen, sofort die entsprechenden Flächen auszumessen. Auf den folgenden 16 Seiten wurden ausführliche Informationen über alle Details bis hin zu den Maßen aller Zubehörteile gegeben.
Bestellblätter enthielten die Preise und waren nach dem gleichen Schema wie die Beschreibung in der Broschüre gegliedert.
Auch an unterschiedliche Beleuchtungskörper wie Spots, Lichtschienen und Lichtwannen war gedacht worden. Es gab Vorschläge für die richtige Dekoration, auf Farbfotos wurden Beispiele gezeigt, technische Zeichnungen erläuterten jede Art der Plazierung im Geschäft.
Auch kleine Tips waren genannt worden: So kann man „D-Boutique" oder „Großuhren-Corner" an einem langen verkaufsoffenen Samstag auf einen als Zubehör lieferbaren Rolluntersatz stellen, sie in den Eingang fahren und direkt daraus verkaufen.
Mit „D-Boutique" und „Großuhren-Corner" stehen der Dugena-Verkaufsförderung Langfristmittel zur Verfügung, die immer wieder neu aktualisiert werden können.

5.5.4 Zusammenarbeit Dugena/Agentur

Neben diesen größeren Aufgaben der Verkaufsförderung waren im Laufe des Jahres 1977 eine Reihe von Detail-Problemen zu lösen – vom Bestellformular bis zum Warentablett.
Wöchentlich einmal trafen sich die Berater der Agenturen mit den zuständi-

gen Abteilungsleitern in der Dugena-Zentrale, um alle geplanten Aufgaben vor der Durchführung abzustimmen. Große Produktkenntnis, gepaart mit Wissen über die Handelsprobleme auf der einen Seite und Kenntnis über die verschiedensten Verkaufsförderungs-Maßnahmen auf der anderen Seite ergänzten sich bei diesen Gesprächen in fast idealer Weise. Besonders wertvoll waren die ständigen Informationen von den regionalen Bezirksversammlungen und aus Briefen oder Anrufen der Dugena-Fachhändler.

5.6 Erfolgskontrollen

Was nützen die besten Verkaufsförderungs-Vorschläge, wenn sie von den Dugena-Fachhändlern nicht akzeptiert oder von den prospektiven Kunden nicht wahrgenommen werden?
Verkaufsförderung muß laufend analysiert und in den Einzel-Maßnahmen verbessert werden.
Die Verkaufsförderungs-Agentur legte großen Wert auf einen intensiven Erfahrungsaustausch mit den Dugena-Mitgliedern. In Zeitabständen von 6 Monaten wurden Telefon-Interviews geführt. Auf den Bezirksversammlungen und der internationalen Dugena-Fachmesse im Mai 1977 und Mai 1978 konnten ausführlichere Gespräche die Erfahrungen erweitern.
Außerdem erhielten alle Mitglieder der Projektgruppe Dugena die Aufgabe, Schmuck- und Uhrenfenster – sowohl von Dugena als auch von den Mitbewerbern – anzusehen, die Dekoration zu beurteilen und Verbesserungsvorschläge zu machen. Bei diesen Besuchen wurde auch eine Anzahl von Schaufenstern fotografiert und zu einem Nachschlagewerk zusammengestellt.
Bereits in den ersten Monaten des Jahres 1977 kam eine Reihe von Vorschlägen zu neuen Motiven für die Groß-Dias im Leuchtkasten und zu weiteren Dekomitteln. Es soll auch nicht verschwiegen werden, daß einzelne Deko-Stücke von einigen Dugena-Mitgliedern kritisiert wurden, zum Beispiel wenn sich ein Kunststoffrahmen unter der Wärmeeinwirkung von Punktstrahlern verzog.
„D-Boutique" und „Großuhren-Corner" konnten auf der Dugena Fachmesse 1977 in Wiesbaden zum ersten Mal in Form von Prototypen gezeigt werden. Zwei Mitarbeiter der Verkaufsförderungs-Agentur gaben an allen Messetagen auf die Fragen der Dugena-Fachhändler Auskunft. Auch aus diesen Gesprächen ergaben sich eine Fülle von neuen Anregungen.
In der „D-Boutique" waren außer Uhren und Schmuck weitere Artikel aus dem modischen Bereich dekoriert, und die Messe-Besucher hatten die

Möglichkeit, auf einer Liste all das anzukreuzen, was sie an Zusatzartikeln interessierte. Die spätere Auswertung zeigte einen eindeutigen Trend zu bestimmten Artikeln. Damit waren wertvolle Hinweise für den Dugena-Einkauf gegeben.
Die Berliner Tagung der Dugena-Geschäftsleitung mit den Aufsichtsräten und Vertrauensleuten brachte ein positives Ergebnis für die Kommunikations-Strategie. Bei 55% der Dugena-Fachgeschäfte war eine höhere Kundenfrequenz festgestellt worden. Von vielen der Mitgliedsgeschäfte wurde berichtet, daß sie weit größere Umsatzsteigerungen im Vergleich zu der Gesamt-Branche erreicht hatten.
Zu Beginn des Jahres 1978 wurde eine breit angelegte Verbraucherbefragung gestartet. Diese Untersuchung umfaßte die folgenden Themenkomplexe:

- Allgemeines Informationsverhalten bei Kleinuhren, Großuhren und Schmuck
- Kaufverhalten bei Uhren und Schmuck
- Markenaktualität und Bekanntheitsgrad
- Informationsverhalten gegenüber Dugena im Vergleich zur Konkurrenz
- Image der Marke im Vergleich zur Konkurrenz
- Einstellungen zu Dugena Uhren und Schmuck
- Schwellenangst gegenüber dem Dugena-Fachgeschäft im Vergleich zu anderen Einkaufsorten

Mit der Marktforschungs-Studie wurde ein Institut beauftragt. Nach diesem Untersuchungsansatz sollen jährlich Analysen durchgeführt und mit den Vorjahren verglichen werden.
Es ist geplant, den Ergebnissen aus der Verbraucherbefragung eine Parallel-Studie im Handel entgegenzusetzen. Dabei sollen die folgenden Themenkomplexe untersucht werden:

- Einstellung zu Dugena Uhren und Schmuck im Vergleich zur Konkurrenz
- Attraktivität der Dugena für den Händler im Vergleich zur Konkurrenz
- Verbraucher-Einstellungen aus der Sicht des Händlers
- Beurteilung von Angeboten und mitgemachten Hersteller-Aktionen (Dugena/andere Marken)
- Markttendenz für Kleinuhren, Großuhren, Schmuck

Für die Weiterarbeit an den Verkaufsförderungs-Maßnahmen war es wichtig, die Resonanz der Händler zu erfahren. Dazu wurde ein DIN A 4 Blatt mit insgesamt 12 Fragen im März 1978 an die Mitglieder geschickt. 471 ausgefüllte Fragebogen kamen zurück – das entspricht einer Rücklaufquote von rund 26% der deutschen Mitglieder. Dieses gute Ergebnis zeigte das starke Interesse der Dugena-Mitglieder an allen Verkaufsförderungs-Maßnahmen.

- 95% der Fachhändler beurteilen die Informationen positiv – sie sind klar gegliedert. Bei den Warenabbildungen werden mehr farbige Fotos gewünscht.
- Gut beurteilt wird auch, daß die Schaufenster-Dekoration mit der Illustrierten-Werbung vom Motiv übereinstimmt. 10% können wegen zu kleiner Fenster den Deko-Vorschlag nicht auf ihr Schaufenster übertragen.
- Auf die offene Frage „Haben Sie Verbesserungsvorschläge zum Informations-System?" kam eine Fülle von Einzelantworten. Mehrfach genannt wurden:
  - Auf den Versandpaketen müssen auch außen Hinweise auf die Aktion gegeben werden.
  - Es sollte eine Sammelmappe für Informationen geben – gegliedert nach Schmuck, Kleinuhren, Großuhren.
  - Die Informationen müssen noch früher zugeschickt werden.
- Auch das Leucht-Display mit Warentablett und Wechsel-Dias wurde generell akzeptiert. Fensterkleber und Poster wurden besser beurteilt als kleine Pappaufsteller.
- Bei den Verbesserungsvorschlägen für die Schaufenster-Dekoration kamen des öfteren Hinweise auf wertvolle Materialien wie Metall, Marmor und Stoffe.

  Das sind verständliche Wünsche, die aber aus Kostengründen nur teilweise verwirklicht werden können.

Interessant war, daß trotz der großen Informationsflut von jedem 4. Dugena-Mitglied mehr Informationen zu Einzelartikeln und Maßnahmen gewünscht wurden.
Die Auswertung der 471 Fragebogen brachte generell eine Bestätigung der Verkaufsförderungs-Strategie mit Änderungsvorschlägen in vielen Details. Die wichtigsten Daten aus allen Analysen und Untersuchungen wie aus den Fragebogen wurden in Form eines Extrakts auf wenigen Seiten zusammengefaßt. Dieses Papier ist ein wichtiges Instrument für die Planungsgruppe, um daran alle Verkaufsförderungs-Aktivitäten für das nächste Jahr zu messen.

6. Resümee und Prognose

6.1 Positionsänderung der Verkaufsförderung

Betrachtet man Entwicklung und Einsatz der Verkaufsförderung in den letzten Jahren und Jahrzehnten, so kann in gewisser Weise von einem *Lebenszyklus der Verkaufsförderung* gesprochen werden. In der betriebswirtschaftlichen Literatur und in der Praxis ist dieses Marketing-Instrument bis ca. 1947 kaum zu finden. Mit der durchaus wegweisenden Definition der American Marketing Association von 1948 beginnt die eigentliche Einführungsphase: Verkaufsförderung wird – wenn auch noch vereinzelt – diskutiert und im Marketing genutzt.

Die wachsende Abgestumpftheit der Verbraucher gegenüber Werbung und – als Folge – sinkende Effektivität dieses Marketing-Elementes leiten etwa Mitte der sechziger Jahre eine rasante Wachstumsphase für den Einsatz der Verkaufsförderung ein. Auch das im Vergleich zur Werbung breite Spektrum der Verkaufsförderungs-Instrumente, die vielfältigen Ausgestaltungsmöglichkeiten und die kreative Tiefe sind Gründe für diese Entwicklung. Seit ca. 1972 mehren sich dagegen die Stimmen, die der Verkaufsförderung eine positive Wirkung im Rahmen des Marketing-Instrumentariums weitgehend absprechen. Wie in Kapitel 1 dargelegt, glauben viele Autoren aus Wissenschaft und Praxis gleichermaßen, daß Verkaufsförderung im Marketing-Mix eher hinderlich sei. Diese negative Einschätzung hat ihren vorläufigen Höhepunkt gegen Ende des Jahres 1977 in einer Studie der A. C. Nielsen Company gefunden. Der Autor Peckham kommt darin zu dem Schluß, daß Verkaufsförderung nur äußerst selten einen positven Beitrag zum Marketing-Ergebnis leiste[1]. Als Folgeerscheinung dieser und ähnlicher Äußerungen kann inzwischen beobachtet werden, daß die Budgetanteile für Verkaufsförderung im Kommunikationsetat vieler Unternehmen rückläufig sind, während gleichzeitig die Ausgaben für klassische Werbung wieder ansteigen. Das Marketing-Instrument Verkaufsförderung ist also – um im gewählten Bild des Lebenszyklus zu bleiben – bereits in seine Stagnations- und evtl. sogar Degenerationsphase eingetreten.

Wie bei Lebenszyklen von Produkten, Sortimenten oder Dienstleistungen auch, muß dies keine unabwendbare Entwicklung sein. Differenzierte Relaunch- und Revival-Maßnahmen haben – empirisch nachweisbar – rückläufigen Produkten zu erneuten Umsatz- und/oder Gewinnsteigerungen verholfen. Das vorliegende Buch verfolgt in gewisser Weise einen ähnlichen

Zweck für die Verkaufsförderung. Es will dazu beitragen, daß dieses Kommunikations-Instrument rationaler als bisher betrachtet wird und folgerichtig die Position im Marketing-Mix von Industrie, Dienstleistungsunternehmen und Handel erhält, die ihm aufgrund seiner kommunikativen Leistungskraft zukommt.

Um dieses Ziel zu erreichen, erschien es sinnvoll – aufbauend auf einer Vielzahl von persönlichen Gesprächen mit Verkaufsförderern und Marketing-Praktikern aus Industrie und Handel – die mit der Verkaufsförderung verbundenen tatsächlichen oder von Industrie/Handel und Dienstleistern nur subjektiv vermuteten Probleme aufzuzeigen. Es wurde deutlich, daß die heute diesem Marketing-Instrument zugerechneten Schwierigkeiten bei allen Marktbeteiligten eine Fühlbarkeitsschwelle überstiegen haben. Wir verstehen diese Problematik jedoch nicht – wie viele betriebswirtschaftliche Autoren – als ein Versagen der Verkaufsförderung, sondern als Symptome oftmaliger fundamentaler Mißverständnisse bei Wissenschaft, Industrie und Handel. Eine solche Haltung zwingt über eine kritische Reflexion von Theorie und Praxis zum Suchen nach neuen theoretischen Ansätzen, welche als in Handlungen umsetzbares, vergegenständlichtes Wissen einen Beitrag sowohl zur Weiterentwicklung des Marketing und der Verkaufsförderung als auch zu Erkenntnisfortschritten der Betriebswirtschaft zu leisten vermögen.

Ein kurzer Überblick über den Begriff des Marketing und das zur Verfügung stehende Marketing-Instrumentarium lieferte einen wertvollen Hintergrund für die Analyse der Verkaufsförderung. Bereits im Rahmen der sich anschließenden Charakterisierung des Verkaufsförderungs-Begriffes erfuhr unsere Hypothese der fundamentalen Mißverständnisse eine erste Verifizierung. Das Nebeneinander zum Teil durchaus konträrer Begriffs-Prägungen belegt die divergierenden Einstellungen und Überzeugungen einzelner Autoren. Der schärfste Gegensatz ist darin zu sehen, daß vielfach Verkaufsförderung als ausschließlich kurzfristig (taktisch) einsetzbares Marketing-Instrument verstanden wird[2], während andererseits gelegentlich die besondere Bedeutung der Publicity Promotions als langfristige (strategische) Komponente Anerkennung findet. Die diesem Buch zugrunde gelegte Definition versucht die unterschiedlichen Auffassungen zu harmonisieren. Durch ihre vielschichtigen Marktmethoden, ihren individuellen Bezug auf spezifische Zielgruppen und die zeitliche und geographische Differenzierung ist Verkaufsförderung sowohl zur aktiven Verkaufsunterstützung als auch zur Potenzierung von Werbung und Public Relations in ihren imagebildenden Wirkungen einsetzbar.

Nach der grundlegenden Darstellung des Begriffes konnten die Verkaufsförderungs-Ziele beschrieben werden. Hier zeigte sich ein zweiter Grund für die an anderer Stelle konstatierte Fehleinschätzung und daraus neuerdings oft resultierende Ablehnung dieses Marketing-Elementes in der Praxis. Gerade im Bereich der Verkaufsförderung wird häufig versäumt, exakte, d. h. möglichst quantitative und damit operationale Zielvorstellungen zu entwickeln, ohne die eine befriedigende Planung, Lenkung, Steuerung und Kontrolle nicht möglich ist.
Die gefundenen Ziele der Verkaufsförderung sind allerdings oft in Teilen auch Handlungsmaximen anderer Marketing-Mix-Elemente, insbesondere des persönlichen Verkaufs und der Werbung. Daher kommt es in der praktischen Arbeit mit diesem vielschichtigen und nicht immer eindeutig, prägnant und allgemein verbindlich zu umreißenden Marketing-Instument Verkaufsförderung gelegentlich zu Kompetenzüberschneidungen. Die aufgestellte Forderung, Maßnahmen der Verkaufsförderung systematisch mit den anderen kommunikativen Aktivitäten abzustimmen, wird hierdurch erneut unterstrichen. Außerdem zwang diese Erkenntnis zu einer ergänzenden Abgrenzung gegenüber Werbung, Public Relations und persönlichem Verkauf, in deren Rahmen sich einige markante Unterschiede als wichtige Trennkriterien zeigten.
Im Anschluß an Begriffsbestimmung, Ziele und das Verhältnis zu anderen kommunikativen Elementen des Marketing-Mix konnten sodann die Instrumente der Verkaufsförderung dargestellt werden. Für eine praxisorientierte Systematisierung erwies sich eine Gliederung nach den drei Aktionsebenen (Verkaufsorganisation, Absatzmittler, Verbraucher/Verwender) und dem Zeitbezug der Maßnahmen als besonders zweckmäßig.
Die aufgezeigten Einsatzmöglichkeiten der Verkaufsförderung bleiben jedoch eher theoretischer Natur, wenn es nicht gelingt, die mit der Vorbereitung, Durchführung und Kontrolle verbundenen konkreten Einzelprobleme zu lösen. Diese insgesamt als Planung der Verkaufsförderung zu beschreibenden Aufgaben stellen eine dritte Begründung für unsere Hypothese des Mangels an rationaler Auseinandersetzung mit diesem Marketing-Instrument in der Praxis dar.
In einer größeren Zahl von sogenannten Jahresplanungsgesprächen zwischen Industrie und Handel, an denen die Verfasser teilnehmen konnten, zeigte sich, daß selbst namhafte Hersteller aus verschiedensten Branchen oft nicht einmal über eine kurzfristige Verkaufsförderungs-Konzeption verfügen, welche als Gesprächsgrundlage für die Abstimmung von Aktionen und Kampagnen dienen könnte[3]. Auch in der einschlägigen betriebswirtschaftli-

chen Literatur sind erstaunlicherweise ebenfalls kaum Gedanken zur Planungsproblematik zu finden.
Das im Anschluß an die Instrumente erarbeitete Vorbereitungs- und Planungsmodell für Verkaufsförderung versucht daher, alle erforderlichen Schritte im Rahmen der Konzeptionierung einer Verkaufsförderungs-Kampagne ausführlich zu beleuchten. Dabei wurde ein besonderer Schwerpunkt auf die ausreichende informatorische Absicherung zu treffender Entscheidungen gelegt. Es zeigte sich nämlich, daß das Informations-Verhalten eine wesentliche Voraussetzung für eine fundierte Verkaufsförderungs-Planung und damit einen wirkungsvollen Entscheidungsprozeß darstellt.
Des weiteren galt es, Lösungsansätze für die Zielbildung innerhalb der Verkaufsförderungs-Planung zu finden. Das im Anschluß an die Zielfixierung zu formulierende Verkaufsförderungs-Briefing – verstanden als die Zusammenfassung der zur Erarbeitung der Verkaufsförderungs-Kampagne relevanten Informationen, gesetzten Ziele und konkreten Aufgabenstellung – ist innerhalb der Maßnahmen-Planung ein wesentlicher Entscheidungshintergrund.
Weitere zu diskutierende Problemkreise im Rahmen der Maßnahmen-Planung waren die Auswahl zieladäquater Verkaufsförderungs-Instrumente, ihre qualitative Gestaltung im Sinne der kreativen Ausarbeitung und Umsetzung, die prognostische Testung auch unter juristischen Aspekten und schließlich Kostenplanung und Budgetierung sowie Zeit- und Ablaufplanung als Elemente der quantitativen Gestaltung.
Auch in diesen Abschnitten wurden wieder eine Vielzahl von empirisch zu beobachtenden Mängeln aufgedeckt, die in der Praxis zu Fehleinschätzungen der Wertigkeit der Verkaufsförderung führen. Eine besonders gravierende Schwäche liegt zweifellos in der fehlenden Integration der Verkaufsförderung in das Gesamt-Marketing-Mix eines Unternehmens. Nicht immer gelingt es, komplementäre Beziehungen zwischen den Marketing-Instrumenten zu schaffen, vielmehr wirken allein schon Werbung und Verkaufsförderung oft gegenläufig. Die Integrations- und Planungsüberarbeitungsphase hat hier die Aufgabe, einen positiven Beitrag der Verkaufsförderung zum Gesamt-Marketing-Einsatz sicherzustellen.
Schließlich galt es, die in der Literatur zwar häufig diskutierte, aber selten konsequent und umfassend beschriebene Erfolgskontrolle der Verkaufsförderung zu beleuchten. Dies geschah zunächst über die Darlegung einiger grundlegender Probleme einer systematischen Kontrolle kommunikativer Marketing-Maßnahmen. Darauf aufbauend konnten erforderliche Informationen und Daten sowie adäquate Meßverfahren aufgezeigt werden. Dabei

wurden auch Grenzen deutlich, die jedoch für eine zukünftige intensive Nutzung des Marketing-Instrumentes Verkaufsförderung keine unüberwindlichen Hindernisse darstellen müssen. Nachfolgende Untersuchungen haben hier die Aufgabe, das Instrumentarium der Erfolgskontrolle so zu erweitern und zu verfeinern, daß eine sichere Lenkung und Steuerung der Aktivitäten möglich wird.
Insgesamt zeigt sich, daß Verkaufsförderung einen eigenständigen Beitrag zur Lösung betriebswirtschaftlicher Probleme und Aufgaben zu leisten vermag. Letztlich kann es nicht darum gehen, Werbung, Public Relations und den persönlichen Verkauf durch Verkaufsförderung zu ersetzen, sondern es muß vielmehr das Ziel sein, eine sinnvolle Ergänzung dieser Instrumente anzustreben. Beurteilt man jeweils die Möglichkeiten der Verkaufsförderung unter dem Aspekt der Angemessenheit an das Absatzproblem, dann wird dieses Marketing-Element im Bereich der Kommunikations-Politik seinen Platz finden. Industrie-, Handels- und Dienstleistungs-Unternehmen steht damit ein Marketing-Instrument zur Verfügung, das eine Lösung vieler Kommunikationsaufgaben unter – auch finanziell – günstigen Bedingungen erlaubt.

6.2 Zukünftige Entwicklungsmöglichkeiten der Verkaufsförderung

Trotz der geschilderten grundsätzlich und theoretisch günstigen Entwicklungsmöglichkeiten für Verkaufsförderung, welche sich aus der diskutierten Überlegenheit dieses Marketing-Instrumentes gegenüber anderen Kommunikations-Elementen bezüglich vieler Absatzprobleme ergeben, steht nicht zu erwarten, daß ein solcher Entfaltungsprozeß tatsächlich eintritt. Vielmehr ist – wie bereits an anderer Stelle vermerkt[4] – zu vermuten, daß der Einsatz verkaufsfördernder Maßnahmen im Rahmen der gegenwärtig in der Praxis üblichen Handhabung in wachsendem Maße zu Kontroversen vor allem zwischen Industrie und Handel führen wird. Es ist überflüssig, die vielfältigen Fehler und Mängel erneut zu konstatieren. Bereits einzelne Unzulänglichkeiten, Mißdeutungen, Überschätzungen oder Ungeschicklichkeiten in der Arbeit mit diesem diffizilen Marketing-Instrument und die daraus fließenden negativen Ergebnisse können eine Abkehr von der Verkaufsförderung und damit den Verzicht auf dieses wichtige Kommunikations-Element einleiten.

Daneben werden nicht selten zu beobachtende Überschreitungen juristischer Grenzen und häufige „Überrumpelungsversuche“ auch Verbraucher und ihre Organisationen veranlassen, weitere Beschränkungen zu fordern. So lange man in der Verkaufsförderung den umworbenen Konsumenten nicht als wirklichen Marktpartner versteht, der Anspruch auf sachliche Information und redliche, seriöse Angebote hat, ist eine solche Reaktion nicht nur legitim, sondern auch verständlich.

Gegenwärtig werden bei Absatzmittlern, Dienstleistungs- und Industrie-Unternehmen sowie im Agenturbereich alle skizzierten Probleme überwiegend als eher einmalige und zufällige Episoden ohne grundsätzliche und langfristige Wirkung interpretiert und somit ignoriert; oder aber man lastet beobachtete negative Ergebnisse sogar dem Marketing-Instrument Verkaufsförderung selbst an. Unter beiden Konstellationen ist die zukünftige Entwicklung relativ leicht abzuschätzen: Verkaufsförderung wird ihre Stellung als legitime Funktion einer absatzorientierten Wirtschaft weitgehend verlieren. Sie wird degenerieren und – wie in ihren Anfängen – nur noch Bedeutung als flankierendes Instrument für Werbung und Public Relations besitzen. Sie wird eine zu vernachlässigende Restgröße der Kommunikationspolitik sein, welche in noch stärkerem Maße als heute bereits üblich isoliert und ungeplant zum Einsatz kommt.

Eine solche Entwicklung wäre nicht nur subjektiv bedauerlich, sie würde daneben die Einsatzbreite des Marketing-Instrumentariums der Wirtschaft beschneiden und zu Erkenntnisrückschritten in der Betriebswirtschaftslehre bzw. zu einer Blockierung des modernen Wissensstandes führen.

Um diese aufgrund der zu beobachtenden empirischen Realität nicht nur hypothetischen Tendenzen zu vermeiden, erscheint es uns notwendig, abschließend über einige aus dem Vorgesagten direkt ableitbare Thesen und damit verknüpfte Forderungen an Wissenschaft und Praxis eine zweite positivere Entwicklungsmöglichkeit aufzuzeigen. Die folgenden Ausführungen sind daher zu verstehen als zum überwiegenden Teil direkt in Handlungen umsetzbare Ergebnisse unserer Analyse der Verkaufsförderung bzw. als Anregungen für weitere wissenschaftliche Untersuchungen mit dem Ziel der Erhärtung, Vertiefung und Erweiterung der beschriebenen Resultate:

- Durch das breite Maßnahmen-Spektrum in der Verkaufsförderung, das sowohl zur direkten Handlungs-(Kauf-)Stimulierung als auch zur Erreichung von langfristigen Einstellungs- und Imagezielen geeignet ist, kann sich Verkaufsförderung zum *Bindeglied* aller kommunikativen Instrumente entwickeln. Die vielfältigen Interdependenzen zwischen Werbung, Public Relations, persönlichem Verkauf und Verkaufsförderung zwingen zu einer Abkehr vom Ressort- und Abteilungsdenken hin zu einer sog. totalen Kommunikations-Philosophie[5]. Werbung, Public-Relations und persönlicher Verkauf sind in ihren Ausgestaltungsmöglichkeiten weit engeren Grenzen unterworfen. Daher ist ein vollständig integriertes Kommunikations-Mix am ehesten zu ereichen, wenn der Verkaufsförderungs-Sektor die Koordinationsfunktion im Unternehmen übernimmt. Gerade der Verkaufsförderer kann durch seine umfassenden Marktkenntisse und bei Ausschöpfung des breiten Maßnahmen-Spektrums weitreichenden Aufgabengebiete diese Integrierung leisten.

- Soll er zum umfassenden, weil idealen Kommunikations-Spezialisten werden, muß der Verkaufsförderer zunächst besser als bisher ausgebildet und geschult sein. Betrachtet man offenen Auges die Situation an deutschen Universitäten, Hochschulen, Werbefachschulen usw., so wird deutlich, daß das Marketing-Instrument Verkaufsförderung trotz seiner budgetmäßigen Bedeutung in den Ausbildungsgängen nur einen geringen Stellenwert besitzt. Verkaufsförderung wird dort überwiegend noch als Werbung flankierende Maßnahme verstanden und gelehrt.
  Nur wenn es gelingt, die an anderer Stelle geschilderte veränderte Position der Verkaufsförderung im Marketing-Mix und gerade auch die „Verzahnung" mit den sonstigen Kommunikations-Instrumenten zu erkennen und – als Folge – in die Ausbildung hineinzutragen, wird eine positive Entwicklung eintreten.
- Dazu ist es vor allem erforderlich, die Qualifikation der zukünftigen Verkaufsförderer bezüglich Vorbereitung, Planung, Durchführung und Kontrolle seines Marketing-Instruments zu verbessern. Hierzu zählen:
  - eine umfassendere informatorische Absicherung anzustreben
  - Ziele operational zu formulieren
  - Einsatzmöglichkeiten auch im strategischen Bereich, also über sog. Ein-Jahres-Budgets hinaus, zu erschließen
  - Erfolgskontrollmethoden zu verbessern.
- Auch in Industrie-, Handels- und Dienstleistungs-Unternehmen ist ein Umdenken notwendig. Ohne eine Stärkung seiner hierarchischen Stellung kann der Verkaufsförderer seine erweiterten Aufgaben nicht wahrnehmen. Eine solche Aufwertung ist aber nur durch mehr Transparenz über Verkaufsförderung im Unternehmen zu erwarten. Daher muß der Weiterbildung aller im weitesten Sinne mit Kommunikation befaßten Abteilungen und Personen mehr Raum gewidmet werden. Als weitere

schwerwiegende Hindernisse für die optimale Nutzung der Verkaufsförderung in der Kommunikation zeigen sich:

- Zu wenig qualifizierte Personen haben für Verkaufsförderungs-Aufgaben zu wenig Zeit
- viele Einzelmaßnahmen werden nur „halbherzig" und damit unvollständig durchgeführt.

Im Vergleich zu anderen Marketing-Instrumenten, insbesondere zur Werbung, ist nur ein gringer Teil der Verkaufsförderung zu delegieren. Daher sollte mehr „Manpower" zum Einsatz kommen und beispielsweise auch die eigene Verkaufs-Organisation und der Handel stärker genutzt werden. Wird gleichzeitig die Zahl von Verkaufsförderungs-Durchgängen (Aktionen) beschränkt, ist eine größere Mitwirkungsbereitschaft gerade auch bei Absatzmittlern zu erzielen. Es ist – empirisch nachweisbar – erfolgreicher, wenige Kampagnen vollständig geplant und kontrolliert durchzuführen als mit einer Vielzahl von Einzel-Maßnamen alle Beteiligten (auch den Verbraucher) zu überfordern.

- Obwohl für die gesamte Unternehmens-Politik gültig, sollte gerade in der Verkaufsförderung der Versuch unternommen werden, das Verhältnis zwischen Anbieter und Verbraucher/Verwender zu verbessern. Besonders dieses Marketing-Instrument kann die berechtigten Forderungen nach mehr Information, Beratung und Schutz des Verbrauchers erfüllen. Größere Offenheit gegenüber Interessenverbänden (vor allem Verbraucherorganisationen) und Akzeptanz von Anregungen, die zum Beispiel aus Verbraucherbeiräten stammen könnten, wären ein möglicher Weg, der beispielsweise in den USA mit Erfolg beschritten wird. Daneben zwingt eine solche veränderte Geisteshaltung auch zum Verzicht auf reine Abverkaufsaktionen, welche sich – wie beschrieben – ohnehin häufig gegenseitig nivellieren. Vielmehr sollte dem Wunsch des Verbrauchers nach einem wirklichen Einkaufserlebnis mehr Rechnung getragen werden. „Unterhaltende Veranstaltungen" beleben und aktualisieren den PoP und können eine positive Einstellung des Konsumenten zu seiner Einkaufsstätte wesentlich fördern[6]. Durch die Publicity-Wirkung solcher Maßnahmen ist eine stärkere Integration aller Kommunikations-Instrumente eine zweite indirekte Folge.

Die Ergebnisse der Untersuchung können in diesem Zusammenhang auch von einer allgemeineren Warte aus gesehen werden: Wenn sich nämlich die Verkaufsförderungs-Fachleute die auf unserer Konzeption aufbauenden Forderungen mehr zu eigen machen, so kann nicht nur das Niveau der Verkaufsförderung wesentlich gehoben werden, es könnten auch vielerlei Auswüchse, die in der Öffentlichkeit berechtigtes Mißfallen erregen, künftig wegfallen.

- Zu einer verstärkten Integration aller Kommunikations-Instrumente zählt auch das intensivere Zusammenwirken von Verkaufsförderung und Public Relations. Einerseits können Verkaufsförderungs-Maßnahmen – wie erwähnt – aktualisierende Gesprächsanlässe schaffen und das Angebot oder sogar das gesamte Unternehmen in die Aufmerksamkeit einer über die unmittelbare Zielgruppe hinausreichenden Öffentlichkeit rücken. Zum zweiten ist es möglich, über ein durch Public Relations gezeichnetes positives Gesamtbild des Unternehmens gleichsam den Boden auch und gerade für Verkaufsförderung vorzubereiten.
  Die sich an die jeweilige Initial-Maßnahme anschließenden Folgeaktivitäten bedürfen dann jedoch einer engen inhaltlichen Verzahnung, um tatsächlich positive Überstrahlungseffekte zu erzielen.
- Die Forderung nach Berücksichtigung vorhandener Interdependenzen erstreckt sich jedoch nicht nur auf den Kommunikations-Sektor. In der Distributionspolitik liegen in Zukunft weitere Ansatzpunkte einer Harmonisierung aller absatzpolitischen Maßnahmen: So erzwingen strukturelle Wandlungen auf Absatzmittlerebene, vor allem die weiter fortschreitende Konzentration des Einkaufs, in kommenden Jahren Vertriebsänderungen auf der Angebotsseite. Große Verkaufsorganisationen mit dem ausschließlichen oder zumindest überwiegenden Zweck des „Reinverkaufs" werden durch Zentralabschlüsse überflüssig sein. Sie müssen sich zum betriebswirtschaftlichen Berater und Problemlöser des Handels entwickeln und können somit in weit stärkerem Maße Verkaufsförderungs-Aufgaben am PoP übernehmen. Das heißt, die obige Forderung nach mehr „Manpower" ist ohne zusätzliches und kostenintensives Personal zu erfüllen, wenn Merchandising- und andere Verkaufsförderungs-Funktionen, insbesondere der sog. Rausverkauf, zum Hauptaufgabengebiet wesentlicher Teile der traditionellen Verkaufsorganisation erhoben werden.
- Verkaufsförderung muß sich im Bereich der PoP-Maßnahmen von den in der Praxis heute im Vordergrund stehenden Papp-, Draht- und Kunststoffdisplays lösen. Statt solcher – zum Teil sehr aufwendigen – Verkaufshilfen, sollte die *profilierende Idee* zentraler Ausgangspunkt einer Verkaufsförderungs-Aktion sein. Den Entscheidern in Industrie, Handel und Agenturen muß klar werden, daß es nicht „auf schöne Bildchen" ankommt. Ein guter Tip für den Rausverkauf kann durchaus einfarbig gedruckt auf einem einfachen Zettel stehen. Wichtig ist die Idee!

- Gerade verkaufsfördernde Maßnahmen geben zu Konflikten zwischen Industrie und Handel Anlaß: Der Hersteller ist hauptsächlich an einer *produktbezogenen* Verkaufsförderung und an einer bevorzugten Plazierung seiner Angebote interessiert. Der Handel führt Produkte von einer Vielzahl von Herstellern und ist bestrebt, dem Verbraucher ein *bedarfsgerechtes Sortiment* anzubieten. Daher ist seine Mitwirkungsbereitschaft bei herstellerindividuellen Aktionen gering. Die Absatzmittler bevorzugen eine Verkaufsförderung, die an Bedarfsbündeln ausgerichtet und somit sortimentsbezogen ist. Die sich aus dieser Konstellation ergebende Forderung ist die Schaffung aktionsbezogener Kooperationen zwischen Herstellern mit nicht konkurrierenden Artikeln. Solche Zusammenschlüsse zu einem – durchaus kurzzeitigen – Aktionsverbund erleichtern das Finden wirklich verbrauchergerechter Aktionsideen und erhöhen so die Erfolgswahrscheinlichkeit.
- Des weiteren sollte Verkaufsförderung auch stärker mit dem Angebot eines Unternehmens (Produkt, Sortiment oder Dienstleistung) verzahnt werden, um vor allem der an anderer Stelle erwähnten Gefahr der Verselbständigung eines Verkaufsförderungs-Gags vorzubeugen. Produktsubstanz und Verkaufsförderung müssen zu einer größeren positiven Einheit zusammenwachsen, um so gemeinsam eine Imageverstärkung und Potentialausweitung zu erreichen. Interessante Beispiele in dieser Richtung sind etwa Ferrero Kinderschokolade, Self-Liquidating-Angebote von John Players Special und seit Januar 1978 Camel-Kleidung[7]. Sie belegen, auch wenn der langfristige Erfolg solcher Maßnahmen noch nicht in allen Fällen sichtbar ist, daß sogar Diversifikationsbestrebungen durch Verkaufsförderungs-Aktionen initiiert werden können.

  Bereits unsere Definition (erweiterte Leistungen zum Angebot) konturierte das Ziel einer engen Integration und Verzahnung von Angebot und Verkaufsförderung. Konkludent ergibt sich eine vertiefte Produkt- und Markenbindung der Konsumenten und – als weitere Folge – die Vermeidung eines reinen Preiswettbewerbs, welcher langfristig für alle Marktbeteiligten schädliche Wirkungen beinhaltet.
- Schließlich ist erneut auf die Problematik der Erfolgskontrolle in der Verkaufsförderung einzugehen. Obwohl in Kap. 4.7 einige Ansätze zu einer Erweiterung und Verbesserung des vorhandenen Instrumentariums enthalten sind, darf nicht verkannt werden, daß ein wesentlicher Hinderungsgrund für eine wirklich rationale Betrachtung des Marketing-Instrumentes Verkaufsförderung in unzureichenden und damit im Ergebnis

irreführenden Meßmethoden zu sehen ist. Wissenschaft und Praxis besitzen heute noch keine ausreichende Kenntnis über die Wirkungsweisen der Einzel-Instrumente der Verkaufsförderung; für optimale Planung jedoch eine unabdingbare Voraussetzung.
Zum Erreichen eines positiven Entfaltungsprozesses dieses Marketing-Instrumentes ist daher die wissenschaftlich-systematische Suche nach Erkenntnisfortschritten im Bereich der Erfolgskontrollmethoden die wohl wichtigste Forderung.

Bei Vermeidung der diskutierten Fehler und Mängel sowie unter Berücksichtigung der im Planungsmodell (Kap. 4) entwickelten Entscheidungshilfen und -grundsätze und schließlich unter Einbezug der obigen Anregungen und Ansätze zu einer Ausnutzung der theoretisch grundsätzlich vorhandenen positiven Ausbaumöglichkeiten ist die im 1. Kapitel in extenso dargestellte und bei allen Marktbeteiligten wachsende Resignation überwindbar. In vieler Hinsicht scheint aber das wohl größte Hindernis für die Anwendung und Nutzung der in diesem Buch erarbeiteten Möglichkeiten des Kommunikations-Instruments Verkaufsförderung in einer mangelnden Flexibilität und damit oftmals zu starren Geisteshaltung zu liegen.
Ob daher das weitreichende Potential dieses Marketing-Elementes tatsächlich Eingang in die betriebliche Planung finden wird, erscheint fraglich. Mit Lichtenberg könnte man formulieren: „Ich kann freilich nicht sagen, ob es besser werden wird, wenn es anders wird; aber so viel kann ich sagen, es muß anders werden, wenn es gut werden soll".
Denjenigen, die in ihren Entscheidungen auf Verkaufsförderung Bezug nehmen, sollten die Gefahren einer Mißdeutung, Verfälschung, Unter- und Überschätzung dieses Marketing-Instruments aufgezeigt werden. Des weiteren hoffen die Verfasser, eine systematische Übersicht über das verfügbare Instrumentarium und die Planungsproblematik vermittelt zu haben. Wenn sich schließlich Wissenschaft und Praxis die unserer Konzeption zugrunde liegende Auffassung von Inhalt, Wesen und Möglichkeiten der strategischen und taktischen Verkaufsförderung zu eigen machen und sich darüber hinaus die entwickelten Begriffs- und Planungselemente als zweckmäßig erweisen, so ist das wichtigste Ziel dieser Arbeit erreicht.

Anmerkungen

[1] Vgl. Peckham, J. O.: Marketing-Rad. Speiche 3 und 4: Handels- und Verbraucherpromotions. A.a.O. Zu einer kritischen Stellungnahme zu dieser Studie vgl. Thies, G.: Wo Peckham irrt. In: Absatzwirtschaft, Heft 1, 1978, S. 26 f.

[2] Die Begriffe „Hard Selling Forcing Methods" und „Quick Action Stimuli" zeigen diese Haltung besonders deutlich.

[3] Dieses Problem wurde vor allem sichtbar in den Verhandlungen zwischen einem Berliner Filialisten und den jeweiligen Marktführern aus den Produktbereichen Kaffee bzw. Margarine im Dezember 1977 und Januar 1978 in Berlin.

[4] Vgl. S. 22 f.

[5] Diese Forderung findet sich z. B. auch bei: Berger, R.: Der „Stellenwert" im Mix ändert sich. In: Marketing-Journal, Heft 5, 1974, S. 391: Disch, W.: Tendenz steigend – Kommunikation 78. In: Marketing-Journal, Heft 5, 1977, S. 477; Halek, H. P.: Absatzförderung in der Krise? 3. Teil. In: Marketing-Journal, Heft 6, 1977, S. 537 f.

[6] Vgl. zu den Möglichkeiten solcher belebender Veranstaltungen Kap. 3.3 und z. B.: o. V.: Preiswerte Show im Supermarkt. In: LZ, Nr. 5, 3. 2. 78, S. XXXVIII.

[7] Vgl. hierzu o. V.: „Camel" zum Rauchen und zum Anziehen. In: Frankfurter Allgemeine Zeitung, Nr. 23, 28. 1. 78, S. 16.

Literaturverzeichnis

1. Selbständige Bücher und Schriften

Alexander, R. S.: Marketing Definitions: A Glossary of Marketing Terms. Hrs.: Committee on Definitions (AMA). Chicago 1960.

Aspley, J. C.: The Dartnell Sales Promotion Handbook. Fourth Edition. Hrsg.: The Dartnell Corporation. Chicago, London 1965.

Aycrigg, R. H.: Coupon Usage and Redemption Patterns. Hrsg.: A.N.A. Couponing Workshop. New York 1975.

Battelle-Institut: Probleme und Methoden des Marketing in der Produktions- und Investitionsgüterindustrie. Frankfurt/M. 1966.

Beckermann, T. / R. Rau: Der Einzelhandel 1959–1985. Hrsg.: RWI. Essen 1977.

Behrens, K. Chr. (Hrsg.): Handbuch der Marktforschung. Bd. 1. Wiesbaden 1974.

Birkigt, K.: Verkaufsförderung – Analyse eines absatzwirtschaftlichen Phänomens. 2. Aufl. Hamburg 1971.

Bowman, R. D. / J. C. Young / J. Adler: Improving the Payout of the Advertising/Promotion Mix. Hrsg. A.N.A. New York 1975.

Cristofolini, P. M.: Verkaufsförderung in der Praxis. Düsseldorf 1972.

Cristofolini, P. M.: Beispielhafte Verkaufsförderung. Düsseldorf 1976.

Döppner, H. W.: Verkaufsförderung – eine Marketing-Funktion. Dargestellt am Beispiel der Konsumgüterindustrie. Bd. 17 der Betriebspolitischen Schriften, Beiträge zur Unternehmenspolitik. Hrsg.: Meyer, C. W. Berlin 1977.

Gutenberg, E.: Grundlagen der Betriebswirtschaftslehre, Bd. II. Der Absatz. 13. Aufl. Berlin, Heidelberg, New York 1971.

Hänel, G.: Verbraucher-Promotions – Taktisches Instrument der Marketing-Kommunikation. Bd. 17 der Studienreihe „Betrieb und Markt“. Hrsg. Behrens, K. Chr., J. Bidlingmaier. Wiesbaden 1974.

Haedrich, G.: Werbung als Marketing-Instrument. Bd. 1 der Studienreihe „Marketing-Management“. Hrsg. Haedrich, G., A. Kuß, G. Thies. Berlin, New York 1976.

Haller, P. / Stempel, R. O.: Verkaufsförderung heute – Faustregeln und Fallbeispiele. Eine Serviceplan-Dokumentation. München 1975.

Hundhausen, C.: Public Relation. Essen 1967.

Hunsinger, H.: Verkaufsförderung im Lebensmittelhandel. Untersuchung der Lebensmittel-Zeitung in Zusammenarbeit mit der Maggi GmbH über die Problematik von Promotions-Aktivitäten. Schäfer Marktforschung. Frankfurt/M. 1972.

Ihde, H. / H. H. v. Kilisch-Horn: DYNY-Marketing-Fragen-Kartei. Leitfaden für die Marketing-Analyse. Düsseldorf 1969.

Kapferer, C. / W. Disch: Absatzprognose. Köln, Opladen 1966.

Katz, E. / P. F. Lazarsfeld: Personal Influence. Glencoe Ill. 1955.

Kellerer, H.: Statistik im modernen Wirtschafts- und Sozialleben. 2. Aufl. München 1965.

Kernan, J. B. / W. P. Dommermuth / M. S. Sommers: Promotion. New York, St. Louis, San Francisco, London, Sydney, Toronto, Mexico, Panama 1970.

Koeppler, K.-F. et al.: Werbewirkung – definiert und gemessen. Velbert 1974.

Kotler, Ph.: Marketing Management. 2. Aufl. Stuttgart 1974.

Landgrebe, K. P.: Anzeigenumfeld und Anzeigenwirkung. Vermutete und nachweisbare Einflüsse des Werbeträgers Zeitschrift auf Umfeld und Art der Wirkung des Werbemittels Anzeige. Hrsg.: Spiegel-Verlag. Hamburg 1976.

Landgrebe, K. P.: Spiegel-Dokumentation Eff-Kurve-Kommunikationsprozesse und Werbewirkung gemessen an 32 Kampagnen. Hrsg.: Spiegel-Verlag. Hamburg 1974.

Lazo, H. / A. Corbin: Management in Marketing. New York, Toronto, London 1971.

Levy, S. J.: Promotional Behavior. Glenview Ill. 1971.

Linker, W. / G. Wettschureck: Marktforschung im Marketing. Bd. 1 bis 12. Hrsg. Behrens, K. Chr. / Bundesverband Deutscher Marktforscher e. V. (BVM). Wiesbaden 1972–1976.

Lucas, D. B. / St. H. Britt: Messung der Werbewirkung. Essen 1966.

Meyer, C. W.: Marktforschung und Absatzplanung. 2. Aufl. Herne, Berlin 1969.

Nickel, V.: Werbung in Grenzen. Hrsg.: Zentralausschuß der Werbewirtschaft e. V. (ZAW). Bonn, Bad Godesberg 1977.

Nieschlag, R. / E. Dichtl / H. Hörschgen: Marketing. 8. Aufl. Berlin 1975.

Peckham, J. O.: Marketing-Rad Speiche 3 und 4: Handels- und Verbraucherpromotion. Eine fundierte Analyse der beiden wichtigen Promotionstypen. Nielsen-Beobachter Nr. 2. Frankfurt/M. 1977.

Pflaum, D. / G. F. Kunze: Moderne Verkaufsförderung. München 1973.

Poth, L. G.: Der Werbefachmann. Karrieren im Marketing. Neuwied 1977.

Prestel, G.: Verkaufsförderung ruiniert eine Marke schneller als Werbung sie aufbauen kann. Eigenveröffentlichung ohne Ortsangabe. 1975.

Sass, P.: Marketing-Fortbildungsprogramm. Hrsg. Axel Springer Verlag AG. Zentrales Anzeigenmarketing. Hamburg 1973.

Schade, H. C.: Planvolle Absatzförderung. München 1964.

Spillard, P.: Sales Promotion. London 1966.

Stanton, W. J.: Fundamentals of Marketing. New York, Toronto, London 1964.

Stern, M. E.: Marketing-Planung – Eine System-Analyse. 2. Aufl. Berlin 1969.

Thies, G.: Marketing-Planung und Marketing-Forschung. Ziele – Grundsätze – Methoden. Eigenveröffentlichung. 2. Aufl. Berlin 1976.

Thies, G.: Vertikales Marketing – Möglichkeiten und Grenzen marktstrategischer Partnerschaft. Bd. 2 der Studienreihe „Marketing Management“. Hrsg. Haedrich, G., A. Kuß, G. Thies. Berlin, New York 1976.

Thomas, K.: Verkaufsförderungs-Aktionen im Handel. Erfolgsanalyse unter Berücksichtigung der wichtigsten Planungs- und Durchführungsdaten. Nielsen-Beobachter. Nr. 2 und 3. Frankfurt/M. 1968.

Tillman, R. / C. A. Kirkpatrick: Promotion – Persuasive Communication in Marketing. 2. Aufl. Homewood 1972.

Waschek, G. / E. Weckerle: Die Praxis der Netzplantechnik. Baden-Baden 1967.

Weber, R. J.: How Trade Allowances are making Mincemeat out of Profit Objectives. Hrsg. A.N.A. Financial Management Workshop. New York 1973.

Zimmermann, H. J.: Netzplantechnik. Berlin 1971.

2. *Beiträge in Sammelwerken*

Birkigt, K.: Die systematische Entwicklung einer Verkaufsförderungskampagne. Ein Leitfaden. In: Handbuch der Verkaufsförderung. Hrsg. Linnert, P. Hamburg 1973.

Cristofolini, P. M.: Verkaufsförderungsplanung und -durchführung. In: Marketing-Enzyklopädie. Bd. 3. München 1975.

Haedrich, G.: Informationssystem und Marketing-Planung. In: Operationale Entscheidungshilfen für die Marketing-Planung. Hrsg. Haedrich, G. Bd. 3 der Studienreihe „Marketing. Management". Hrsg. Haedrich, G. / A. Kuß / G. Thies. Berlin, New York 1977.

Kuß, A.: Der Stellenwert von Entscheidungshilfen im Marketing. In: Operationale Entscheidungshilfen für die Marketing-Planung. Hrsg. Haedrich, G. Bd. 3 der Studienreihe „Marketing-Management". Hrsg. Haedrich, G. / A. Kuß / G. Thies. Berlin, New York 1977.

Linnert, P.: Verkaufsförderung im Marketing-Mix. In: Handbuch der Verkaufsförderung. Hrsg. Linnert, P. Hamburg 1973.

Little, J. D. C.: Modelle und Manager: Das Konzept eines Decision Calculus. In: Operationale Entscheidungshilfen für die Marketing-Planung. Hrsg. Haedrich, G. Bd. 3 der Studienreihe „Marketing-Management". Hrsg. Haedrich, G. / A. Kuß / G. Thies. Berlin, New York 1977.

Noelle-Neumann, E. / W. Schulz (Hrsg.): Publizistik. Frankfurt/M. 1971. Stichwort: Kommunikationsprozeß.

Schramm, W.: How Communication Works. In: The Process and Effects of Mass Communication. Hrsg. Schramm, W. Urbana 1960.

Thiel, D.: Untersuchungsansätze in der Werbeerfolgs-Kontrolle. In: Operationale Entscheidungshilfen für die Marketing-Planung. Hrsg. Haedrich, G. Bd 3 der Studienreihe „Marketing-Management". Hrsg. Haedrich, G. / A. Kuß / G. Thies. Berlin, New York 1977.

Zarth, H. R.: Verkaufsförderung. In: Management Enzyklopädie. Bd 6. München 1972.

3. Aufsätze in Zeitschriften, Zeitungen und Berichten

Balke, W.: Ergebnisse überprüfbar machen. In: Manager-Magazin, Nr. 12, 1975.

Berger, R.: Der „Stellenwert" im Mix ändert sich. In: Marketing-Journal, Nr. 5, 1975.

Biedermann, E.: Wie der Außendienst zur Informationsbeschaffung dienen kann. In: Absatzwirtschaft, Nr. 14, 1970.

Birkigt, K.: Zurechtgerückt, ans Licht gebracht. In: Die Absatzwirtschaft, Nr. 13, 1970.

Bülow, P.: Verkaufsförderung im Wettbewerbsrecht. Teil 1–3. In: w + v, Nr. 24–26, 1977.

Butter, W.: Mit der Kreativität gegen Desinteresse. Teil 1. In: w + v, Nr. 16, 1977.

Cristofolini, P. M.: Briefing für Verkaufsförderung. In: anbiet-technik Information aus der Verkaufsförderung, Heft 3, 1977.

Cristofolini, P. M.: Verkaufsförderung? Was kann man dem Lebensmittel-Handel überhaupt noch bieten? In: w + v, Nr. 40, 1973.

Deseive, N. / W. Förster: Verkaufsförderung als Absatzinstrument – Verbraucher sollten immun werden. In: Verbraucher Rundschau, Nr. 1, 1977.

Disch, W.: Tendenz steigend – Kommunikation 78. In: Marketing-Journal, Nr. 5, 1977.

Dubin, R.: How PoP is Measured in a Test Supermarket. In: Market Promotion. Sept-Oct. 1970.

Falk, B. R.: Trends im deutschen Einzelhandel. In: Marketing-Journal, Nr. 3, 1977.

Geisthövel, M. F.: „Strategische" Verkaufsförderung – Was ist das? In: Marketing-Journal, Nr. 3, 1975.

Gensch, D. H. / U. P. Welam: An Optimum Budget Allocation Model for Dynamic, Interacting Market Segements. In: Management Science. Vol. 20, Nr. 2, 1973.

Gröll, W. / F. P. Oelker: Erst testen, dann werben! In: Die Absatzwirtschaft, Nr. 11, 1974.

Groß, G.: Was kann die EDV im Vertrieb. In: Die Absatzwirtschaft. Nr. 20, 1970.

Haedrich, G.: Längerfristige Planung der Verkaufsförderung. In: FfH-Mitteilungen. Hrsg. Forschungsstelle für den Handel. Berlin. Heft 3, 1976.

Hafter, L.: Die „neue" Kundin. In: Lebensmittel-Zeitung, Nr. 11, 1977.

Halek, H. P.: Absatzförderung in der Krise? 3. Teil. In: Marketing-Journal, Nr. 6, 1972.

Hunsinger, H.: Die anaonyme Macht – Einkaufsgermien im Lebensmittel-Handel. In: Lebensmittel-Zeitung, Juni 1975.

Irrgang, W.: Handelsmarketing fehlinformiert. In: Absatzwirtschaft. Nr. 10, 1976.

Köhler, R. / H. Böhler / K. Heizelbecker: Nutzen Sie Ihr Rechnungswesen für die Werbe- und Verkaufsförderungs-Politik. In: Marketing-Journal. Nr. 6, 1976.

Kroeber-Riel, W.: Moderne Technik in der Kommunikationsanalyse. In: Marketing-Journal, Sonderausgabe BDW-Congress, 1977.

Little, J. D. C.: A Model of Adaptive Control of Promotional Spending. In: Operations Research, Nr. 14, 1966.

Lutter, E.: Verkaufsförderung aus der Sicht der Hausfrau. In: Marketing-Journal, Nr. 6, 1975.

Müller-Schwarz, J. / D. K. Reibold: Messen Sie Ihre Seminarleistung. In: Marketing-Journal, Nr. 5, 1977.

O. V.: Abmahnung bei unlauterem Wettbewerb. In: Lebensmittel-Zeitung, Nr. 5, 1978.

O. V.: Aktionen im Handel – So erreichen Sie mehr Qualität. In: Lebensmittel-Zeitung, Nr. 13, 1977.

O. V.: „Camel" zum Rauchen und zum Anziehen. In: Frankfurter Allgemeine Zeitung, Nr. 23, 28. 1. 1978.

O. V.: Checkliste für die Wahl eines Verkaufstrainers. In: Verkauf und Marketing. Nr. 2/Februar 1978.

O. V.: Der Supermarkt in 100 Jahren. In: Edeka-Handels-Rundschau. Nr. 17, 1977.

O. V.: Eine Million Zweitplazierungen pro Monat. In: Lebensmittel-Zeitung, Nr. 21, 1974.

O. V.: Erfolg mit einer Freizeitidee: Spiele-Club bessert Image auf. In: dfz Wirtschafts-Magazin, Nr. 2 1978.

O. V.: Franchise-Melodie – Proben fürs Vertriebskonzept. In: Die Absatzwirtschaft, Nr. 12 1977.

O. V.: Gewinnspiele im Handel. In: Lebensmittel-Zeitung, Nr. 1, 1978.

O. V.: Kreativer Verkaufen! In: Absatzwirtschaft, Nr. 1, 1978.

O. V.: Ladenverpackungen – das aktuelle Thema. In: Selbstbedienung – Dynamik im Handel. Nr. 11, 1976.

O. V.: Lohnt sich Verkaufsförderung überhaupt? In: Lebensmittel-Zeitung, Nr. 4, 1977.

O. V.: Preiswerte Show im Supermarkt. In: Lebensmittel-Zeitung, Nr. 5, 1978.

O. V.: Promotion-Telex. In: Sales Promoter. Nr. 4, 17. 2. 1978.

O. V.: Schaufenster eröffnen das Verkaufsgespräch. In: Verkauf und Marketing, Nr. 5, 1977.

O. V.: Unter einem Hut verkauft's sich gut – Verbundaktionen: Partner-Look in den Supermarkt-Regalen. In: Der Kontakter, 24. 6. 1974.

O. V.: Verkaufsförderung – das starke Stück im Gold-Pfeil-Köcher. In: Die Absatzwirtschaft, Nr. 11, 1977.

O. V.: Verkaufsförderung, eine Definition zur Diskussion. In: Marketing-Journal, Nr. 2, 1974.
O. V.: Vertriebsreform – mit Streicheleinheiten stramm Verkaufen. In: Die Absatzwirtschaft, Nr. 10, 1977.
O. V.: Was sagen die Richter zu Werbung und Aktionen? In: Lebensmittel-Zeitung, Nr. 38, 1977.
O. V.: Werben: wann – wie – wo? In: Edeka-Handels-Rundschau, Nr. 1, 1977.
O. V.: Werbeplanung 1978. Mehr Werbeerfolg im nächsten Jahr. In: Lebensmittel-Zeitung, Nr. 48, 1977.
O. V.: Werbung gegen Gage: Lassen Stars die Kasse klingeln? In: Die Absatzwirtschaft. Nr. 9, 1977.
O. V.: Wie gut kennen Sie die Verbraucher? In: Lebensmittel-Zeitung, Nr. 36, 1975.
O. V.: Wirkung von Werbung – Beispiel Edeka. In: Lebensmittel-Zeitung, Nr. 3, 1978.
Petersen, H. B.: Kunde als Drehpunkt. In: Manager-Magazin, Nr. 2, Februar 1978.
Schmidt, H. Ch.: Nielsen-Prisma – Das Nielsen-Promotion-Untersuchungsprogramm. In: Nielsen-Beobachter, Frankfurt/M. Nr. 1, 1977.
Schneider, A. F.: So messen wir den Trainingserfolg. In: Marketing-Journal, Nr. 5, 1977.
Schütte, M.: Quo vadis Marketing (9). Mist rein, Mist raus. In: w + v, Nr. 10, 1977.
Shapiro, B. P.: Improve Distribution with Your Promotional Mix. In: Harvard Business Rebiew. März–Arpil, 1977.
Sieberts, H.: Erfolgskontrolle der Verkaufsaktionen: Was bewirkt die Aktion eigentlich wirklich? In: Lebensmittel-Zeitung, Nr. 5, 1977.
Simon, H.-J.: Durch operationale Zielplanung die Werbewirkung verbessern. In: w + v, Nr. 19, 1976.
Stock, U.: Check-List für Marketing-Planung. In: Neue Betriebswirtschaft. Februar, 1970.
Strang, R. A.: Sales Promotion – fast Growth, faulty Management. In: Harvard Business Review, Juli–Aug., 1976.
Thies, G. / G. Haedrich / A. Kuß: Projektkontrolle mit Netzplantechnik. In: Die Absatzwirtschaft, Nr. 10, 1974.
Thies, G.: Wo Peckham irrt. In: Absatzwirtschaft, Nr. 1, 1978.
Tuck, R. T. J. / W. G. B. Harvey: Do Promotions undermine the Brand? In: Esomar Papers, Esomar/Wapor Congress, Book II, 1971.
Ungeheuer, B.: Verkaufen mit dem Schock im Schaufenster. In: Zeit-Magazin, 2. 12. 1977.
Wenzel, W. / H. Stöwsand: Einsatzmöglichkeiten ökonometrischer Verfahren. In: Interview und Analyse, Nr. 5, 1977.

4. Gesetze und Kommentare

Amtliche Erläuterungen zur Zugabeverordnung, RAnz, Nr. 6.
Anordnung des Reichswirtschaftsministeriums betreffend Sonderveranstaltungen, RAnz, Nr. 158.
Gesetz gegen den unlauteren Wettbewerb (UWG), RGBl, S. 499 und BGBl, I, S. 469.
Gesetz über die Werbung auf dem Gebiete des Heilwesens, BGBl, S. 604.
Gesetz über Preisnachlässe (RabattG), RGBl I, S. 1011 und BGBl, I, S. 469.
Gesetz zur Neuordnung und Bereinigung des Rechts im Verkehr mit Lebensmitteln, Tabakerzeugnissen, kosmetischen Mitteln und sonstigen Bedarfsgegenständen, BGBl, S. 1945.

Musterentwurf des Reichs- und preußischen Wirtschaftsministers betreffend Aus-, Räumungs- und Sonderverkäufe, Runderlaß vom 19. 10. 1935 – V 20181/35.
Rennwett- und Lotteriegesetz, RGBl, I, S. 393.
Verordnungen des Bundeswirtschaftsministers über Sommer- und Winterschlußverkäufe, BAnz, Nr. 135.
Verordnung über die Durchführung des Gesetzes über Preisnachlässe, RGBl, I, S. 120 und BGBl, I, S. 469.
Verordnung über Preisangaben, BGBl, S. 461.
Zugabeverordnung (ZugabeVO), RGBl, S. 121 und BGBl, I, S. 469.

5. Zeitschriften, Zeitungen und Berichte

„Der Hamburger Verbraucher als Wirtschaftspartner". Untersuchung des Sample Institutes Handelsforschung GmbH. Hamburg 1974.
Die Marketing-Ausbildung an Hochschulen im Urteil ausgewählter Unternehmen. Analyse der Deutschen Marketing-Vereinigung e. V. Düsseldorf 1976.
O. V.: Das Informationsverhalten des Lebensmittelhandels – Eine Untersuchung der Lebensmittel-Zeitung. Wolfgang Schäfer Marktforschung. Hamburg, Dezember 1976.
O. V.: Gestaltungshinweise für Anzeigen in der Lebensmittel-Fachpresse. Ergebnisse eines Copy-Tests. Hrsg.: Albrechtverlag. Gräfelfing 1976.
O. V.: Jahresplanung 1978 der Drogerien-Marketing-Zentrale GmbH. Hrsg. DMZ. Hockenheim 1977.
The 1973 Study of Grocery Trade Dealing. Booz, Allen, and Hamilton. New York 1974.

6. Sonstige Quellen

Entscheidungen der Oberlandesgerichte. In: Wettbewerb in Recht und Praxis 1974/415 (Düsseldorf) 1977/108 (Frankfurt/M., noch nicht rechtskräftig).
Entscheidungen des Bundesgerichtshofes. In: Gewerblicher Rechtschutz und Urheberrecht 1959/139, 1962/415 ff., 1968/649, 1973/418, 1973/591, 1974/156, 1974/345, 1975/33 ff.
Entscheidungen des Bundesgerichtshofes. In: Neue Juristische Wochenschrift 1976/2013.
Entscheidungen des Bundesgerichtshofes. In: Wettbewerb in Recht und Praxis 1976/471.
Internationale Verhaltensregeln für die Verkaufsförderungspraxis. Broschüre der Internationalen Handelskammer. Deutsche Ausgabe. Köln 1973.
Haenggli, C.: Diskussionsbeitrag auf der BDW-Herbst-Arbeitstagung am 1. 11. 1977 in Düsseldorf.
Klußmann, H.-J.: Referat anläßlich der Verleihung des Goldenen Zuckerhutes, Berlin 1977.
Müller, N.: Außendienst-Informationen – 14tägig erscheinender Trainingskurs für systematisches Verkaufen.
Preisliste für Warenproben und Prospekte der Fa. Werbung und Vertrieb GmbH & Co. KG, Hamburg 1977.
Wagner, H.: Vortrag anläßlich der Eröffnung von Promotion Plus. München 1974.
Wilck, H.: Diskussionsbeitrag auf der BDW-Herbst-Arbeitstagung am 1. 11. 1977 in Düsseldorf.

Sachregister

Kolibri 360 GmbH
Ferdinand-Jühlke-Straße 7
99095 Erfurt, Deutschland
produktsicherheit@kolibri360.de